Contabilidade Para leigos

ESTRUTURA PATRIMONIAL

Patrimônio = Bens + Direitos (−) Obrigações

SITUAÇÃO LÍQUIDA (PATRIMÔNIO LÍQUIDO)

Ativo (−) Passivo = Situação Líquida (Patrimônio Líquido)

FLUXO DE RECURSOS

ATIVO
Aplicação dos Recursos

PASSIVO
Origem dos Recursos

Fluxo dos recursos

RESUMO DAS FINALIDADES DAS DEMONSTRAÇÕES CONTÁBEIS

Balanço Patrimonial
Apresenta a situação patrimonial e a posição financeira da empresa em determinado momento.

Demonstração do Resultado do Período
Apresenta o total das receitas, dos custos, das despesas e qual foi o lucro ou prejuízo da empresa no período.

Demonstração das Mutações do Patrimônio Líquido
Permite conhecer a movimentação das contas que compõem o patrimônio líquido ocorrida durante o período.

Demonstração dos Fluxos de Caixa
Apresenta, simplificadamente, o fluxo de pagamentos e recebimentos em dinheiro ocorrido durante o período.

Demonstração do Valor Adicionado
Evidencia o montante de riqueza que a empresa produziu durante o ano e como essa riqueza foi distribuída.

REPRESENTAÇÃO GRÁFICA DO BALANÇO PATRIMONIAL

CONTAS DO BALANÇO PATRIMONIAL

ATIVO	PASSIVO
ATIVO CIRCULANTE	**PASSIVO CIRCULANTE**
CAIXA E EQUIVALENTE DE CAIXA	Fornecedores
Caixa	Instituições Financeiras
Depósitos Bancários à Vista	Salários a Pagar
Aplicações de Liquidez Imediata	Obrigações Fiscais
Clientes e Outros Recebíveis	Contribuições Sociais a Recolher
Contas a Receber Clientes	Dividendos a Pagar
Duplicatas a Receber	Contas a Pagar
Investimentos Temporários de Curto Prazo	Provisão para Imposto de Renda
Adiantamentos	**PASSIVO NÃO CIRCULANTE**
(-) Perdas Estimadas com Créditos	PASSIVO EXIGÍVEL A LONGO PRAZO
ESTOQUES	Fornecedores
Produtos Elaborados	Instituições Financeiras
Matérias-primas	Empréstimos de Debenturistas
Mercadorias para Revenda	Empréstimos de Pessoas Ligadas
ATIVOS FINANCEIROS	Provisão para Imposto de Renda Diferido
ATIVOS BIOLÓGICOS	RECEITAS DIFERIDAS
DESPESAS DO EXERCÍCIO SEGUINTE	Receitas Diferidas
ATIVO NÃO CIRCULANTE	(-) Custos e Despesas Diferidas
ATIVO REALIZÁVEL A LONGO PRAZO	**PATRIMÔNIO LÍQUIDO**
Contas a Receber	CAPITAL SOCIAL REALIZADO
INVESTIMENTOS	Capital Subscrito
PROPRIEDADES PARA INVESTIMENTO	(-) Capital Subscrito a Realiza
Obra de Arte	RESERVAS DE CAPITAL
Imóveis para Renda	Reserva de Ágio na Colocação de Ações
Títulos Patrimoniais	Reserva de Alienação de Partes Beneficiárias
IMOBILIZADO	AJUSTE DE AVALIAÇÃO PATRIMONIAL
Imóveis de Uso	RESERVAS DE LUCROS
Instalações e Equipamentos Industriais	Reserva Legal
Veículos, Móveis e Utensílios	Reservas Estatutárias
(-) Depreciações e Amortizações Acumuladas	Reservas para Contingências
INTANGÍVEIS	Reservas de Lucros a Realizar
Marcas e Patentes	(-) AÇÕES EM TESOURARIA
Direitos Autorais	RESULTADOS ACUMULADOS
Pesquisa e Desenvolvimento	Lucros Retidos
(-) Amortizações Acumuladas (conta credora)	(-) Prejuízos Acumulados

Contabilidade
para
leigos

Contabilidade
Para leigos

Julio Sergio de Souza Cardozo
Contador e Administrador

ALTA BOOKS
E D I T O R A
Rio de Janeiro, 2016

Contabilidade Para Leigos®

Copyright © 2016 da Starlin Alta Editora e Consultoria Eireli. ISBN: 978-85-508-0027-1

Todos os direitos estão reservados e protegidos por Lei. Nenhuma parte deste livro, sem autorização prévia por escrito da editora, poderá ser reproduzida ou transmitida. A violação dos Direitos Autorais é crime estabelecido na Lei nº 9.610/98 e com punição de acordo com o artigo 184 do Código Penal.

A editora não se responsabiliza pelo conteúdo da obra, formulada exclusivamente pelo(s) autor(es).

Marcas Registradas: Todos os termos mencionados e reconhecidos como Marca Registrada e/ou Comercial são de responsabilidade de seus proprietários. A editora informa não estar associada a nenhum produto e/ou fornecedor apresentado no livro.

Impresso no Brasil — 1ª Edição, 2016 - Edição revisada conforme o Acordo Ortográfico da Língua Portuguesa de 2009.

Obra disponível para venda corporativa e/ou personalizada. Para mais informações, fale com projetos@altabooks.com.br

Produção Editorial Editora Alta Books	**Gerência Editorial** Anderson Vieira	**Marketing Editorial** Silas Amaro marketing@altabooks.com.br	**Gerência de Captação e Contratação de Obras** J. A. Rugeri autoria@altabooks.com.br	**Vendas Atacado e Varejo** Daniele Fonseca Viviane Paiva comercial@altabooks.com.br
Produtor Editorial Thiê Alves	**Supervisão de Qualidade Editorial** Sergio de Souza			**Ouvidoria** ouvidoria@altabooks.com.br
Produtor Editorial (Design) Aurélio Corrêa				
Equipe Editorial	Bianca Teodoro Christian Danniel	Claudia Braga Juliana de Oliveira	Luciane Gomes Correia Renan Castro	
Revisão Gramatical Priscila Gurgel	**Diagramação** Joyce Matos			

Erratas e arquivos de apoio: No site da editora relatamos, com a devida correção, qualquer erro encontrado em nossos livros, bem como disponibilizamos arquivos de apoio se aplicáveis à obra em questão.

Acesse o site www.altabooks.com.br e procure pelo título do livro desejado para ter acesso às erratas, aos arquivos de apoio e/ou a outros conteúdos aplicáveis à obra.

Suporte Técnico: A obra é comercializada na forma em que está, sem direito a suporte técnico ou orientação pessoal/exclusiva ao leitor.

Dados Internacionais de Catalogação na Publicação (CIP)
Vagner Rodolfo CRB-8/9410

> C268c   Cardozo, Julio Sergio de Souza
>
>   Contabilidade: para leigos / Julio Sergio de Souza Cardozo. - Rio de Janeiro : Alta Books, 2016.
>   320 p. ; 17cm x 24cm.
>
>   Inclui índice.
>   ISBN: 978-85-508-0027-1
>
>   1. Contabilidade. 2. Administração de custos. 3. Conceito. I. Título.
>
>   CDD 657
>   CDU 657

Rua Viúva Cláudio, 291 — Bairro Industrial do Jacaré
CEP: 20970-031 — Rio de Janeiro - RJ
Tels.: (21) 3278-8069 / 3278-8419
www.altabooks.com.br — altabooks@altabooks.com.br
www.facebook.com/altabooks

Sobre o Autor

Julio Sergio de Souza Cardozo é contador e administrador formado na Universidade Mackenzie do Rio de Janeiro. Livre-docente em auditoria e controladoria pela Universidade do Estado do Rio de Janeiro — UERJ. Professor do Programa de Mestrado em Ciências Contábeis da UERJ e do Programa de MBA em Finanças da Fundação Getúlio Vargas. Foi sócio por mais de 25 anos da Ernst & Young, seu presidente no Brasil e na América do Sul.

Dedicatória

Dedico este livro a todos aqueles que precisam tomar decisões no dia a dia dos negócios e que reconhecem na Contabilidade uma ferramenta indispensável para os ajudar a encontrar a direção certa.

Agradecimentos do Autor

Este é o sexto livro que escrevo e preciso confessar que foi um desafio e tanto! Idas e vindas até encontrar o ponto certo do texto, das tabelas, das figuras, dos ícones, enfim, tudo o que é necessário para levar aos leitores o conteúdo bacana que se espera da série "Para Leigos".

Já que é a hora de agradecer vou logo falando do pessoal da Alta Books: o José Antonio Rugeri — Gerente de Captação — que me convenceu a enfrentar o desafio e a equipe editorial, liderada pelo produtor Thiê Alves, que me acompanhou em todas as fases, dando conselhos, revisando as figuras, tabelas, botando tudo nos conformes.

Ao professor mestre Alexandre José Teixeira — baluarte do ensino contábil — agradeço muito sua primorosa revisão técnica. O cara mandou muito bem nos conceitos modernos da contabilidade. Valeu, garotão!

E, finalmente, agradeço a Marly Diniz pelas incansáveis horas dedicadas à digitação de textos, confecção de tabelas, desenho das figuras e revisão geral da obra inteira. É prova de que, quando se acredita no projeto, se devota todo o talento que vai fazer a diferença.

Sumário Resumido

Introdução 1

Parte 1: Fundamentos Teóricos Indispensáveis 7
- **CAPÍTULO 1:** A Contabilidade a Serviço da Boa Informação 9
- **CAPÍTULO 2:** Mais um Pouco de Fundamentos Teóricos 23
- **CAPÍTULO 3:** Registros, Lançamentos e Partidas Contábeis 39

Parte 2: Hora de Sofisticar: Apresentando a Estrutura Conceitual 53
- **CAPÍTULO 4:** A Estrutura Conceitual da Contabilidade 55
- **CAPÍTULO 5:** O Conjunto de Demonstrações Contábeis 71
- **CAPÍTULO 6:** Hora de Conferir se as Coisas Estão Indo Bem 95

Parte 3: Outras Demonstrações e Informações Complementares 113
- **CAPÍTULO 7:** Mutações do Patrimônio, Fluxos de Caixa e Valor Adicionado 115
- **CAPÍTULO 8:** Completando o Ciclo Daquilo que as Empresas Publicam no Jornal 135
- **CAPÍTULO 9:** Em Busca da Verdade: Os Auditores Entram em Campo! 157
- **CAPÍTULO 10:** Desvendando o Enigmático Relatório dos Auditores Independentes 171

Parte 4: Descomplicando a Análise de Balanços 187
- **CAPÍTULO 11:** Descomplicando o que É Complicado 189
- **CAPÍTULO 12:** Análise da Estrutura de Capital e Capacidade de Pagamento 205
- **CAPÍTULO 13:** Analisando Prazos Médios: O Capital de Giro Agradece 221
- **CAPÍTULO 14:** O Papel do Contador na Sociedade Moderna 245

Parte 5: A Parte dos Dez 257
- **CAPÍTULO 15:** Dez Questões Elementares para Descobrir Fraudes nos Balanços 259
- **CAPÍTULO 16:** Dez Dicas para Extrair o Máximo dos Balanços 275
- **CAPÍTULO 17:** Dez Coisas que Não Podem Ser Esquecidas 285

Índice 295

Sumário

INTRODUÇÃO 1
Sobre Este Livro 2
Convenções Usadas Neste Livro 3
Só de Passagem 4
Como Este Livro Está Organizado 4
Ícones Usados Neste Livro 4
De Lá para Cá, Daqui para Lá 5

PARTE 1: FUNDAMENTOS TEÓRICOS INDISPENSÁVEIS .. 7

CAPÍTULO 1: A Contabilidade a Serviço da Boa Informação .. 9
Conceito de Contabilidade 10
Objeto e Finalidade da Contabilidade 10
Campo de Aplicação da Contabilidade 11
    Técnicas de Contabilidade 11
Entendendo o Patrimônio Econômico das Entidades 13
    Componentes do Patrimônio Econômico das Entidades 13
    Variações na Situação Líquida 19

CAPÍTULO 2: Mais um Pouco de Fundamentos Teóricos 23
Finalmente as "Contas" 24
    Conceito de "Conta" 24
    Função da "Conta" 24
Método das Partidas Dobradas 25
Classificação das "Contas" 26
Funcionamento das "Contas" 27
    Aplicação do Esquema Proposto 28
    Plano de "Contas" 30
Eventos Administrativos 35
    Eventos Permutativos 35
    Eventos Modificativos 36
    Eventos Mistos 36

CAPÍTULO 3: Registros, Lançamentos e Partidas Contábeis . 39
Método e Processos de Escrituração 40
Lançamentos: Função, Elementos Essenciais e Fórmulas 40
    Função dos Lançamentos 40
    Elementos Essenciais dos Lançamentos 41
    Fórmulas de Lançamentos Contábeis 42
Livros de Escrituração: Classificação e Formalidades 44
    Classificação dos Livros de Escrituração 44
    Formalidades dos Livros de Escrituração 45

O Livro Razão 46
A Conta T — Essa Não Poderia Faltar! 47
Quando se Cometem Erros de Escrituração É Preciso
   Fazer a Correção 49
Correção de Erro por Lançamento Complementar e por
   Lançamento de Estorno 50

PARTE 2: HORA DE SOFISTICAR: APRESENTANDO A ESTRUTURA CONCEITUAL 53

CAPÍTULO 4: A Estrutura Conceitual da Contabilidade 55

Introdução à Estrutura Conceitual da Contabilidade 56
   Pressupostos Básicos 56
   Regime Contábil 58
   Características Qualitativas das Demonstrações Contábeis 59
   Limitações na Relevância e na Confiabilidade da Informação ... 62
Princípios de Contabilidade 63
   Princípio Contábil da Entidade 64
   Princípio Contábil da Oportunidade 64
   Princípio Contábil do Registro
      pelo Valor Original 65
IFRS — *International Financial Reporting Standards* 67

CAPÍTULO 5: O Conjunto de Demonstrações Contábeis 71

Apresentando ao Distinto Público o Conjunto de
   Demonstrações Contábeis 72
Conjunto de Demonstrações Contábeis 72
   Vamos Começar com o Balanço Patrimonial 73
Composição e Critérios para Classificação das Contas do Ativo
   Circulante 76
   Ativo Circulante — Critérios de Avaliação 76
Classificação e Composição do Ativo Não Circulante 82
   Ativo Não Circulante — Critérios de Avaliação 84
   Ativo Não Circulante — Imobilizado — Critérios de Avaliação ... 87
   Ativo Não Circulante — Intangíveis — Critérios de Avaliação ... 88
Critérios para Classificação e Avaliação de Passivos 89
   Provisões e Passivos Contingentes 91
Obrigações em Moeda Estrangeira 92
   Ajuste a Valor Presente de Obrigações 92

CAPÍTULO 6: Hora de Conferir se as Coisas Estão Indo Bem . 95

Apurando o Resultado do Período 96
   Definição de Receita 97
   Critérios Técnicos para Reconhecimento das Receitas 98
   Definição de Despesa 99
   Critérios Técnicos para Reconhecimento das Despesas 99
   Como a Demonstração do Resultado do Período Aparece nas
      Publicações dos Jornais 99

    Custos Operacionais 101
    Custos dos Produtos Fabricados............................101
    Custos das Mercadorias Revendidas 102
    Custos dos Serviços Vendidos 102
    Resultado Operacional Bruto 102
    Despesas Comerciais...103
    Despesas Administrativas 103
    Ganhos ou Perdas da Equivalência Patrimonial 103
    Receitas e Despesas Financeiras 103
    Imposto de Renda e Contribuição Social 104
    Lucro/Prejuízo Líquido das Operações......................104
    Participações e Contribuições 104
    Lucro/Prejuízo Líquido do Período 104
    Aproveite que o professor está distraído... 105
    Considerações Complementares sobre Receitas e
        Despesas Não Operacionais 105
    Aplicação Prática dos Conceitos Teóricos...................106
    Demonstração do Resultado Abrangente do Período 108
        Resultado Abrangente 108

PARTE 3: OUTRAS DEMONSTRAÇÕES E INFORMAÇÕES COMPLEMENTARES 113

CAPÍTULO 7: Mutações do Patrimônio, Fluxos de Caixa e Valor Adicionado 115

    Demonstração das Mutações do Patrimônio Líquido 116
        Mutação nas Contas do
            Patrimônio Líquido..................................116
        A Questão dos Ajustes de Períodos Anteriores 118
    Demonstração dos Fluxos de Caixa.........................118
        Requisitos Operacionais para Elaboração da
            Demonstração dos Fluxos de Caixa 120
        Conceito de Caixa e Equivalente de Caixa 121
        Atividades Operacionais.................................121
        Atividades de Investimentos..............................121
        Atividades de Financiamento 122
        Método de Elaboração da Demonstração
            dos Fluxos de Caixa 122
    Demonstração do Valor Adicionado 128
        A Utilidade Prática da Demonstração do Valor Adicionado 128

CAPÍTULO 8: Completando o Ciclo Daquilo que as Empresas Publicam no Jornal 135

    Informações Complementares às Demonstrações Contábeis 136
    Relatório da Administração 136
    Notas Explicativas sobre as Demonstrações Contábeis.........138
    Relatórios dos Órgãos de Fiscalização das
        Demonstrações Contábeis................................140

Relatório dos Auditores Independentes. 141
Relatório do Comitê de Auditoria. 143
Parecer do Conselho Fiscal 149
Modelo de Parecer do Conselho Fiscal. 151

CAPÍTULO 9: Em Busca da Verdade: Os Auditores Entram em Campo! 157

A Auditoria como a Última Esperança da Humanidade 158
Como Tudo Começou e Evoluiu 158
Conceito e Objetivos da Auditoria Independente 159
O Papel da Auditoria Independente na Sociedade Moderna 160
Razão Econômica para a Função da Auditoria Independente 161
Responsabilidade dos Auditores Independentes 162
Qualificações Profissionais Requeridas 162
Tipos e Modalidades de
se Fazer Auditoria 164
Auditoria Interna 165
Auditoria Externa ou Independente 165
Auditoria Operacional 167
Diferença entre Auditoria Contábil e Perícia Contábil 168

CAPÍTULO 10: Desvendando o Enigmático Relatório dos Auditores Independentes 171

O Enigma. 172
Conteúdo do Relatório dos Auditores Independentes. 173
Título 173
Destinatário 173
Parágrafo Introdutório. 174
Parágrafo sobre a Responsabilidade da
Administração da Empresa 174
Parágrafo sobre a Responsabilidade do Auditor 174
Parágrafo da Opinião do Auditor sobre a Fidedignidade das
Demonstrações Contábeis 176
Data do Relatório 176
Assinatura e Identificação do Auditor 177
Tipos de Opinião de Auditoria 177
Opinião Limpa ou sem Ressalva 178
Opinião Qualificada ou com Ressalva 178
Opinião Adversa 180
Abstenção de Opinião 183
Parágrafo de Ênfase 185

PARTE 4: DESCOMPLICANDO A ANÁLISE DE BALANÇOS 187

CAPÍTULO 11: Descomplicando o que É Complicado 189

Descomplicando a Análise de Balanços 190
Fatores Relevantes para uma Administração Eficaz 191

    Como Funciona a Análise de Balanço 192
        Delação Premiada: O Balanço Conta Tudo 192
        Chegou a Hora da Demonstração do Resultado
          Revelar o que Sabe.. 193
        Tudo Junto e Misturado: Combinando o Balanço
          com o Resultado 194
    Métodos de Análise de Balanços 194
        Análise por Diferenças Absolutas 195
        Análise por Percentagens Verticais 196
        Análise por Percentagens Horizontais 198
        Análise por Índices ou Indicadores 201

CAPÍTULO 12: Análise da Estrutura de Capital e Capacidade de Pagamento 205

    Análise da Estrutura de Capital
      da Empresa... 206
    Endividamento Geral 206
        Endividamento a Curto Prazo.................................. 208
    Imobilização do Capital Próprio 209
        Imobilização do Capital Próprio Depurado 211
    Hora de Analisar a Capacidade de Pagamento das Empresas.... 212
    Liquidez Geral 213
        Liquidez Corrente 214
        Liquidez Seca: A Super Rigorosa 217

CAPÍTULO 13: Analisando Prazos Médios: O Capital de Giro Agradece 221

    Prazos Médios 222
        Prazo Médio de Recebimentos de Vendas 223
        Prazo Médio de Pagamentos de Compras................... 224
        Prazo Médio de Renovação de Estoques.................... 225
    Duração do Ciclo Operacional e Duração do Ciclo Financeiro 227
        Ciclo Operacional 227
        Ciclo Financeiro.. 228
    Analisando a Lucratividade e a Rentabilidade do Negócio 229
        Lucratividade... 230
        Giro do Ativo 230
        Margem Líquida 231
        Rentabilidade.. 232
        Rentabilidade do Ativo... 232
        Rentabilidade do Capital Próprio.............................. 234
    Índice para Avaliação de Ações................................... 235
        Valor Patrimonial da Ação....................................... 236
        Lucro por Ação 236
        Rentabilidade por Ação 237
        Dividendo por Ação 237
        Retorno de Caixa.. 237
        Realização da Rentabilidade da Ação 238

Vai um EBITDA aí? 239
   EBITDA, NOPAT e EVA 240
E, para Finalizar, como Avaliar os Índices Obtidos 241
   Avaliação do Índice por Seu Significado Intrínseco..........241
   Avaliação do Índice pela Comparação entre Dois ou
      Mais Períodos de Tempo....................................241
   Avaliação do Índice pela Comparação com Outras
      Empresas do Mesmo Ramo 242

CAPÍTULO 14: O Papel do Contador na Sociedade Moderna..245

Para que Serve a Contabilidade? 246
Novas Perspectivas para uma Profissão Antiga.................246
   Tempestividade..247
   Precisão 247
   Concisão...248
   Relevância 249
O Contador como Promotor
   do Debate..250
O Contador como Educador 251
O Contador como Visionário 254
   Tecnologia 254
   Técnicas de Administração 255
O Desafio 255

PARTE 5: A PARTE DOS DEZ......................................257

CAPÍTULO 15: Dez Questões Elementares para Descobrir Fraudes nos Balanços..............................259

Afinal, o que É Fraude?.......................................260
   Causa que Deu Origem à Fraude............................261
   Efeito Danoso da Fraude..................................261
   Balanços Fraudulentos 261
Por que se Fraudam Balanços? 261
Casos Típicos de Fraude 263
   Esquemas Safadinhos 264
   Reconhecimento de Receitas em Períodos Incorretos 264
   Inventando Receitas......................................265
   Outros Esquemas Deploráveis.............................265
Principais Fraudes Cometidas..................................266
   Em Caixas e Equivalentes de Caixa 266
   Em Contas a Receber.....................................267
   Em Estoques 268
Definindo o Papel de Cada Um.................................268
Medidas Eficientes para
   Combater Fraudes..269
Como o Controle Interno Deve Ser Estruturado.................270
Combate Intenso e sem Piedade às Fraudes.....................271
Investigação de Fraude 272

CAPÍTULO 16: Dez Dicas para Extrair o Máximo dos Balanços 275

Como Extrair Informações das Demonstrações Contábeis 276
Começando a Jornada 276
Comentários dos Administradores 277
Notas que Explicam 278
É Bom Saber como Está a Capacidade para Pagar Dívidas 280
Será que os Negócios Estão Indo Bem? 281
Mutações que Ocorreram no Patrimônio Líquido 281
Descobrindo como a Empresa Gerencia a Grana 282
Contribuição da Empresa para o PIB Nacional 282
Considere que Pode Haver Erros ou Irregularidades Ocultas nos Balanços 283

CAPÍTULO 17: Dez Coisas que Não Podem Ser Esquecidas 285

Conceito, Objeto, Finalidade e Campo de Aplicação da Contabilidade 286
Contabilidade e Suas Técnicas 286
Patrimônio Econômico das Entidades 287
Situação Líquida e Patrimônio Líquido São a Mesma Coisa 287
Origens e Aplicações de Recursos 288
A Contabilidade Não Sobrevive sem Contas 289
Método das Partidas Dobradas 290
Estrutura Conceitual da Contabilidade 291
Regime Contábil 292
IFRS — *International Financial Reporting Standards* 292

ÍNDICE 295

Introdução

A contabilidade tal como a conhecemos hoje é fruto da iniciativa da Família Médici, de Florença — provavelmente, a família mais rica que jamais existiu. Para controlar sua imensa fortuna, os Médicis comissionaram o frei franciscano Luca Pacioli para criar alguma forma de acompanhamento e supervisão dos investimentos dessa influente família.

Pacioli então criou o famoso *Método das Partidas Dobradas*, enunciado em seu histórico livro *Particulario* (*Tractatus*) de *Computies et Scripturis*, de 1494. Surgiu, então, o melhor instrumento de controle das finanças que se conhece. Curioso que o método das partidas dobradas permanece imutável desde sua formulação há mais de 500 anos!

É muito vasto o potencial de informações que a contabilidade pode proporcionar. Informações valiosas e, em alguns casos, insubstituíveis ou até mesmo impossíveis de se obter por outros meios e métodos.

É conveniente alertar, entretanto, que existem importantes limitações as quais precisam ser consideradas quando se usa a contabilidade como fonte única para coletar, organizar e disponibilizar as informações de que se precisa para tomar decisões.

As limitações mais severas que os usuários da contabilidade precisam prestar muita atenção são:

- informação velha, defasada;
- informações não fidedignas, falsas, manipuladas, distorcidas;
- informações deliberadamente insuficientes ou incompletas;
- informações qualitativas não capturadas pela contabilidade, como, por exemplo:
    1. Capacidade da empresa para inovar, pesquisar e desenvolver produtos e processos.
    2. Capacidade tecnológica e o estado da arte do ramo de atividade.
    3. Capacidade criativa e empreendedora dos dirigentes e funcionários.
    4. Imagem e reputação da empresa no mercado em que atua.

A contabilidade foi criada para cumprir três objetivos principais: registro das operações; controle do fluxo de capitais; e divulgação das informações a respeito dos negócios. São objetivos nobres que me levam a concluir e tentar convencer os leitores de que todo mundo precisa de contabilidade.

Embora possa parecer uma declaração arrogante, a verdade é que, saber pelo menos o básico da contabilidade faz muito bem para o bolso. E se faz bem para o bolso, faz muito bem para a vida pessoal de todo mundo, valeu?

Sobre Este Livro

O objetivo deste livro é fazer com que aqueles que não são contadores conheçam a utilidade da contabilidade e possam aproveitar os benefícios das informações contábeis para entender os negócios e, assim, tomar decisões mais embasadas. Todos sabemos que o processo decisório é complexo, cheio de nuances, exige muito discernimento, intuição e, claro, muita informação da boa.

É justamente aí que a contabilidade se torna imprescindível.

O livro foi escrito pensando nos usuários da contabilidade, aquelas pessoas de bem interessadas em saber o que está rolando no mundo corporativo, nas ONGs, nos governos, em suas finanças pessoais.

Os usuários da contabilidade tanto podem ser usuários internos como usuários externos ou ainda, usuários com interesses diversificados. Essa multiplicidade de gente interessada conduz ao raciocínio lógico de que as informações geradas pelas empresas e entidades devam ser amplas, honestas e suficientes para uma avaliação ponderada sobre sua condição financeira e econômica presente, e sobre suas perspectivas futuras.

Usuários internos são os dirigentes e funcionários de todos os níveis hierárquicos da empresa ou entidade. Gente interessada em saber qual o resultado e as consequências das decisões e ações que tomaram no andamento das atividades.

Usuários externos representam uma gama maior de pessoas, pois se referem a todos aqueles que não participam do dia a dia das atividades, não sabem o que está rolando nas entranhas das organizações sobre as quais eles, usuários externos, têm vivo interesse.

Muita gente gabaritada crê firmemente que a contabilidade foi criada para fornecer informações somente para os usuários externos. Não é essa minha opinião. Contabilidade é algo bom para todos que queiram saber como as coisas estão indo.

Não é objetivo deste livro ensinar contabilidade para tornar os leitores especialistas e sair por aí fazendo lançamentos adoidados. O leitor certamente saberá o suficiente para extrair da contabilidade o que ela possibilita em termos de informações a respeito das atividades de uma empresa ou de uma entidade, mesmo considerando as limitações as quais já citei.

Tem assuntos relevantes em contabilidade que não serão tratados neste livro por uma série de razões. Quero especificamente chamar sua atenção para os seguintes assuntos sobre os quais vou passar batido:

- » não tratarei das demonstrações contábeis consolidadas, embora apresentarei exemplos capturados nas publicações de jornais quando isso for possível;
- » não falarei das informações contábeis por segmento e combinação de negócios, objeto de pronunciamentos técnicos do Comitê de Pronunciamentos Contábeis — CPC;
- » não desenvolverei monografia com operações mais usuais das empresas e entidades.

Se você ficou chateado com essas notáveis ausências, porque tinha interesse nos temas, por favor protestem com vigor inundando a caixa de mensagem de meu chefe!

Tenho uma palavrinha para os contadores já formados — atuantes ou não — e estudantes de contabilidade. Este livro é bem útil para vocês também. Serve para atualizar, refrescar a cuca sobre alguns conceitos que ficaram lá no fundo da memória, atualizar tecnicamente o conhecimento que vocês já têm e, o melhor, tomar contato com uma forma bem-humorada de se falar de contabilidade, assunto sério e importante.

Agora, é hora de preparar lápis e papel para anotar tudo aquilo de que você precisa para entender melhor suas finanças, seus negócios, o que rola no mundo corporativo e, também, o que o governo faz com os impostos que arrecada.

Vamos nessa?

Convenções Usadas Neste Livro

Para ajudá-lo a navegar por este livro, utilizarei as seguintes convenções:

- » *itálico* é usado para dar ênfase e destacar termos e palavras novas;
- » **negrito** indica palavras-chave.

Só de Passagem

Adoraria que você lesse este livro por inteiro, mas o quanto você vai ler deste livro vai depender de seu interesse específico. Aqui, cada caso é um caso.

Se você está interessado em saber como a contabilidade funciona na prática, as Partes I e II são fundamentais. Se estiver somente está interessado naquilo que as empresas publicam nos jornais, então, corra logo para a Parte III. Epa! Você só quer saber como analisar um balanço? Bem, nesse caso, a Parte IV é insubstituível!

Como Este Livro Está Organizado

Este livro está dividido em cinco partes. Apesar de as partes estarem relacionadas com as partes que as antecedem, o livro está organizado de forma modular.

- » Parte I — Fundamentos Teóricos Indispensáveis
- » Parte II — Hora de Sofisticar: Apresentando a Estrutura Conceitual da Contabilidade
- » Parte III — Mais Demonstrações Contábeis e Informações Complementares
- » Parte IV — Descomplicando a Análise de Balanços
- » Parte V — A Parte dos Dez

Ícones Usados Neste Livro

Ao longo deste livro, eu uso quatro ícones para destacar o que é importante ou não:

As dicas são úteis para lhe mostrar a maneira rápida e fácil de realizar e entender as coisas.

Os avisos mostram os perigos e cuidados mais comuns que você deve prestar atenção. Pode ser o caso de armadilhas escondidas e que você, leitor esperto, deve evitar.

Este ícone mostra ideias-chave que você precisa saber. Tenha certeza de que você entendeu antes de continuar a leitura. É coisa para você lembrar mesmo depois de ter fechado o livro.

PAPO DE ESPECIALISTA

Este ícone mostra uma trivialidade interessante, que você pode ler ou simplesmente deixar pra lá. Eu recomendo não deixar de ler.

De Lá para Cá, Daqui para Lá

Se você já está familiarizado com contabilidade, sinta-se à vontade para pular para a parte onde está a verdadeira ação, a Parte III, que trata das demonstrações contábeis.

Muita gente tem interesse em saber o que mudou com a introdução do IFRS (*International Financial Reporting Standards*, ou Normas Internacionais de Contabilidade) no Brasil a partir de 2010. É bacana e aí a dica é ir correndo para o Capítulo 4.

Auditoria é assunto sério e recorrente na mídia especializada em assuntos do mundo dos negócios. Claro que mandei bem sobre isso. E se seu interesse e até mesmo curiosidade é auditoria, não perca o que está te esperando nos Capítulos 8 e 9.

Trabalhei para caramba para escrever a Parte IV, onde você vai encontrar a forma como os contadores analisam os balanços das empresas. Deixei, também, um bônus especial falando do papel do contador na sociedade moderna.

Os direitos autorais deste livro foram doados para a **ASSOCIAÇÃO BENEFICENTE À CRIANÇA DESAMPARADA "NOSSA CASA"**.

1
Fundamentos Teóricos Indispensáveis

NESTA PARTE...

Toda ciência tem regras, exceções e normas que dizem direitinho qual sua aplicação, originalidade e utilidade. A contabilidade também é assim, só que com uma enorme diferença: sofre acentuada influência de leis e regulamentos editados pelas autoridades competentes de cada país. Você vai saber tudo aquilo que é indispensável para entender os aspectos teóricos da contabilidade em uma linguagem bem amena, fácil de compreender, e aí você vai rapidamente conhecer segredos que só os contadores sabem depois de estudarem muito na faculdade. É ver para crer!

> **NESTE CAPÍTULO**
> Conceito de contabilidade
> Campo de aplicação da contabilidade
> Técnicas de contabilidade
> O patrimônio econômico das entidades

Capítulo 1

A Contabilidade a Serviço da Boa Informação

Contabilidade é muito antiga e sua história está cheia de fatos pitorescos que vão desde a simples contagem do rebanho de ovelhas, lá na velha Palestina, até o renascimento europeu. Como esse não é um livro de história, vou deixar todo mundo com água na boca e não vou contar nada. Porém, generoso como sou, vou resumir os aspectos mais importantes desta milenar e moderna ciência da informação.

O campo de aplicação da contabilidade é o patrimônio econômico das entidades, seu significado, sua forma de apresentação e seus componentes. É muito importante conhecer a composição do patrimônio econômico para poder entender o balanço das empresas, como estará explicado detalhadamente bem mais lá na frente.

Conceito de Contabilidade

Academicamente, a contabilidade é conceituada como sendo a ciência que registra os eventos de natureza econômico-financeira (públicos ou privados), estuda suas consequências na dinâmica financeira, bem como trata e organiza sua divulgação por intermédio de demonstrações técnicas próprias, mais conhecidas como "demonstrações contábeis" ou, simplificadamente, "balanços".

DICA

Os profissionais de contabilidade são chamados de "contabilistas". Aqueles que concluem os cursos de nível superior em Ciências Contábeis recebem o diploma de bacharel em Ciências Contábeis. Para receberem a titulação de Contador, devem se submeter ao Exame de Suficiência do Conselho Federal de Contabilidade. Sendo aprovados, é hora de providenciar o registro no Conselho Regional de Contabilidade do estado em que o profissional vai atuar.

PAPO DE ESPECIALISTA

Prefiro definir a contabilidade como a ciência da informação, por ser mais fácil de entender seu verdadeiro papel. Em decorrência da globalização dos mercados, podemos ainda ampliar a definição, considerando a contabilidade como a linguagem dos negócios, pois as informações contábeis, independentemente da língua ou da moeda em que foram produzidas, proporcionam o mesmo grau de utilidade. Não seria exagero considerar que sem contabilidade não haveria ordem econômica nem mercados organizados. Contabilidade é, por tanto, indispensável.

Para melhor entender a amplitude do conceito acadêmico da contabilidade, deve-se recorrer à teoria patrimonialista descrita em 1914 pelo Professor Jean Dumarchey (inspirado em Vicenzo Masi), para quem a contabilidade é a ciência do patrimônio econômico. Desta forma, constituem partes importantes do estudo da contabilidade seu objeto e seu campo de aplicação.

Objeto e Finalidade da Contabilidade

O objeto da contabilidade é o patrimônio econômico — público ou privado. A contabilidade, por meio de princípios, práticas e técnicas, tem como finalidade precípua registrar os eventos administrativos, permitindo o controle dos diversos componentes do patrimônio ou riqueza e as mutações ocorridas nesses componentes durante um certo período de tempo ou exercício social.

Para alcançar seus objetivos, a contabilidade se vale de contas — instrumento básico de controle — da unidade monetária vigente e das demonstrações contábeis como elos de comunicação entre os administradores do patrimônio ou riqueza e os demais interessados em conhecer o estado e a evolução desse patrimônio ao fim de determinado período.

Campo de Aplicação da Contabilidade

A contabilidade se aplica a qualquer atividade econômica suscetível de avaliação em dinheiro. Tanto pode ser a maior empresa do planeta como uma microempresa que fabrica camisetas na periferia de São Paulo ou mesmo uma pessoa comum na rua, todos necessitam de contabilidade para controlar e avaliar seu patrimônio. O que realmente muda é a complexidade das atividades e o volume de patrimônio. E assim, então, está configurado o campo de aplicação da contabilidade: é a entidade econômica — empresa, ONGs, governos, prefeituras, indivíduos — que possui, gerencia e controla seu patrimônio ou suas riquezas.

Técnicas de Contabilidade

Para atingir as finalidades de registro e controle do patrimônio econômico, a contabilidade se vale de técnicas próprias, cada uma delas prestando-se a um objetivo determinado.

Atualmente, são utilizadas quatro técnicas contábeis:

» *Escrituração Contábil,*

» *Demonstrações Contábeis,*

» *Auditoria Contábil,*

» *Análise e Interpretação das Demonstrações Contábeis.*

Escrituração Contábil

Escrituração Contábil é a técnica por meio da qual os eventos da administração econômica, pública ou privada, são registrados em forma contábil, de modo a refletir suas consequências sobre o patrimônio ou riqueza das entidades. A escrituração, também chamada de registro ou escrita contábil, compreende três etapas:

» identificação da variação patrimonial que vai ser objeto de registro, isto é, identificação da transação realizada;

» análise das repercussões da variação provocada pelo ato ou pelo fato;

» lançamento nos livros contábeis e fiscais.

PAPO DE ESPECIALISTA

A escrituração contábil pode ser feita à mão, em equipamento mecânico e em computadores. Pode ser também feita por meio de softwares especializados conhecidos como softwares de gestão contábil (*ERP — Enterprise Resource Planning*, em inglês). Exemplo: SAP, Oracle, Protheus, Dynamics. A proliferação dos sistemas informatizados de contabilidade foi a mais profunda inovação para a atividade nos últimos trinta anos. Informações transmitidas instantaneamente pela internet e o uso de programas de contabilidade rodando em computadores e em dispositivos móveis estão, de fato, revolucionando o ambiente contábil e expandindo o uso da informação nos mais diversos setores. E olhe que isso não é pouca coisa não!

Demonstrações Contábeis

As *Demonstrações Contábeis* refletem o estado do patrimônio econômico em determinada data. A Lei da Sociedade por Ações — Lei 6404/76 — e suas posteriores modificações combinadas com o Pronunciamento Técnico CPC 26 (*Comitê de Pronunciamentos Contábeis*) estabelecem um conjunto de demonstrações contábeis composto por:

- balanço patrimonial ao final do período;
- demonstração do resultado do período;
- demonstração do resultado abrangente do período;
- demonstração das mutações do patrimônio líquido do período;
- demonstração dos fluxos de caixa do período;
- demonstração do valor adicionado; e
- notas explicativas, compreendendo um resumo das políticas contábeis significativas e outras informações elucidativas.

Em um capítulo próprio explicarei pacientemente e com carinho como elaborar e divulgar cada uma das demonstrações contábeis e, melhor ainda, como analisá-las para compreender e avaliar direitinho o patrimônio da entidade econômica, qualquer que seja seu interesse no assunto. É coisa muito chique mesmo!

Auditoria Contábil

A *Auditoria Contábil* tem por finalidade constatar a fidedignidade das demonstrações contábeis, isto é, se foram preparadas em atendimento aos Princípios de Contabilidade, de forma a refletirem todas as transações realizadas pela entidade em determinado período de tempo.

Quero deixar claro que demonstrações contábeis fidedignas são aquelas que trazem informações confiáveis, honestas e úteis para os leitores interessados em saber o que a entidade fez de bom e de ruim.

A contabilidade é uma ciência da informação e o mais eficaz instrumento de controle do patrimônio econômico. Por meio dela e a qualquer momento é possível conhecer, então, o estado do patrimônio econômico, sua evolução histórica e as tendências prováveis.

Análise e Interpretação das Demonstrações Contábeis

A *Análise e Interpretação das Demonstrações Contábeis* é a técnica contábil que permite, de modo rápido e confiável, conhecer e avaliar a situação econômico-financeira da entidade, seja ela empresa privada ou órgão público, na data em que as demonstrações contábeis foram elaboradas.

LEMBRE-SE

A escrituração registra os eventos; as demonstrações contábeis refletem os efeitos sobre o patrimônio; a auditoria contábil atesta a correção dos registros e a fidedignidade das demonstrações contábeis; a análise das demonstrações contábeis interpreta o patrimônio e oferece prognósticos.

Entendendo o Patrimônio Econômico das Entidades

A expressão "patrimônio econômico" tem um amplo conceito. Em contabilidade, todavia, a ideia de "patrimônio" acha-se restrita por uma série de atributos, que têm por finalidade designar o objeto da contabilidade.

Do ponto de vista jurídico, o "patrimônio" é um universo de direitos vinculados a uma pessoa física ou a uma pessoa jurídica. Para os economistas, o "patrimônio" é um fundo monetário estudado e analisado por suas aplicações e por suas origens.

Para a contabilidade, o "patrimônio" é, por definição, o conjunto de bens, direitos e obrigações de propriedade de pessoas e/ou entidades com finalidade de lucro ou não.

São válidos os componentes do patrimônio quando possuem conteúdo econômico e, portanto, susceptíveis de avaliação monetária, e são interdependentes em relação aos elementos componentes do conjunto pertencente a pessoas físicas e/ou entidades que visem alcançar determinado objetivo — lucro, assistência social, bem-estar da população ou qualquer outro objetivo não explicitado.

Componentes do Patrimônio Econômico das Entidades

Está claro até aqui que o patrimônio é composto por:

» *Bens*
» *Direitos*
» *Obrigações*

CAPÍTULO 1 **A Contabilidade a Serviço da Boa Informação** 13

Proponho, agora, examinar o conceito de cada um desses componentes separadamente.

Bens

É tudo aquilo que pode ser avaliado em dinheiro, tem alguma utilidade e possa, assim, satisfazer a uma necessidade humana. Embora a água que bebemos tenha utilidade e mate a sede, que é uma necessidade humana, não é considerada um bem para fins de contabilidade, porque não é, por enquanto, suscetível de avaliação em dinheiro, apesar da seca brava que afeta o mundo afora.

Em contabilidade, os bens podem ser classificados:

Quanto à sua forma de representação:

- bens tangíveis ou corpóreos,
- bens intangíveis ou incorpóreos;

Quanto aos seus objetivos:

- bens de uso,
- bens de venda,
- bens de renda.

Os bens tangíveis ou corpóreos são os bens representados por algo concreto, palpável, que tem vida própria. Por exemplo:

- Dinheiro
- Estoques
- Imóveis
- Veículos

Os bens intangíveis ou incorpóreos são aqueles bens que não possuem forma física de representação. São bens simbólicos que, entretanto, têm utilidade, têm valor econômico e se prestam à satisfação de determinada necessidade. Vou dar exemplos:

- despesas incorridas na obtenção e registro de marcas e patentes de invenção;
- direitos autorais;
- direitos adquiridos para exploração de minas e jazidas.

Embora os bens intangíveis não tenham vida física, são igualmente indispensáveis para a existência da atividade econômica, paga-se por eles, são valiosos e assim compõem o patrimônio econômico da empresa e/ou da entidade.

Os bens de uso, tangíveis ou intangíveis, são considerados indispensáveis ao exercício da atividade econômica, seja para obter lucros, seja para satisfazer uma necessidade social.

Como bens de uso, podemos citar:

- imóvel em que está localizada a fábrica;
- máquinas utilizadas na fabricação de produtos;
- material de consumo;
- propriedades intelectuais.

Já os bens de venda são aqueles destinados à comercialização ou produção de outros bens de venda.

E lá vão mais exemplos:

- mercadorias para revenda;
- matérias-primas;
- produtos elaborados em estoque.

Bens de renda são todos aqueles bens adquiridos com a finalidade de obtenção de rendimento mediante empréstimo ou locação.

Nesse grupo estão incluídos, entre outros:

- imóveis para locação;
- equipamentos para aluguel e assemelhados.

Direitos

São todos os créditos que deverão ser recebidos de terceiros. Em contabilidade, dizemos que *Direitos* é tudo aquilo que futuramente vai se tornar um bem, quando recebidos.

As contas a receber da empresa contra seus clientes por venda de mercadorias ou por prestação de serviços são um direito. As aplicações financeiras representadas por títulos de renda fixa, títulos de renda variável, certificado de depósito bancário e todas as modalidades de aplicação financeiras existentes no mercado também são classificadas como direitos.

Em síntese:

» Contas a receber de clientes
» Aplicações financeiras de renda fixa
» Títulos de renda variável
» CDBs

Obrigações

Todos os compromissos que deverão ser pagos a terceiros são considerados como obrigações para fins de contabilidade. A compra de estoques para pagamento posterior ao ato da compra, enquanto não paga, é uma obrigação.

O empréstimo feito no banco, o aluguel de instalações ou de equipamentos, os impostos diretos e indiretos, contribuições compulsórias, enquanto não pagos, são considerados como obrigações.

Em detalhes:

» Empréstimos bancários
» Contas a pagar
» Impostos a pagar
» Fornecedores de bens e serviços

Em resumo, na estrutura patrimonial, os bens e direitos representam a parcela positiva e as obrigações devidas, a parcela negativa. Veja a Figura 1.1:

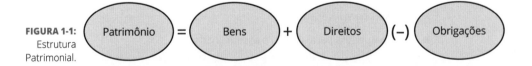

FIGURA 1-1: Estrutura Patrimonial.

REPRESENTAÇÃO GRÁFICA DO PATRIMÔNIO ECONÔMICO DAS ENTIDADES — OLHA A *EQUAÇÃO PATRIMONIAL* AÍ, GENTE!

O conjunto de bens e direitos que compõe o patrimônio é chamado de *Ativo*. O conjunto de obrigações assumidas pela entidade econômica é denominado de *Passivo*. À diferença algébrica (mais com menos) entre o *Ativo* e o *Passivo* dá-se o nome de *Situação Líquida*, mais popularmente conhecida como *Patrimônio Líquido*. Veja a Figura 1.2:

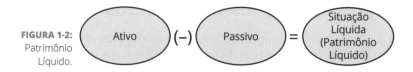

FIGURA 1-2: Patrimônio Líquido.

Existem três tipos de Situação Líquida:

» Situação Líquida Positiva

Quando o ativo é maior que o passivo. Graficamente A > P, portanto, SL > 0.

Interpretação: o conjunto de bens e direitos é superior ao conjunto de obrigações, revelando a existência de riqueza própria. É uma coisa boa!

» Situação Líquida Negativa

Quando o ativo é menor que o passivo. Graficamente A < P, portanto SL < 0.

Interpretação: o conjunto de obrigações supera o conjunto de bens, revelando a existência de "passivo a descoberto" ou insuficiência de ativos para pagar os passivos. É uma coisa ruim!

» Situação Líquida Nula

Quando o conjunto de bens e direitos é igual ao conjunto de obrigações: A = P, portanto, SL = 0.

Interpretação: todos os bens e direitos da entidade são suficientes para pagamento de todas as obrigações e não sobra mais nada. É uma coisa insossa!

LEMBRE-SE

Para nunca mais esquecer: Patrimônio Líquido é igual ao $\dfrac{\text{ATIVO}}{\text{Bens e Direitos}}$ Menos $\dfrac{\text{PASSIVO}}{\text{Obrigações}}$

A representação gráfica do patrimônio assume a configuração igual ao gráfico apresentado na Figura 1.3:

FIGURA 1-3: Representação gráfica do patrimônio.

ELEMENTOS POSITIVOS
ATIVO

Bens | Tangíveis
     | Intangíveis

Direitos | Contas a Receber
         | Aplicações Financeiras

ELEMENTOS NEGATIVOS
PASSIVO

Obrigações | Fornecedores
           | Impostos
           | Empréstimos

CAPÍTULO 1 **A Contabilidade a Serviço da Boa Informação** 17

Origens e Aplicações de Recursos

Existe uma outra forma de examinar o patrimônio econômico das entidades considerando o fluxo de recursos, isto é, a origem do dinheiro que entra e como é gasto. O valor do patrimônio vai se modificando à medida que as transações vão sendo realizadas. De maneira simplificada, vou demonstrar como isso ocorre.

Até aqui entendemos o patrimônio econômico como sendo composto, de um lado, pelo ativo, e do outro, pelo passivo. Agora examinaremos o patrimônio sob o aspecto do fluxo de recursos, isto é, de onde provêm e em que foram aplicados os recursos da entidade.

As entidades convivem com dois tipos de recursos disponíveis de acordo com a origem deles: recursos próprios (ou capital próprio) e recursos de terceiros (ou capital de terceiros).

Os recursos próprios são as aplicações que os proprietários fazem na entidade, a grana que põem no negócio, constituindo-se do capital social inicial e inversões posteriores a título de aumento de capital, bem como os lucros retidos gerados pela própria entidade como fruto de suas atividades e que são reinvestidos no negócio.

Os recursos de terceiros estão representados pelas obrigações contraídas pela entidade com terceiros. As obrigações mais comuns são:

- » empréstimos bancários;
- » dívidas com fornecedores;
- » contas a pagar;
- » impostos retidos na fonte.

Os recursos obtidos destas duas fontes são integralmente aplicados no ativo.

O que você acha de demonstrar esse conceito por meio de um gráfico? Veja a Figura 1.4:

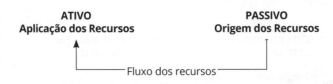

FIGURA 1-4: Conceito de origem e aplicação de recursos.

Variações na Situação Líquida

A equação patrimonial que anteriormente expliquei com palavras e gráficos permite concluir que qualquer valor debitado ao ativo aumenta seu valor e qualquer valor creditado, por conseguinte, diminui seu valor.

No passivo a situação será naturalmente inversa: o valor debitado diminui o passivo e o valor creditado o aumenta. É um exercício de pura lógica contábil. Depois de muito estudar você vai concluir que a contabilidade tem uma base matemática bem definida em que a equação patrimonial é, em suma, uma equação algébrica de primeiro grau.

Antes de exemplificar numericamente a dinâmica da equação patrimonial vou repetir alguns conceitos muito importantes que você não pode esquecer jamais, em tempo algum. Veja:

> » todos os recursos obtidos pela entidade são aplicados no Ativo. Logo, o ativo representa a soma das aplicações, ou seja, onde o dinheiro foi gasto.

A origem dos recursos, de onde veio o dinheiro, é o Passivo. O passivo se subdivide em dois grupos:

> » passivo exigível, que é formado pelo capital alheio ou de terceiros; e
> » patrimônio líquido, formado pelo capital próprio, dinheiro que veio dos proprietários.

É lá vai mais um pequeno exemplo para ilustrar o conceito de origem e aplicação de dinheiro nas entidades, veja a Tabela 1.1:

TABELA 1.1   Patrimônio inicial

ATIVO		
Caixa	50.000	
PASSIVO EXIGÍVEL		30.000
Obrigações com terceiros		
PATRIMÔNIO LÍQUIDO		
Capital Social Inicial		20.000
	50.000	50.000

Durante certo espaço de tempo, a entidade realizou as seguintes operações comerciais:

(a) Aquisição de móveis, a prazo	20.000
(b) Pagamento de obrigações com terceiros	15.000
(c) Pagamento de salários	5.000
(d) Compra de mercadorias à vista	30.000
(e) Venda de mercadorias à vista com um lucro de 15.000	40.000

TABELA 1.2 Variações no Ativo

Débito (+)		Crédito (-)	
Saldo inicial	50.000	(b)	15.000
(a)	20.000	(c)	5.000
(d)	30.000	(d)	30.000
(e)	40.000	(e) (40.000 - 15.000)	25.000
Somas	140.000		75.000

O saldo inicial do ativo mais todos os acréscimos (débitos) e menos os decréscimos (créditos), resulta em um saldo devedor de 65.000.

TABELA 1.3 Variações no Passivo exigível

Débito (-)		Crédito (+)	
(b)	15.000	Saldo inicial	30.000
		(a)	20.000
Somas	15.000		50.000

Resultando em um saldo credor de 35.000.

TABELA 1.4   Variações no Patrimônio Líquido

Débito (-)		Crédito (+)	
(c)	5.000	Saldo inicial	20.000
		Lucro na venda (e)	15.000
Somas	5.000		35.000

Ficou um saldo credor de 30.000.

A posição do patrimônio ficou como mostra a Figura 1.5, após a realização das operações:

ATIVO
- Caixa   40.000
- Mercadorias   5.000
- Móveis   20.000   =   65.000

PASSIVO EXIGÍVEL
- Obrigações   35.000

PATRIMÔNIO LÍQUIDO
- Capital   20.000
- Lucro retido   10.000   =   30.000

Como esses valores aparecem? Vamos ver:

CAIXA
- Saldo inicial   50.000   +
- Pagamento de obrigações   15.000   -
- Pagamento de salários   5.000   -
- Compra de mercadorias   30.000   -
- Venda de mercadorias   40.000   +
- Saldo   40.000

FIGURA 1-5: Posição patrimonial após as transações realizadas.

MERCADORIAS
- Compras   30.000   +
- Vendas (valor recebido menos o lucro apurado)   25.000   -
- Saldo   5.000

E assim por diante.

Fale a verdade, não é fácil fazer contabilidade? O que pode mudar é o tamanho da entidade e também a quantidade das operações (os contadores preferem chamar de "transações"), mas a dinâmica é sempre a mesma, seja em uma confecção de roupas infantis ou na maior e mais odiosa multinacional de óleo e gás.

Todos ao bar para comemorar!

> **NESTE CAPÍTULO**
>
> Finalmente as "*Contas*"
>
> Método das partidas dobradas
>
> Classificação das "*Contas*"
>
> Funcionamento das "*Contas*"
>
> Eventos permutativos, modificativos e mistos

Capítulo 2
Mais um Pouco de Fundamentos Teóricos

Ainda faltam detalhes que vão transformar nosso leitor em um craque da seleção de ouro. Seleção de ouro é aquela turma que sabe o que é necessário para usar a contabilidade naquilo que ela tem de melhor: uma superfonte de informação a respeito das atividades das empresas, seu passado, presente e futuro.

O patrimônio econômico das entidades sofre influências constantes por ação dos administradores. Essas influências tanto podem aumentar o valor do patrimônio econômico como também podem diminuí-lo. Uma situação possível é ocorrer os dois fenômenos ao mesmo tempo. Aqui você vai encontrar exemplo prático para compreender aquilo que eu chamo de "mobilidade patrimonial por ação do gestor".

O melhor de tudo é que você não precisa decorar nada e, ao terminar de ler os capítulos que virão a seguir, já estará pronto para os embates corporativos. Com tanto conhecimento acumulado, garanto que você será eleito o funcionário do mês com direito à foto na parede e cinco *bottons* para pendurar orgulhosamente no peito.

Finalmente as "Contas"

Conta é o instrumento básico utilizado pela contabilidade para registrar as variações ocorridas em cada elemento componente do patrimônio econômico. Conhecer sua característica e como a contabilidade trata os registros contábeis de forma organizada é fundamental para o leitor compreender como é possível extrair da contabilidade as informações de que ele necessita para saber como a empresa está se saindo no cruel mundo dos negócios.

E como o assunto é *"contas"*, nada melhor do que oferecer um *Plano de "Contas"*, que os contadores usam e abusam para fazer o reconhecimento contábil das operações que ocorrem diariamente nas empresas e nas entidades.

Conceito de "Conta"

Conta, como você já sabe, é o instrumento básico utilizado pela contabilidade para registrar as variações ocorridas em cada elemento componente do patrimônio econômico. Constitui, por seu turno, a forma de representação gráfica dos atos e fatos da administração que têm alguma influência sobre o patrimônio econômico da entidade.

Toda conta deverá ter titulação apropriada para que possa reproduzir com clareza o evento ocorrido. Exemplos de conta:

» *Caixa*, que se destina a registrar, na contabilidade, todos os eventos em que tenha havido pagamentos ou recebimentos em dinheiro.

» *Capital*, que se destina a registrar o dinheiro que os sócios tiram do bolso e põem no negócio.

» *Vendas*, para registrar o dinheiro proveniente das atividades comerciais da empresa.

» *Despesas Comerciais*, para registrar as despesas que a empresa tem para vender seus produtos.

Função da "Conta"

A função das contas é controlar, mediante registro dos eventos de natureza econômica realizado pela administração da entidade, os componentes do patrimônio e a formação dos resultados realizados em cada período de tempo (exercício). Portanto, a conta serve como elemento de identificação dos diversos componentes patrimoniais e sua dinâmica (modificações).

Método das Partidas Dobradas

Consagrado universalmente, o método das partidas dobradas ou digrafia oferece toda a base de apoio utilizada pela contabilidade para registrar e controlar o patrimônio, que é seu objeto.

De acordo com este método de registro, todos os lançamentos a débito de uma conta serão correspondidos por um crédito a outra conta de igual valor. Não pode existir um débito sem que haja um crédito no mesmo valor. Forma-se, a partir de agora, o que os tratadistas, os sábios da contabilidade, chamam de axioma contábil.

DICA

Ao se debitar uma conta qualquer, concomitantemente haverá o crédito correspondente em outra conta, no mesmo valor.

Por esta razão, o ativo é sempre igual à soma do passivo e patrimônio líquido, conforme facilmente se constata nos balanços publicados nos jornais. Esta igualdade é conhecida como "corolário das partidas dobradas" (consequência da aplicação do método das partidas dobradas).

Reside justamente aí o ponto forte da contabilidade como instrumento de controle. Ao debitar e creditar duas contas distintas, se estabelece o equilíbrio entre duas forças.

Não é uma garantia a prova de bala de que não ocorrerão erros ou irregularidades, mas por certo esse equilíbrio vai dificultar a vida dos malandros que querem fraudar a entidade. Mexer em uma conta implica necessariamente em mexer com outra conta.

PAPO DE ESPECIALISTA

Adoro arqueologia e não perco nenhum programa do *Discovery Channel*. Por isso vou escavar a história da contabilidade para contar a vocês que a Família Médici, de Florença — provavelmente a família mais rica que jamais existiu na face da terra — estava muito preocupada, na época da Renascença, com seus negócios que, para a alegria daquela gente, cresciam tanto que era praticamente impossível ter controle de tudo.

Foi aí, então, que a família contratou o frei Luca Pacioli — matemático esperto e muito habilidoso — para encontrar uma forma segura que a Família Médici pudesse utilizar para entender, acompanhar e avaliar seus negócios. Nascia, assim, o famoso método das partidas dobradas.

Preste bem atenção, o método das partidas dobradas foi criado em 1494 e se mantém imutável desde então. Parlamentares criativos tentaram, mas não conseguiram até hoje modificar o método de registro contábil inventado pelo frei Luca Pacioli.

Classificação das "Contas"

As contas podem ser classificadas de três maneiras, considerando-se as três principais teorias contábeis, desenvolvidas ao longo dos anos pelos grandes mestres. As três escolas são:

- Escola Personalística
- Escola Materialista
- Escola Patrimonialista

Escola Personalística

A *Escola Personalística*, ao considerar o patrimônio como um conjunto de direitos vinculados à pessoa do administrador da entidade, reconhece a existência de três tipos de grupos de contas, em função da relação que cada pessoa mantém com o administrador do patrimônio da entidade:

- **Contas do Proprietário:** compreendem o patrimônio líquido pertencente ao dono da empresa.
- **Contas de Agentes Consignatários:** compreendem a responsabilidade das pessoas incumbidas da posse e guarda dos bens, perante os proprietários, e representam os bens materiais.
- **Contas de Agentes Correspondentes:** representam relações ativas e passivas entre o administrador e as pessoas que realizam transações com a empresa.

Escolas Materialista e Patrimonialista

A *Escola Materialista* considera o patrimônio como um conjunto de coisas que sofrem mutações para mais ou para menos. Trata-se de uma apreciação mais econômica do que jurídica, daí ser esta a escola que representa a teoria contábil dominante, após enxertos da *Escola Patrimonialista* que, assim, ficaram muito semelhantes em seus conceitos e estrutura teórica.

Dado aos aspectos econômicos predominantes, as *Escolas Materialista* e *Patrimonialista* classificam as contas em três grupos:

- **Contas Integrais ou Patrimoniais:** especificam os bens e direitos integrantes do ativo, e as obrigações e patrimônio líquido que compõem o passivo.

» **Contas Diferenciais ou de Resultado:** são as contas que reproduzem transações que modificam o patrimônio. Podem ser de dois tipos: as receitas que provocam aumento do patrimônio e as despesas que implicam em diminuição do patrimônio.

» **Contas Mistas:** acumulam transações que tanto podem ser de natureza patrimonial como de resultado. Exemplo: Conta Mercadorias quando utilizada para registrar o valor do estoque, o valor das vendas e o montante das compras realizadas. A função de controle que a contabilidade assume tem provocado a eliminação deste tipo de conta para o registro das transações pela dificuldade de se reconhecer, instantaneamente, a natureza do fato ocorrido. Atualmente, a tendência é somente existirem Contas Diferenciais e Contas Integrais para registro das transações comerciais.

Eu gosto muito de um gráfico que os chineses garantem valer mais do que mil palavras. Vamos tirar a prova dos nove? Veja a Figura 2.1.

FIGURA 2-1: Classificação das contas de acordo com a Escola Materialista.

PAPO DE ESPECIALISTA

Para fazer bonito no papo descontraído com os amigos. As teorias ou escolas contábeis modernas nasceram no século XV, na Itália. A Teoria Personalística foi defendida por dois caras bacanas: Francesco Marchi e Giuseppe Cerboni. Já a Teoria Materialista foi ideia do gente boa Fábio Besta. Coube a Vicenzo Masi sacar a Teoria Patrimonialista como uma derivação da Teoria Materialista. O francês Jean Durmarchey deu uma arrumada no trabalho de Masi e popularizou a Teoria Patrimonialista.

Funcionamento das "Contas"

Tá na hora, tá na hora, de examinar um aspecto fundamental ao conhecimento da teoria que embasa a contabilidade que é, nada mais nada menos, o funcionamento das contas, ou seja, como as contas são debitadas, como são creditadas e o significado do saldo apurado de cada conta.

Para sabermos se devemos debitar ou creditar uma conta para registrar contabilmente uma operação realizada pela entidade é preciso manter em mente que:

» todas as contas do ativo são de natureza devedora. Qualquer operação realizada pela entidade que represente aumento do ativo significa que a conta respectiva será debitada. Quando a operação realizada pela entidade representar diminuição do ativo, a conta respectiva será creditada.

» Todas as contas de despesas são de natureza devedora. O funcionamento é idêntico ao do ativo.

» Todas as contas do passivo e do patrimônio líquido são de natureza credora. Sempre que houver um crédito em conta do passivo ou em conta do patrimônio líquido, o saldo aumenta. Por conseguinte, sempre que houver um débito em conta do passivo ou do patrimônio líquido, o saldo diminui.

» Todas as contas de receita são de natureza credora, funcionando exatamente como as contas do passivo: débito resulta em diminuição do saldo e o crédito resulta em aumento do saldo.

TABELA 2-1 **Síntese do funcionamento das contas**

Se a conta for	Aumenta por	Diminui por
Do Ativo	Débito	Crédito
Do Passivo e Patrimônio Líquido	Crédito	Débito
De Despesa	Débito	Crédito
De Receita	Crédito	Débito

Este mecanismo fornece a orientação lógica para entender o funcionamento das contas.

Aplicação do Esquema Proposto

É hora de praticar. Lápis, papel e calculadora à mão e vamos embarcar nessa. Não pode colar e nem perguntar ao colega do lado.

1ª OPERAÇÃO:

Dois amigos conversando na praia resolvem constituir uma microempresa para vender refresco aos banhistas. Após fazerem muitos cálculos, decidem que o capital inicial da microempresa deveria ser de R$1.000.000.

O que aconteceu, do ponto de vista contábil? A microempresa de venda de refrescos tornou-se proprietária de R$1.000.000, seu ativo inicial. Logo este ativo, representado pela conta "caixa", é debitado. O método das partidas dobradas, como já vimos, obriga à existência de uma conta no crédito para fechar o registro contábil. O grupo de contas que registra o valor investido pelos proprietários (capital próprio) é o patrimônio líquido que aumentou em R$1.000.000, sendo, desta forma, creditado.

2ª OPERAÇÃO:

Os sócios da microempresa de venda de refrescos compraram a prazo os vasilhames necessários para transportar o produto pelas praias, custando R$50.000. Contabilmente, o ativo aumentou em R$50.000 (um bem foi incorporado ao patrimônio da microempresa) e o passivo também aumentou R$50.000 (uma obrigação foi contraída para pagamento posterior). O ativo será debitado e o passivo será creditado.

Veja a Figura 2.2, que reproduz graficamente as duas operações.

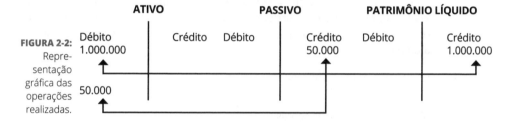

FIGURA 2-2: Representação gráfica das operações realizadas.

O balanço da microempresa de refrescos teria a seguinte cara após a realização das duas operações descritas:

ATIVO	
Dinheiro	1.000.000
Vasilhames	50.000
Total do Ativo	1.050.000
PASSIVO	
Dívidas com fornecedores	50.000
PATRIMÔNIO LÍQUIDO	
Capital inicial	1.000.000
Total do Passivo	1.050.000

LEMBRE-SE

Uma conta é debitada sempre que:

> » receber valores,
> » diminuir responsabilidades,
> » adquirir direitos.

Uma conta é creditada sempre que:

> » fornecer valores,
> » aumentar responsabilidades,
> » diminuir direitos.

Plano de "Contas"

É o conjunto de contas que a contabilidade se utiliza para registrar todos os eventos administrativos ocorridos. O Plano de Contas também contém as diretrizes necessárias para o uso das diversas contas, seu significado e o que seu saldo representa.

O Plano de Contas compreende:

> » o quadro ou rol de contas,
> » a definição de sua natureza e objeto,
> » o funcionamento da conta.

O quatro ou rol de contas é a relação de todas as contas que deverão consignar os elementos patrimoniais, bem como os componentes do resultado que provocam alterações quantitativas no patrimônio.

A definição da natureza da conta esclarece se ela é devedora (contas de ativo e despesas) ou se é credora (contas de passivo exigível, patrimônio líquido e receitas). O objeto da conta determina qual a função de controle que ela exercerá (a conta Caixa controla o dinheiro em espécie, por exemplo).

O funcionamento da conta prevê as diversas situações em que ela deverá ser debitada ou ser creditada, e qual o significado do saldo apurado. Entretanto, é importante que a nomenclatura das contas seja clara e precisa, de forma a identificar imediata e perfeitamente o componente do patrimônio econômico da entidade a que está associada.

O planejamento do plano de contas deve levar em consideração as atividades desenvolvidas pela entidade, que podem ser, por exemplo:

- compra,
- venda,
- prestação de serviços,
- fabricação,
- atividade financeira.

No desenvolvimento do plano de contas também é preciso considerar o segmento econômico a que a entidade está vinculada, a exemplo:

- construção civil,
- fabricação de tecidos,
- comércio de minerais,
- consultoria de negócios.

Devem-se observar também requisitos de ordem legal na ocasião da elaboração do plano de contas, tais como:

- legislação específica sobre a atividade (bancos, financeiras, seguros);
- legislação societária — Lei das Sociedades por Ações — Lei n° 6.404, de 15/12/1976 e alterações posteriores.

Muito se tem discutido a respeito da padronização dos planos de contas para facilitar o entendimento dos usuários das demonstrações contábeis sobre a real posição patrimonial e a situação financeira das entidades. Sou partidário da padronização não só por esse motivo, como também por reconhecer que a padronização vai limitar ou inibir o exercício da criatividade dos contadores em inventar nome de contas que só eles sabem o significado.

No Brasil, o Banco Central e a Superintendência de Seguros Privados — Susep — exigem que as instituições financeiras, as seguradoras e as empresas de capitalização usem um plano de contas padronizado. Na Europa, a padronização dos planos de contas já é uma realidade e tem funcionado muito bem.

Como sou um visionário inveterado, acho que isso também vai ocorrer entre nós muito mais cedo do que se espera. Por enquanto, não sendo instituição financeira, seguradora, empresa de capitalização ou empresa sujeita a órgão e agência reguladora, o plano de contas pode ser feito à vontade do freguês.

Vai aqui um plano de contas de aplicação geral, estruturado de acordo com a já mencionada Lei das Sociedades por Ações, que será estudada em detalhes nos próximos capítulos.

TABELA 2-2   **Modelo de Plano de "Contas"**

Contas Patrimoniais

ATIVO

  ATIVO CIRCULANTE

    CAIXA E EQUIVALENTE DE CAIXA

      Caixa

      Depósitos Bancários à Vista

      Aplicações de Liquidez Imediata

    CLIENTES E OUTROS RECEBÍVEIS

      Contas a Receber Clientes

      Duplicatas a Receber

      Investimentos Temporários de Curto Prazo

      Adiantamentos

      Impostos a Recuperar

      (-) Perdas Estimadas com Créditos (conta credora)

    ESTOQUES

      Produtos Elaborados

      Produtos em Elaboração

      Matérias-primas

      Mercadorias para Revenda

      Almoxarifado de Componentes

    ATIVOS FINANCEIROS

    ATIVOS BIOLÓGICOS

    DESPESAS DO EXERCÍCIO SEGUINTE

      Prêmios de Seguros

      Despesas de Manutenção Antecipadas

      Outras Despesas Antecipadas

Contas Patrimoniais

ATIVO NÃO CIRCULANTE

ATIVO REALIZÁVEL A LONGO PRAZO (Parcelas realizáveis após 12 meses)

Contas a Receber

Empréstimos a Pessoas Ligadas

INVESTIMENTOS

Participações Permanentes em Outras Empresas

Participações em Coligadas e Controladas

PROPRIEDADES PARA INVESTIMENTO

Obra de Arte

Imóveis para Renda

Títulos Patrimoniais

IMOBILIZADO

Imóveis de Uso

Instalações Industriais

Equipamentos Industriais

Veículos

Móveis e Utensílios

Benfeitorias em Imóveis de Terceiros

(-) Depreciações e Amortizações Acumuladas (conta credora)

INTANGÍVEIS

Marcas e Patentes

Direitos Autorais

Pesquisa e Desenvolvimento

(-) Amortizações Acumuladas (conta credora)

PASSIVO

PASSIVO CIRCULANTE

Fornecedores

Instituições Financeiras

Salários a Pagar

(continua)

Contas Patrimoniais

- Obrigações Fiscais
- Contribuições Sociais a Recolher
- Dividendos a Pagar
- Contas a Pagar
- Provisão para Imposto de Renda

PASSIVO NÃO CIRCULANTE

PASSIVO EXIGÍVEL A LONGO PRAZO (Parcelas vencíveis após 12 meses)

- Fornecedores
- Instituições Financeiras
- Empréstimos de Debenturistas
- Empréstimos de Pessoas Ligadas
- Provisão para Imposto de Renda Diferido

RECEITAS DIFERIDAS

- Receitas Diferidas
- (-) Custos e Despesas Diferidas (conta devedora)

PATRIMÔNIO LÍQUIDO

CAPITAL SOCIAL REALIZADO

- Capital Subscrito
- (-) Capital Subscrito a Realizar (conta devedora)

RESERVAS DE CAPITAL

- Reserva de Ágio na Colocação de Ações
- Reserva de Alienação de Partes Beneficiárias

AJUSTE DE AVALIAÇÃO PATRIMONIAL

RESERVAS DE LUCROS

- Reserva Legal
- Reservas Estatutárias
- Reservas para Contingências
- Reservas de Lucros a Realizar

(-) AÇÕES EM TESOURARIA (conta devedora)

Contas Patrimoniais	
RESULTADOS ACUMULADOS	
Lucros Retidos	
(-) Prejuízos Acumulados (conta devedora)	

Eventos Administrativos

O patrimônio econômico da entidade sofre influências constantes por ação dos administradores. Essas influências, também chamadas de "mutações patrimoniais", decorrem do exercício da atividade econômica e precisam ser registradas na contabilidade por meio das contas, conforme explicado anteriormente.

As mutações patrimoniais podem resultar em aumento ou diminuição do valor econômico do patrimônio, representando, assim, uma variação quantitativa. Mas podem também resultar na alteração de elementos sem modificações de valor, sendo, portanto, uma variação qualitativa.

Todas as mutações patrimoniais sempre ocorrem devido a fatos administrativos — consequência do ato de administrar — que podem ser classificados em três diferentes tipos:

» *eventos permutativos,*
» *eventos modificativos,*
» *eventos mistos.*

Eventos Permutativos

São todos os eventos administrativos que geram modificações nos saldos das contas, sem que o patrimônio líquido seja alterado.

Lembra-se daquela microempresa de venda de refrescos? Pois é, ao adquirir os vasilhames para transporte do produto pelas praias, esse evento não alterou o patrimônio líquido, porque o ativo foi aumentado em R$50.000 e o passivo, por ter sido uma compra a prazo, também foi aumentado nesse mesmo valor. Se microempresa tivesse comprado os vasilhames à vista, o evento administrativo envolvido seria do tipo permutativo, pois "se trocou dinheiro por vasilhame" e o valor do ativo total permaneceu inalterado.

Eventos Modificativos

Diferentemente dos eventos permutativos, os eventos administrativos modificativos têm como característica provocar alterações no valor do patrimônio líquido, para mais ou para menos. Ao efetuar o recebimento de juros de aplicações financeiras, nossa conhecida microempresa estará aumentando seu patrimônio, eis que o valor do ativo foi acrescido do produto dessa receita. Por outro lado, ao pagar o salário do vendedor ambulante, o patrimônio da microempresa foi diminuído, com a saída de dinheiro e decréscimo do ativo.

Eventos Mistos

Os eventos administrativos mistos combinam os dois efeitos citados anteriormente, afetando o patrimônio qualitativa e quantitativamente. Uma parte do evento modifica o patrimônio líquido para mais ou para menos (aspecto quantitativo) e outra parte do evento provoca alterações qualitativas entre os diversos elementos que integram o patrimônio econômico da atividade.

O exemplo mais esclarecedor do que seja um evento misto nos é dado pela venda de mercadorias em que há ao mesmo tempo aumento e diminuição do ativo com a entrada de dinheiro e saída de estoque, e modificações no patrimônio líquido pelo resultado da transação (lucro ou prejuízo na venda).

Exemplo prático:

Uma fábrica de tecido tinha a seguinte composição patrimonial:

ATIVO	
Caixa	200.000
Estoques	400.000
Máquinas Industriais	100.000
Total do Ativo	700.000
PASSIVO	
Fornecedores	300.000
PATRIMÔNIO LÍQUIDO	
Capital Social	400.000
Total do Passivo	700.000

Durante o mês de janeiro, foram vendidas mercadorias à vista no valor de R$500.000, com um lucro de R$300.000.

Como você acha que ficaria a composição patrimonial após a ocorrência deste evento administrativo misto?

» A conta Caixa recebeu mais R$500.000, que é o valor da venda, logo será debitada, passando seu saldo para R$700.000 (saldo inicial + valor da venda = 200.000 + 500.000)

» A conta Estoque diminui R$200.000, que corresponde às mercadorias vendidas (venda menos lucro = custo ou valor da mercadoria que estava no estoque = 500.000 – 300.000)

» O lucro na operação de R$300.000 (preço de venda R$500.000 menos o preço de custo R$200.000) será acrescido ao patrimônio líquido.

Veja, agora, o patrimônio como estava e como ficou:

ATIVO	Antes do Evento	Após o Evento
Caixa	200.000	700.000
Estoques	400.000	200.000
Máquinas Industriais	100.000	100.000
Total do Ativo	700.000	1.000.000
PASSIVO		
Fornecedores	300.000	300.000
PATRIMÔNIO LÍQUIDO		
Capital Social	400.000	400.000
Lucro Retido	Ø	300.000
Total do Passivo	700.000	1.000.000

> **NESTE CAPÍTULO**
>
> Métodos e processos de escrituração
>
> Lançamentos: função, elementos essenciais e fórmulas
>
> Livros de escrituração
>
> A conta "T"
>
> Correção de erros de escrituração

Capítulo 3
Registros, Lançamentos e Partidas Contábeis

Os fatos administrativos são contabilizados na medida em que ocorrem, por intermédio de lançamentos contábeis na forma de débito em uma conta e crédito em outra conta. Ao processo pelo qual isto ocorre, dá-se o nome de escrituração.

Escriturar é o ato de registrar, tecnicamente, o fato administrativo a fim de quantificar seu efeito sobre o patrimônio econômico da entidade, deixando uma pista histórica para comprovar que tipo de transação comercial foi realizada.

Com vocês, a "Escrituração Contábil".

A Família Real Portuguesa fugiu de Napoleão Bonaparte para o Brasil com a ajuda dos ingleses, aqui aportando com armas e bagagens para trazer civilidade aos nativos locais.

A chegada da Família Real provocou muitos efeitos e os historiadores destacam: a desapropriação das mais belas residências, a fundação do Banco do Brasil que logo faliu e, pasmem, a introdução do mais moderno método de escrituração contábil jamais inventado — de acordo com o texto do Decreto Real — que nada mais era do que o Método das Partidas Dobradas.

Todo mundo já sabe que esse método foi criado em 1494, mas a Família Real Portuguesa, em 1808, julgou que o método era moderno. Não se discute com o rei!

Método e Processos de Escrituração

Pela legislação comercial brasileira o único método admitido para registro dos fatos administrativos é o método das partidas dobradas, introduzido entre nós pelo El Rei D. João VI.

Pequenas, médias e gigantes empresas, não importa o tamanho ou complexidade de seus negócios, terão que, necessariamente, utilizar o tradicional método das partidas dobradas para o registro (escrituração) dos fatos administrativos — transações ou operações — que ocorrerem.

Entretanto, dependendo da complexidade e volume das transações, poderão ser adotados diferentes processos de escrituração. Processo de escrituração é a forma pela qual o método das partidas dobradas é aplicado. Podemos ter escrituração manual, que é o mais tradicional processo de escrituração, em que os lançamentos são manuscritos nos registros contábeis, ou podemos utilizar processamento eletrônico de dados em avançados computadores.

Lançamentos: Função, Elementos Essenciais e Fórmulas

A contabilidade é apoiada em critérios objetivos nos quais a lógica é quem comanda todas as principais funções e, neste caso, lançamentos contábeis desempenham papel relevante no processo de registro das operações realizadas pelas empresas e entidades, como você vai ver bem ali embaixo.

Função dos Lançamentos

A função dos lançamentos é registrar os fatos administrativos de acordo com a técnica contábil utilizando-se o plano de contas, a fim de que os efeitos produzidos por esses fatos sobre o patrimônio econômico da entidade possam ser quantificados, demonstrados e avaliados consistentemente.

Elementos Essenciais dos Lançamentos

O lançamento contábil, como vimos, desempenha um papel fundamental na administração contábil, exigindo o máximo de atenção em sua feitura, para que possa cumprir suas funções de registro. É a fase inicial deste processo que termina com a elaboração das demonstrações contábeis na data que se deseja.

Essencialmente, um lançamento contábil é composto por cinco elementos que lhe dão conteúdo e legitimam a escrituração. Desnecessário dizer que esses elementos sempre estarão presentes quando houver lançamentos.

É muito importante destacar que lançamento, no sentido amplo da contabilidade, também é conhecido como "partida". Logo, tanto podemos dizer "o lançamento que registra aquisição de mercadorias é...", como ainda: "a partida que registra aquisição de mercadorias é...", sabendo que estamos nos referindo à mesma coisa.

Por conseguinte, a partida ou lançamento possuem os seguintes elementos essenciais:

> *data da transação,*
> *conta devedora,*
> *conta credora,*
> *histórico ou notícia da transação,*
> *valor da transação.*

Data da Transação

A data refere-se ao momento em que a transação ou fato administrativo ocorreu e está sendo objeto de contabilização. É importante que a data do lançamento coincida com a data da transação, para evitar atrasos na escrituração.

Conta Devedora e Conta Credora

As contas devedora e credora destinam-se a representar o efeito provocado pelo fato administrativo de forma dupla, satisfazendo às exigências do método das partidas dobradas.

Histórico ou Notícia da Transação

Histórico configura a notícia do lançamento, isto é, um breve resumo — conciso e preciso — da transação que está sendo objeto de contabilização.

Valor da Transação

Por valor entendemos a importância em dinheiro que a transação envolve. Veja a Figura 3.1:

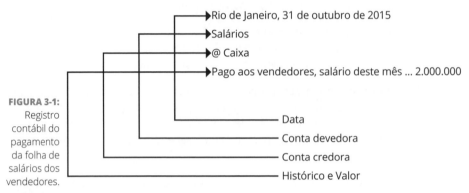

FIGURA 3-1: Registro contábil do pagamento da folha de salários dos vendedores.

PAPO DE ESPECIALISTA

Você notou aquele "azinho" que é a arroba usada pelo pessoal de TI? Pois é, quer dizer "a crédito de". Somente é usado na escrituração manual das transações.

Fórmulas de Lançamentos Contábeis

Qualquer que seja o processo escolhido para escrituração — manual ou em computadores —, existem quatro fórmulas para se efetuar lançamentos:

» 1ª fórmula ou fórmula simples,
» 2ª fórmula ou fórmula composta,
» 3ª fórmula ou também fórmula composta,
» 4ª fórmula ou fórmula complexa.

1. Fórmula Simples (1ª fórmula)

O lançamento terá apenas uma conta devedora e uma conta credora, assim:

Caixa	100
Vendas	100

2. Fórmula Composta (2ª fórmula)

O lançamento terá apenas uma conta devedora e duas ou mais contas credoras, assim:

Caixa	100
Diversos	
Vendas	90
Impostos a Recuperar	10

3. Fórmula Composta (3ª fórmula)

O lançamento terá duas ou mais contas devedoras e apenas uma conta credora, assim:

Diversos	
Caixa	200
Fornecedores	195
Juros Passivos	5

4. Fórmula Complexa (4ª fórmula)

O lançamento terá duas ou mais contas devedoras e duas ou mais contas credoras, assim:

Diversos	
Diversos	
Fornecedores	195
Juros Passivos	5
Vendas	90
Impostos a Recuperar	10
Caixa	100

O exemplo utilizado para demonstrar a quarta fórmula é a fusão dos exemplos das fórmulas compostas. A vantagem em utilizar a fórmula complexa reside na redução de lançamentos, mas traz um considerável prejuízo ao processo de entendimento do real significado das transações realizadas. Por essa razão seu uso não é aconselhável, embora esteja sendo empregado com frequência acentuada na escrituração por processamento eletrônico de dados.

Livros de Escrituração: Classificação e Formalidades

A legislação vigente obriga as empresas possuírem livros para a escrituração de suas operações, de modo a formar uma espécie de repositório histórico dos acontecimentos empresariais. Examinaremos neste tópico aspectos relacionados com esses livros.

Classificação dos Livros de Escrituração

Os livros de escrituração classificam-se em:

» *livros obrigatórios,*
» *livros facultativos.*

Livros Obrigatórios

São aqueles exigidos por lei. O livro Diário, por exemplo, é um livro obrigatório exigido pelo artigo 1.180 do Código Civil Brasileiro, promulgado pela Lei nº 10.406/12.

CUIDADO

Prestem muita atenção: microempresas incluídas no regime tributário simplificado — Simples ou Super Simples — não estão dispensadas de ter o livro Diário.

Os livros obrigatórios podem ainda ser subdivididos em:

» *Livros obrigatórios sociais,*
» *Livros obrigatórios fiscais.*

Livros Obrigatórios Sociais

Exemplo de livros obrigatórios sociais exigidos pela Lei das Sociedades por Ações, Lei nº 6.404/76:

» Registro de Ações Nominativas,
» Registro de Transferência de Ações Nominativas,
» Registro de Presença de Acionistas,

- » Registro de Atas de Assembleias Gerais,
- » Registro de Atas do Conselho de Administração,
- » Registro de Atas da Diretoria,
- » Registro de Atas e Pareceres do Conselho Fiscal.

Livros Obrigatórios Fiscais

Exemplo de livros obrigatórios fiscais exigidos pela legislação de cada tributo:

- » Registro de Entradas (ICMS, ISS, IPI),
- » Registro de Saídas (ICMS, IPI),
- » Registro de Apuração do IPI,
- » Registro de Apuração do ICMS,
- » Registro de Apuração do ISS,
- » Registro de Inventário,
- » Livro de Apuração do Lucro Real — LALUR.

Livros Facultativos

São aqueles registros mantidos pela empresa com a finalidade de melhor controlar suas operações. Exemplo: livro Caixa, cujo principal objetivo é registrar os pagamentos e os recebimentos em dinheiro.

Formalidades dos Livros de Escrituração

Os livros obrigatórios, por serem exigidos por lei, apresentam formalidades que precisam ser atendidas para que possam ter valor jurídico. Formalidades podem ser entendidas como requisitos legais indispensáveis.

Temos dois tipos de formalidades:

- » *formalidades extrínsecas,*
- » *formalidades intrínsecas.*

Formalidades Extrínsecas

As formalidades extrínsecas determinam que os livros obrigatórios:

- » sejam encadernados;
- » tenham as folhas numeradas tipográfica ou mecanicamente em sequência (seguidamente);
- » possuam termo de abertura e encerramento firmados pelo responsável pela empresa e por contabilista legalmente habilitado;
- » sejam autenticados na Junta Comercial do Estado em que a sede da empresa está localizada ou no Cartório Civil das Pessoas Jurídicas.

Formalidades Intrínsecas

As formalidades intrínsecas determinam que os livros obrigatórios:

- » sejam escriturados em rigorosa ordem cronológica de dia, mês e ano;
- » não contenham linhas em branco, entrelinhas, emendas, asterisco ou rasuras em quaisquer de suas formas, mesmo quando a escrituração é feita em equipamento eletrônico de processamento de dados.

Quanto ao livro Diário, é permitida sua escrituração em folhas soltas, desde que sejam encadernadas ao final de determinado período de tempo e que se observe, no que couber, as formalidades já comentadas.

O Livro Razão

O livro Razão é obrigatório de acordo com o artigo 14 da Lei n° 8.218/91 e de vital utilidade para a contabilidade, uma vez que, por meio dele, é possível agrupar os lançamentos por conta e, a qualquer momento, levantar um demonstrativo da situação dos elementos patrimoniais.

Veja na Figura 3.2 o exemplo de folha do livro Razão.

① Conta:					
Data	Histórico	Movimento		Saldo	
		Débito	Crédito	Devedor	Credor
②	③	④	⑤	⑥	⑦

① Nome da conta — cada folha pertence a uma conta distinta.

② Data em que a transação foi contabilizada.

③ Descrição sumária da transação.

④ Valor da transação levado a débito.

ou

⑤ Valor da transação levada a crédito.

⑥ Saldo devedor da conta após o lançamento.

⑦ Saldo credor da conta após o lançamento.

FIGURA 3-2: Típica folha do livro Razão.

A Conta T — Essa Não Poderia Faltar!

Para facilitar qualquer explicação sobre a contabilização de uma determinada transação, os contadores têm o hábito de organizar os lançamentos em forma de razonetes ou simplesmente conta T (assim chamada por sua semelhança gráfica com a letra **T** maiúscula).

Quer ver a cara da conta T? Veja a Figura 3.3:

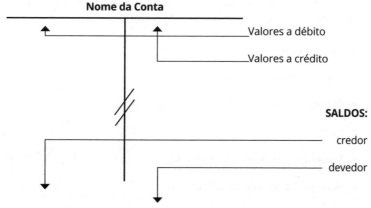

FIGURA 3-3: A famosa conta "T".

CAPÍTULO 3 **Registros, Lançamentos e Partidas Contábeis**   47

FISCO APERTA O CERCO AOS SONEGADORES. HORA DE FICAR ESPERTO!

O fisco brasileiro vem, continuamente, aperfeiçoando os mecanismos de fiscalização que têm levado ao aumento estratosférico da arrecadação de impostos e à consequente diminuição da sonegação fiscal. O fisco brasileiro está sendo considerado um dos mais bem aparelhados no mundo na tarefa de arrancar cada vez mais dinheiro do bolso dos contribuintes. Nunca antes na história desse país se arrecadou tanto.

O assunto mais quente no mundo da contabilidade atende pela sigla de SPED que significa Sistema Público de Escrituração Digital fornecido em dois sabores: SPED Contábil e SPED Fiscal.

O SPED Contábil nada mais é do que a substituição dos livros convencionais por seus equivalentes digitais para envio à Secretaria da Receita Federal na forma de arquivo eletrônico. Na prática, significa que a Receita Federal tem acesso eletrônico a todos os lançamentos contábeis que estão refletidos tanto no livro Diário quanto no livro Razão.

O chamado Sistema de Escrituração Digital substitui os seguintes registros e documentos convencionais (analógicos):

- livro Diário com escrituração completa ou resumida,
- livro Razão,
- balancetes diários,
- balanço patrimonial,
- demonstração do resultado do período.

Quer saber quem tem acesso às informações de sua empresa que estão guardadinhas no Sistema de Escrituração Digital?

- Receita Federal,
- Banco Central do Brasil,
- Superintendência de Seguros Privados — Susep,
- CVM,
- Secretarias Estaduais de Fazenda,
- Secretarias Municipais de Fazenda.

> Quer saber quem não tem acesso às suas informações que estão catalogadas lá no Sistema de Escrituração Digital?
>
> - Conselho Federal de Contabilidade e os respectivos Conselhos Regionais de Contabilidade,
> - Departamento Nacional de Registro do Comércio — DNRC,
> - seus concorrentes, inimigos, ex-sogra e ex-cônjuge!
>
> Já o SPED Fiscal, também conhecido como EFD — Escrituração Fiscal Digital — é um arquivo digital que contém toda a documentação fiscal e as informações que os fiscos federal, estadual e municipal precisam ter no que se refere aos tributos que incidem sobre entradas e saídas de mercadorias. Novamente aqui os agentes da fiscalização tributária estão com a faca e o queijo na mão!
>
> Não dá pra ficar oculto e nem esconder mais nada. É um verdadeiro *big brother* da arrecadação de tributos.

Quando se Cometem Erros de Escrituração É Preciso Fazer a Correção

Quando examinamos as formalidades intrínsecas dos livros obrigatórios, deparamo-nos com a firme exigência legal no sentido de que a escrituração seja feita com isenção de rasuras, emendas ou quaisquer outros vícios. No que diz respeito ao livro Diário, onde são lançadas as transações realizadas pela empresa, pode ocorrer que, eventualmente, sejam cometidos enganos de várias espécies, e que necessitem de correção.

Não se pode apagar, rasurar ou emendar a escrituração, muito menos usar manipulações do domínio da química, que fatalmente deixariam marcas de sua presença no papel, o que será entendido como adulteração. Não é permitido adulterar a escrituração.

Refazer toda a escrituração está fora de cogitação e tampouco se pode jogar o livro Diário no lixo e comprar outro para fazer tudo outra vez!

Correção de Erro por Lançamento Complementar e por Lançamento de Estorno

Para o bem de todos e felicidade geral da Nação, existe uma solução tecnicamente viável para resolver este desagradável problema que leva muita gente ao desemprego: erros cometidos no processo de escrituração.

Os contadores resolvem esse assunto de duas maneiras:

» *correção por lançamento complementar,*
» *correção por lançamento de estorno.*

Correção por Lançamento Complementar

Implica na repetição do lançamento insuficiente, na medida exata da necessidade.

Correção por Lançamento de Estorno

Caracteriza-se pelo cancelamento, no todo ou em parte, do lançamento incorreto.

Nada melhor do que exemplos específicos para aumentar o grau de compreensão.

Exemplos de Correção de Erro de Lançamento

Ao registrar as operações de uma empresa, o contador que estava distraído dando uma olhadinha na linha do tempo de seu Facebook cometeu vários erros de escrituração. Ele pede nossa ajuda para consertar esses lamentáveis erros antes que o chefe chegue.

Caso 1: Compra de matérias-primas a dinheiro

Estoque de Matérias-primas
Fornecedores de Matérias-primas
Compra conforme nota fiscal 232 .... 2.000.000

A conta creditada, "Fornecedores de Matérias-primas", não é a correta. A conta correta é "Caixa". O lançamento de correção é:

Caso 1

Fornecedores de Matérias-primas
Caixa
Correção do lançamento anterior, por erro na conta
levada a crédito 2.000.000

A conta "Fornecedores de Matérias-primas", tendo sido creditada e debitada no mesmo valor, anulou o registro.

Caso 2: Compra de veículos à vista no valor de R$80.000

Veículos
Caixa
Pela compra de um caminhão Fiat 2015 .... 70.000

Ao efetuar o lançamento, a importância consignada apresenta um erro de R$10.000 a menos. O lançamento de correção será:

Caso 2

Veículos
Caixa
Complemento do lançamento anterior 10.000

Caso o erro cometido representasse uma diferença para mais, a correção seria um estorno parcial neste valor, da seguinte forma:

Caso 2

Caixa
Veículos
Estorno de parte do lançamento anterior 10.000

Esta segunda hipótese poderia ser corrigida de outra maneira, estornando-se integralmente o lançamento inicial em que houve erro no valor e fazendo novo lançamento, agora com o valor correto. Assim:

Pelo estorno integral:

Caso 2
Caixa
Veículos
Estorno do lançamento anterior por erro 70.000

Pelo novo lançamento:

Caso 2
Veículos
Caixa
Pela compra de um caminhão Fiat 2015 .... 80.000

DICA

Viu como é fácil consertar um erro de escrituração?

O que aprendemos aqui resume-se ao seguinte:

» **lançamento insuficiente:** corrige-se com um lançamento idêntico ao anterior, no valor necessário a complementar a insuficiência;

» **lançamento a maior:** corrige-se com um estorno parcial do valor a maior, invertendo-se o lançamento anterior, isto é, a conta anteriormente debitada é, então, creditada, e a conta anteriormente creditada é debitada;

» **lançamento errado:** verificada a necessidade de eliminação do lançamento, proceder ao estorno total, invertendo-se o lançamento original incorreto e mantendo-se o mesmo valor. Com isto a operação fica anulada.

2 Hora de Sofisticar: Apresentando a Estrutura Conceitual

NESTA PARTE...

A estrutura conceitual da contabilidade atualmente em vigor no Brasil foi aprovada pela Deliberação CVM nº 675/11 e pela Resolução CFC nº 1.374/11 sendo, portanto, de uso obrigatório pelos contadores em seu trabalho diário de registrar as transações de natureza econômica ocorridas nas empresas e entidades. A estrutura conceitual comanda não só a escrituração das transações, como também o processo de elaboração e apresentação das demonstrações contábeis. Explicar os meandros, truques e características mais íntimas da estrutura conceitual e suas implicações na elaboração e divulgação do balanço patrimonial e da demonstração do resultado do período é meu propósito nesta parte do livro. Tenho certeza de que você vai gostar muito.

> **NESTE CAPÍTULO**
>
> Pressupostos básicos
>
> Características qualitativas das demonstrações contábeis
>
> Limitações na relevância e na confiabilidade da informação
>
> Princípios de Contabilidade
>
> IFRS — *International Financial Reporting Standards*

Capítulo 4

A Estrutura Conceitual da Contabilidade

O Conselho Federal de Contabilidade — CFC — entende que as demonstrações contábeis são elaboradas e apresentadas para usuários externos em geral — investidores, credores, mercado — tendo em vista suas finalidades e necessidades diversas. Tanto governo, órgãos reguladores ou autoridades tributárias podem determinar exigências para atender seus próprios interesses e necessidades.

Cabe deixar claro que tais exigências não devem afetar a forma como as demonstrações contábeis são elaboradas, pois o mandamento maior a ser observado é a estrutura conceitual da contabilidade aprovada pelo CFC. Trata-se de um documento muito importante contendo o conjunto básico de princípios fundamentais para a elaboração e a apresentação de demonstrações contábeis destinadas tanto ao público interno quanto ao público externo.

Introdução à Estrutura Conceitual da Contabilidade

Demonstrações contábeis elaboradas de acordo com o que prescreve a estrutura conceitual da contabilidade objetivam fornecer informações que sejam úteis ao processo de tomada de decisões e também para as avaliações de natureza econômico-financeira por parte dos usuários em geral e, portanto, não têm o propósito de satisfazer finalidade ou mesmo propósito específico de determinado grupo de usuários.

A regra básica é: a contabilidade registra os fatos administrativos (transações) e divulga seus efeitos sobre o patrimônio econômico da entidade por meio de demonstrações contábeis. Cada usuário dessas demonstrações extrai aquilo que lhe é útil.

DICA

Antes da adoção pelo Brasil, em 2010, das Normas Internacionais de Contabilidade — mais conhecidas como IFRS (*International Financial Reporting Standards*) — a estrutura conceitual básica da contabilidade aprovada pelo CFC e pela CVM era mais voltada para o registro contábil das transações. Agora, a estrutura conceitual da contabilidade privilegia a elaboração e a divulgação das demonstrações contábeis. O objetivo final continua o mesmo, qual seja o de criar uma base uniforme para a contabilidade com a ampliação de seu alcance.

CUIDADO

Já se foi o tempo em que a Receita Federal mandava e desmandava na forma de reconhecimento contábil das transações unicamente para atender às suas necessidades tributárias. Hoje em dia quem manda mesmo é o CFC. Princípio contábil é coisa para contadores e não para aqueles caras muito criativos e espertos que só sabem inventar jeitos e maneiras de cobrar mais impostos da gente!

Com a harmonização das Normas Brasileiras de Contabilidade aos preceitos e mandamentos do IFRS, a estrutura conceitual da contabilidade, simplificadamente, está dividida em três grandes grupos ou blocos:

» *Pressupostos Básicos*,

» *Características Qualitativas das Demonstrações Contábeis*,

» *Limitações na Relevância e na Confiabilidade da Informação*.

Pressupostos Básicos

Os *Pressupostos Básicos* dão sustentação teórica à estrutura conceitual da contabilidade em sua missão de formatar o processo de elaboração e apresentação das demonstrações contábeis.

Quer saber quais são os dois pressupostos básicos?

- Pressuposto da Continuidade,
- Pressuposto do Regime de Competência.

Pressuposto da Continuidade

O *Pressuposto Básico da Continuidade* toma em consideração que a entidade foi constituída para durar para sempre até prova em contrário. Em outras palavras, o pressuposto considera que a entidade foi constituída para durar por prazo indeterminado, produzindo os benefícios esperados sem interrupção.

Isso justifica, por exemplo, a contabilização da compra de maquinário para uma panificadora como um bem — bem de uso — e não como uma despesa, pois o maquinário produzirá benefícios ao longo de sua vida útil e não será "consumido" de imediato.

Por ocasião da aquisição desse maquinário, ele será considerado como um bem integrante do ativo. O valor da aquisição será levado ao custo das atividades proporcionalmente à diminuição de sua vida útil.

Essa diminuição da vida útil ou perda progressiva da capacidade de um ativo gerar receitas é tratada na contabilidade como uma depreciação de ativo.

Pressuposto do Regime de Competência

O *Pressuposto Básico do Regime de Competência* determina que os efeitos das transações sejam reconhecidos nas datas em que ocorreram, independentemente do recebimento ou pagamento em dinheiro. Isto significa que o registro contábil de todos os custos, despesas e receitas será feito de acordo com o fato gerador, no período de competência, não importando se os custos e as despesas foram pagos ou se as receitas foram recebidas.

Na literatura técnica, e até mesmo no papo entre contadores, é comum se referir ao pressuposto da competência como princípio contábil da competência. Não tem nada de esquisito, pois essa é a forma tradicional de se falar sobre essa questão de competência. É apenas mais um daqueles hábitos entre profissionais.

O significado da competência é o que vale prestar atenção. A competência — seja pressuposto básico ou princípio contábil — está voltada para a apuração do resultado das atividades da entidade ou empresa em determinado período de tempo.

Vou insistir para não deixar dúvidas de que o conceito de competência desvincula a contabilidade totalmente da questão de entrada e saída de dinheiro. O lucro de uma entidade ou de uma empresa não é a quantidade de dinheiro que sobrou no caixa após um árduo trabalho. Existem várias outras considerações para se apurar se houve lucro ou se houve prejuízo no negócio.

Depois de corretamente se apurar o total das receitas, recebidas ou não, é preciso confrontá-lo com o total de despesas pagas ou a pagar que foram indispensáveis para a geração de receitas.

Nesta altura do campeonato, você já entendeu direitinho que, para se apurar o resultado do exercício, é obrigatório confrontar o total das receitas geradas com o total das despesas incorridas. Já sacou também que, se o total das receitas for maior que o total das despesas, a empresa tem lucro. Se o total das despesas for maior do que o total das receitas, a empresa tem prejuízo e, aí, não vai ter jeito mesmo: é quase certo que cabeças vão rolar e muitos vão perder o emprego!

Na dinâmica dos negócios normalmente existem receitas do ano recebidas dentro do próprio ano em que foram geradas, e pode ser também que existam receitas geradas num ano e recebidas no ano seguinte. O mesmo ocorre com as despesas: despesas incorridas no ano pagas dentro do ano e despesas incorridas no ano que serão pagas no ano seguinte.

Qual a razão desse comentário factual? É que, dependendo do *Regime Contábil* adotado pela empresa ou pela entidade, o fato de existirem receitas geradas ainda não recebidas e despesas incorridas ainda não pagas ao final de um exercício provoca reflexos imediatos na apuração do resultado do exercício ou do período.

Vou introduzir agora uma novidade: com vocês o *Regime Contábil*, peça-chave que pode decidir se a empresa teve lucro ou se teve prejuízo.

Regime Contábil

Regime Contábil é a forma como a empresa ou a entidade apura seus resultados — mensais, trimestrais, semestrais ou anuais. É o *Regime Contábil* que definirá, enfim, quais as receitas recebidas ou a receber e quais as despesas pagas ou a pagar que deverão ser consideradas para saber se houve lucro ou prejuízo em determinado período.

Existem dois *Regimes Contábeis* distintos para comandar a apuração do resultado do negócio no período determinado:

- » *regime de caixa,*
- » *regime de competência.*

Regime de Caixa

No regime de caixa a apuração do resultado do exercício se dá comparando o total das receitas recebidas com o total das despesas pagas, não importando a data em que tanto as receitas quanto as despesas se referem. O que vai importar é a data em que foram pagas as despesas e a data em que foram recebidas as receitas.

As receitas geradas e as despesas incorridas em um determinado exercício, mas que ainda não passaram pelo caixa na data da apuração do resultado, ficarão para o próximo período ou exercício. É um regime de apuração de resultado muito utilizado por pequenas empresas e entidades sem fins lucrativos. Se houver um volume expressivo de receitas geradas, mas ainda não recebidas, e despesas incorridas, mas ainda não pagas ao final do exercício, o resultado apurado pelo regime de caixa vai apresentar uma situação bem distorcida.

Regime de Competência

É considerado o mais fiel regime para a apuração do resultado de um negócio, justamente porque ele contempla todas as receitas geradas e todas as despesas incorridas em determinado período de tempo, independentemente de ter havido recebimento ou pagamento. O que importa mesmo para a apuração do resultado é o total das receitas geradas e o total das despesas incorridas.

O regime de competência retrata com mais propriedade os efeitos das transações sobre os ativos e sobre os passivos, inclusive patrimônio líquido, nos períodos em que as transações ocorreram, ainda que os recebimentos e pagamentos em caixa se verifiquem em momentos distintos.

Os contadores nos ensinam que custos, despesas e receitas são contabilizados no momento em que ocorrerem e fim de conversa!

Características Qualitativas das Demonstrações Contábeis

As características qualitativas dizem respeito à utilidade que a informação contábil tem para os usuários no momento em que esses usam tais informações em seu processo de tomada de decisões.

Resumidamente, temos quatro características qualitativas:

- *compreensibilidade*,
- *relevância*,
- *confiabilidade*,
- *comparabilidade*.

Compreensibilidade

Implica em que as demonstrações contábeis devem ser compreendidas por uma ampla gama de usuários. Não se pode ter a ilusão de que qualquer pessoa possua a capacidade e o discernimento para entender a informação que está sendo transmitida pelas demonstrações contábeis. É realmente necessário um mínimo de capacitação e conhecimento a respeito dos negócios, da economia atual e, claro, de contabilidade.

De maneira geral, os contadores se esforçam bravamente para elaborar demonstrações contábeis inteligíveis, sobretudo para aqueles usuários externos à entidade. Isso não significa de forma alguma que assuntos complexos não devam ser incluídos. Assuntos de difícil compreensão, controversos ou complexos constarão com certeza na informação contábil, se de fato existirem.

Não fique, porém, assustado, porque nesse caso os contadores aceitam o desafio e serão bem cautelosos ao apresentarem para você, usuário das informações contábeis, tudo de forma mais simples possível. A contabilidade é uma profissão de gente honesta e os contadores reconhecem perfeitamente o papel importante que eles precisam desempenhar em benefício da sociedade.

Relevância

É aquela condição em que a informação possa exercer influência na decisão que o usuário das demonstrações contábeis tomará. Uma informação é considerada relevante quando sua eventual omissão ou distorção — deliberada ou não — afete ou tenha o potencial de afetar o julgamento do usuário.

Preste atenção: o contador é quem avalia se uma informação é relevante ou não!

Confiabilidade

Até que parece óbvia, pois se refere à necessidade básica de que a informação precisa ser confiável, legítima, fiel aos fatos que retrata e isenta de erros.

Para que as demonstrações tenham a confiabilidade requerida precisam ser considerados, pelo menos, os seguintes aspectos:

- » *representação apropriada,*
- » *privilégio da essência sobre a forma,*
- » *neutralidade,*
- » *prudência,*
- » *integridade.*

Vamos dar uma explicação bem sucinta para cada um desses aspectos.

REPRESENTAÇÃO APROPRIADA

A *representação apropriada* aponta diretamente para a necessidade das informações contábeis refletirem exatamente aquilo que se propõem, sem mais nem menos.

PRIVILÉGIO DA ESSÊNCIA SOBRE A FORMA

Privilégio da essência sobre a forma leva a contabilidade considerar a lógica econômica para o reconhecimento contábil das transações, independentemente da forma jurídica ou documental.

É algo razoavelmente revolucionário, já que, tradicionalmente, os contadores ficavam muito presos à análise da documentação comprobatória para decidir qual era a melhor forma para registrar a transação. Ficou mais difícil a vida dos contadores, mas, em compensação, a informação contábil é mais fiel aos fatos.

NEUTRALIDADE

Neutralidade, por sua vez, apresenta a legítima preocupação quanto às influências indevidas no registro das transações e na elaboração das demonstrações contábeis.

Que não haja qualquer dúvida quanto ao fato de que a contabilidade tem de ser neutra, não pode ser dirigida para apresentar um resultado específico predeterminado, nem conter qualquer grau de arbitrariedade na avaliação de ativos e de passivos.

Contabilidade é coisa séria, minha gente. Podem acreditar e confiar!

PRUDÊNCIA

Prudência indica a necessidade de se aplicar um certo grau de conservadorismo — que alguns confundem com pessimismo — quando da avaliação de ativos, passivos, receitas e despesas.

O recado aqui é claro. Para ter uma informação útil há de haver cautela com aqueles gestores mais entusiasmados em mostrar seu talento.

Calma aí! Em caso de dúvidas, o contador é obrigado a adotar o critério de menor valor para componentes do ativo e das receitas, assim como o critério de maior valor para os passivos e para as despesas. Para o bem e segurança do usuário da informação contábil, a contabilidade não pode apresentar uma posição otimista além do razoável e todos devem aplaudir, certo?

PAPO DE ESPECIALISTA

Interessante notar que a Resolução CFC n° 1.374/11, ao dar nova redação à estrutura conceitual para elaboração e divulgação de demonstrações contábeis a fim de se alinhar com o Pronunciamento Conceitual Básico do CPC, retirou a característica *Prudência* como aspecto a ser observado, para que as demonstrações contábeis atendam à *Confiabilidade* como uma das *Características Qualitativas das Demonstrações Contábeis*.

Entretanto, entendo que a prudência ou conservadorismo ainda estão presentes na hora de se avaliar ativos e passivos. O próprio CFC considera a *Prudência* como um *Princípio de Contabilidade*, como está bonitinho lá na Resolução CFC n° 1.282/10 que não foi revogada, logo, está em vigor.

INTEGRIDADE

Ficou faltando falar da *Integridade* como componente importante da *Confiabilidade*. *Integridade* põe em destaque a necessidade de se apresentar a informação contábil de forma completa, fiel, confiável e isenta de distorções relevantes.

Certamente, você, leitor esperto e atento, já concluiu que *Representação apropriada*, *Neutralidade* e *Integridade* são muito parecidas. E são mesmo. Tudo é feito em benefício da honestidade dos números que, aliás, não mentem jamais. Especialmente para nós, humildes contadores!

Comparabilidade

Para darmos um basta nessa coisa chata de características qualitativas das demonstrações contábeis vamos liquidar falando da não menos importante *Comparabilidade*. Essa característica qualitativa se refere ao poder que tem a informação contábil de permitir comparação evolutiva do desempenho da entidade ou empresa ao longo do tempo.

Permite, também, comparar o desempenho de empresas do mesmo segmento econômico.

Com a disseminação dos padrões internacionais de contabilidade (entenda-se *IFRS*), essa comparação intertemporal se estendeu às empresas localizadas nos países que adotam tais padrões de contabilidade e já são mais de cem. Show de bola!

Limitações na Relevância e na Confiabilidade da Informação

É chegada a hora de finalizarmos esse negócio de estrutura conceitual da contabilidade, e para que isso aconteça vou tratar das limitações na relevância e na confiabilidade da informação contábil. É rapidinho mesmo.

As limitações na relevância e na confiabilidade da informação se referem a três aspectos fundamentais:

- » *tempestividade,*
- » *equilíbrio entre custo e benefícios,*
- » *equilíbrio entre características qualitativas.*

Tempestividade

A contabilidade deve atender aos usuários com a rapidez necessária quanto à divulgação de fatos administrativos considerados relevantes para o processo de tomada de decisão. Informação defasada não é útil para o usuário.

Pronto. Está aí descrito de forma excepcional o que representa a *tempestividade* e não se fala mais nisso até o ano que vem!

Equilíbrio entre Custo e Benefícios

Já o *equilíbrio entre custo e benefícios* se refere à relação entre o custo de se obter a informação e o benefício de sua divulgação para o usuário das demonstrações contábeis.

Equilíbrio entre Características Qualitativas

Por fim, a restrição *equilíbrio entre características qualitativas*, como não poderia deixar de ser, chama a atenção para o fato de que não se pode e não se deve valorizar uma característica qualitativa das demonstrações contábeis em excesso, isto é, nada de exageros e nada de preciosismo contábil.

Por vezes, na busca pela melhor informação, o que se consegue é confundir o usuário da informação. Gente, menos pode ser mais!

Princípios de Contabilidade, Princípios Fundamentais de Contabilidade ou Princípios de Contabilidade geralmente aceitos? Quer saber? Não tem a mínima importância qual é a melhor forma para identificar os preceitos teóricos e doutrinários da contabilidade. Você pode escolher livremente. Para o Conselho Federal de Contabilidade, que sabe das coisas, atualmente é *Princípios de Contabilidade* e fim de papo.

Princípios de Contabilidade

Princípios de Contabilidade não são uma verdade absoluta, como ocorre, por exemplo, com os princípios da engenharia. Se você está construindo a sua casa e não segue os princípios da física pode estar certo que a casa vai cair. Em contabilidade não é assim.

Os Princípios de Contabilidade são fruto do consenso predominante nos meios científicos e profissionais. Representam o alicerce doutrinário da contabilidade e servem de referência para a escrituração contábil dos fatos administrativos, das transações e para a elaboração e apresentação das demonstrações contábeis que sintetizam a posição patrimonial da entidade e sua situação financeira.

Bacana, não é mesmo? Pois bem. A Resolução do Conselho Federal de Contabilidade nº 1.282, de 28 de maio de 2010, aprovou um conjunto de Princípios de Contabilidade de uso obrigatório pelos contadores para o registro contábil das transações e para a elaboração de demonstrações contábeis.

Eu já apresentei vários princípios neste capítulo e agora vou completar com mais alguns princípios que são bem legais para você, leitor, ficar super por dentro da contabilidade e ganhar estrelinhas em sua caderneta escolar. Vamos nessa?

Princípio Contábil da Entidade

A contabilidade faz plena distinção entre o patrimônio do proprietário, do dono da empresa e o patrimônio da entidade. O patrimônio da entidade jamais se confundirá com o patrimônio de seus sócios. Esse princípio de contabilidade confirma a autonomia patrimonial, a necessidade da diferenciação entre o patrimônio particular e o patrimônio da entidade, não importando se a entidade pertence a uma pessoa, a um conjunto de pessoas ou a uma outra entidade.

Não se misturam transações de uma empresa com as transações de outra empresa, mesmo que ambas pertençam ao mesmo grupo econômico. Da mesma forma não se misturam transações da empresa com as transações particulares de seus proprietários.

Quer um bom exemplo da distinção entre o patrimônio individual e o patrimônio empresarial? O salário de sua empregada doméstica não pode ser pago pelo caixa de sua empresa, viu? Tem de sair de seu próprio bolso.

Princípio Contábil da Oportunidade

O Princípio da Oportunidade refere-se ao processo de mensuração e apresentação dos componentes patrimoniais para produzir informações íntegras e tempestivas. Com isso, a eventual falta de integridade e tempestividade na elaboração e apresentação da informação contábil pode ocasionar a perda de sua relevância e, assim, prejudicar os usuários das demonstrações contábeis.

Nos casos em que a informação dependa de um acontecimento futuro para ser tempestiva e oportuna, o registro deve ser feito com base em estimativa do provável desfecho e desde que exista meio de se comprovar o valor monetário.

É a principal justificativa técnica para se constituir provisões que ficam lá no passivo como uma obrigação em potencial — provisão para contingências tributárias, provisão para cobrir garantias contra defeitos de fabricação, entre outras. O assunto é tão importante que vou dedicar um montão de parágrafos sobre ele. Fique atento e aguarde.

Princípio Contábil do Registro pelo Valor Original

Esse princípio determina que os componentes do patrimônio econômico da entidade devem ser inicialmente registrados na contabilidade pelos valores originais das transações, expressos em moeda nacional. Desta forma, os registros contábeis são realizados com base no valor de aquisição do bem ou por seu custo de fabricação.

Caso a transação seja efetuada em moeda estrangeira, os valores correspondentes devem ser convertidos à moeda nacional com base na taxa de paridade divulgada pelo Banco Central do Brasil. Aqui ainda cabem algumas explicações importantes quanto ao que se deve considerar como base de mensuração para efeitos contábeis. Novamente, com a palavra, o Conselho Federal de Contabilidade e suas precisas definições:

» **Custo histórico.** Os ativos são registrados pelos valores pagos ou a serem pagos em caixa ou equivalentes de caixa ou pelo valor justo dos recursos que são entregues para os adquirir na data da aquisição. Os passivos são registrados pelos valores dos recursos que foram recebidos em troca da obrigação ou, em algumas circunstâncias, pelos valores em caixa ou equivalentes de caixa, os quais serão necessários para liquidar o passivo no curso normal das operações.

» **Variação do custo histórico.** Uma vez integrado ao patrimônio, os componentes patrimoniais, ativos e passivos, podem sofrer variações decorrentes dos seguintes fatores:

- **Custo corrente.** Os ativos são reconhecidos pelos valores em caixa ou equivalentes de caixa, os quais teriam de ser pagos se esses ativos ou ativos equivalentes fossem adquiridos na data ou no período das demonstrações contábeis. Os passivos são reconhecidos pelos valores em caixa ou equivalentes de caixa, não descontados, que seriam necessários para liquidar a obrigação na data ou no período das demonstrações contábeis.

- **Valor realizável.** Os ativos são mantidos pelos valores em caixa ou equivalentes de caixa, os quais poderiam ser obtidos pela venda em uma forma ordenada. Os passivos são mantidos pelos valores em caixa e equivalentes de caixa, não descontados, que se espera serem pagos para liquidar as correspondentes obrigações no curso normal das operações da entidade.

- **Valor presente.** Os ativos são mantidos pelo valor presente, descontado do fluxo futuro de entrada líquida de caixa que se espera ser gerado pelo item, no curso normal das operações da entidade. Os passivos são mantidos pelo valor presente, descontado do fluxo futuro de saída líquida de caixa que se espera ser necessário para liquidar o passivo, no curso normal das operações da entidade.

- **Valor justo.** É o valor pelo qual um ativo pode ser trocado, ou um passivo liquidado, entre partes conhecedoras, dispostas a isso, em uma transação sem favorecimentos.

- **Atualização monetária.** Os efeitos da alteração do poder aquisitivo da moeda nacional devem ser reconhecidos nos registros contábeis mediante o ajustamento da expressão formal dos valores dos componentes patrimoniais. São resultantes da adoção da atualização monetária:

» a moeda, embora aceita universalmente como medida de valor, não representa unidade constante em termos do poder aquisitivo;

» para que a avaliação do patrimônio possa manter os valores das transações originais, é necessário atualizar sua expressão formal em moeda nacional, a fim de que permaneçam substantivamente corretos os valores dos componentes patrimoniais e, por consequência, o do Patrimônio Líquido;

» a atualização monetária não representa nova avaliação, mas tão somente o ajustamento dos valores originais para determinada data, mediante a aplicação de indexadores ou outros elementos aptos a traduzir a variação do poder aquisitivo da moeda nacional em um dado período.

FIGURA 4-1: Princípios de Contabilidade de acordo com a Resolução CFC nº 1282/10.

IFRS — *International Financial Reporting Standards*

Já tinha leitor ansioso para saber que bicho é esse o tal de IFRS, convenhamos. Então, atendendo a pedidos insistentes e para satisfação de uma incontável multidão de apoiadores das letras contábeis, vamos dar uma palinha sobre esse empolgante tema que vem sacudindo o mundo corporativo faz tempo e deixando os contadores de cabelo em pé.

Tudo começou em 1973, quando o Comitê de Padrões Internacionais de Contabilidade — IASC na sigla inglesa, hoje IASB — decidiu criar normas de contabilidade que pudessem ser consideradas universais e, assim, possibilitando a comparação de empresas do mesmo segmento econômico não importando a moeda nem a língua em que as demonstrações contábeis foram elaboradas. É, de fato, um objetivo nobre e de grande impacto no mundo das finanças corporativas.

Desde então várias batalhas foram travadas para que os países adotassem essas normas como um padrão de uso local. Foram constituídos grupos de trabalho para estudo e análise de propostas de normatização, tendo o Brasil participado intensamente. Nossos representantes de fato mandaram muito bem e fizeram nos orgulhar da contribuição que deram na criação do que hoje chamados de Padrões (Normas) Internacionais de Contabilidade adotados por mais de uma centena de países.

Em 2005, mais precisamente em outubro, foi criado pelo Conselho Federal de Contabilidade, por meio da Resolução nº 1.055/05, o Comitê de Pronunciamentos Contábeis, mais conhecido pela sigla CPC.

São membros do CPC:

- representante da ABRASCA,
- representante da APIMEC,
- representante da BM&FBOVESPA,
- representante do CFC,
- representante do IBRACON,
- representante da FIPECAFI.

Figuram como convidados:

- representante da CVM,
- representante da Receita Federal,

> representante da Susep,

> representantes de outras entidades e especialistas.

Cabe ao CPC promover *o estudo, o preparo e a emissão de Pronunciamentos Técnicos sobre procedimentos de contabilidade e a divulgação de informações dessa natureza, para permitir a emissão de normas pelo CFC, visando à centralização e uniformização de seu processo de produção, levando sempre em conta a convergência da contabilidade brasileira aos padrões internacionais.*

A introdução do IFRS no Brasil ensejou iniciativas tomadas por vários órgãos reguladores. Em 2006, o Banco Central tornou obrigatória a adoção do IFRS pelas instituições financeiras a partir do exercício de 2010. A Comissão de Valores Mobiliários também obrigou as companhias abertas a fazerem o mesmo.

Em dezembro de 2007, foi promulgada a Lei nº 11.638 com a finalidade de promover a convergência das normas brasileiras de contabilidade às normas internacionais. Foi um avanço extraordinário para a contabilidade brasileira.

O CPC tem trabalhado duro para editar os pronunciamentos necessários a fim de que a convergência às normas internacionais de contabilidade se dê o mais rapidamente possível.

DESAFIOS E ENTRAVES DO IFRS NO BRASIL E NO MUNDO

As companhias abertas brasileiras adotaram as normas internacionais de contabilidade a partir de seus balanços de 2010, mas as discussões sobre o assunto continuam rendendo matéria nos jornais. O que chamou atenção naqueles balanços de 2010 foi a pouca adesão à possibilidade que as empresas tinham, naquela data, para atualizar o valor de seus Ativos Permanentes, sobretudo o valor dos imóveis. Até agora não sei por que as empresas preferiram manter seus ativos a valor histórico do que os atualizar com base em laudos de avaliação independente. Vou deixar esta pergunta no ar para que um dia a CVM venha a público e a responda.

Uma outra questão que até hoje dá pano para manga é o capítulo que trata do valor justo dos ativos. Quem mais reclamou da necessidade de avaliar os seus ativos pelo valor justo foram as instituições financeiras internacionais, por temerem o eventual desenquadramento às regras dos acordos da Basileia II e III.

Tem muita gente boa no mundo que não está lá muito satisfeita com o padrão IFRS. Ao sentirem na pele a pressão para adotar esse padrão, certos setores saem da toca e mostram suas garras. Movem céus e terras para deixar as coisas do jeito que estavam antes do IFRS. Reagem às mudanças com todas as forças, porque elas incomodam, ferem seus interesses. Seria melhor que esses inconformados aplaudissem a exigência de balanços mais transparentes e mais próximos da realidade econômica das empresas.

Alguém já disse, certa vez, que o ser humano é preguiçoso por natureza e, por essa razão, torna-se mais cômodo rejeitar mudanças, defender com unhas e dentes tudo aquilo que o mantém na zona de conforto. E, claro, que mudanças não interfiram em seus interesses já consagrados.

Postura que só atrapalha os avanços necessários para alcançarmos as melhores práticas contábeis globalmente comparáveis e que representem de forma fidedigna a verdadeira posição patrimonial e a situação financeira da empresa. Claro que é uma minoria, mas uma minoria barulhenta. Tão barulhenta que é capaz de interferir sobre um possível consenso. A má notícia é que todos saem perdendo. O desgaste é latente e nada justifica o imbróglio em que se transformou o "sonho" de ter um padrão contábil mundial único.

Considerado por alguns veículos de imprensa o santo graal dos contadores há mais de trinta anos, essa unificação de padrão contábil ainda está um pouco distante de acontecer, embora o IFRS já tenha sido adotado em mais de cem países, inclusive em nosso glorioso Brasil.

Fico horrorizado quando leio nos jornais declarações de executivos de instituições financeiras pregando a "soberania contábil" para justificar a aversão à exigência de marcação ao valor justo de certos ativos. Ora, o principal benefício do IFRS é justamente a criação de padrão universal, sem fronteiras. Soberania contábil é atraso e, no fundo, representa jogo de interesses inconfessáveis.

Em matéria publicada originalmente no *Financial Times* e reproduzida pelo *Valor Econômico*, em sua edição de 30 de setembro de 2009, o presidente da seguradora francesa Axa defende que "a definição das normas contábeis é importante demais para ser deixada a cargo de contadores". Curiosamente, os contadores não o contestaram. Pelo menos por aqui.

Não é o objetivo deste livro esmiuçar os pronunciamentos do CPC. Na parte inicial deste capítulo apresentamos a estrutura conceitual da contabilidade em harmonia com os preceitos, normas e padrões oriundos do IFRS para que você, leitor, tenha o conhecimento mínimo indispensável para entender as informações que as entidades e empresas estão apresentando a respeito de suas atividades, divulgação essa que se dá por intermédio de demonstrações contábeis. Bom proveito.

Padrão nacional X Padrão internacional
Empresas se adaptam às novas regras

	Antes IRFS	Após IFRS
Normas	Formais, com regras delimitadas e dirigidas	Baseadas em princípios técnicos
Foco da Análise	Na forma e histórico dos ativos e operações	Na essência econômica dos ativos e operações
Avaliação de ativos	Pelo custo histórico, recuperação não questionada	Pelo valor justo (de mercado ou de benefício econômico), com modelos de valorização adotando premissas com grau de subjetividade
Princípio contábil	Baseado na forma	Baseado na essência econômica
Usuários prioritários das informações	Forte viés ao fisco	Investidores e financiadores

FIGURA 4-2: Comparação entre o antes e o depois da introdução do IFRS no Brasil.

Fonte: KPMG

Você já deve estar de saco cheio de tanta teoria não é mesmo? Pois saiba que foi realmente necessário apresentar esse conjunto de regras para que se entenda que a contabilidade, para ser de fato a linguagem dos negócios, a ciência da informação, precisa de pilares para servirem de guia tanto para o registro das transações quanto para a elaboração e apresentação das demonstrações contábeis.

Você não precisa decorar tudo que está neste capítulo, bastando apenas saber que pode dormir tranquilo e confiar nas informações contábeis que as empresas e entidades divulgam, desde que elas tenham seguido os mandamentos aqui explicados. Valeu?

NESTE CAPÍTULO

Conjunto de demonstrações contábeis

Balanço patrimonial

Critérios para classificação de contas do Ativo Circulante

Classificação e composição do realizado a longo prazo

Classificação e composição do Ativo Permanente: investimentos, imobilizado e intangíveis

Critérios para classificação e avaliação de passivos

Capítulo 5
O Conjunto de Demonstrações Contábeis

Tradicionalmente, os livros de contabilidade deixam o conjunto de demonstrações contábeis para os últimos capítulos, logo após tratarem das contas patrimoniais — ativo, passivo e patrimônio líquido — e das contas que compõem o resultado da empresa. Essa abordagem faz todo o sentido para fins didáticos. Nós adotaremos algo diferente.

Tendo em vista que este livro se destina ao público não familiarizado com as artes das ciências contábeis, vou apresentar daqui para a frente tudo junto e misturado, contemplando o conjunto de demonstrações contábeis começando com o balanço patrimonial e os critérios para a classificação de contas do ativo e do passivo.

Apresentando ao Distinto Público o Conjunto de Demonstrações Contábeis

Os doutores do saber ensinam nas mais conceituadas faculdades brasileiras que as demonstrações contábeis são uma representação estruturada da posição patrimonial e da situação financeira da entidade, assim como de seu desempenho operacional em determinado período.

É sempre bom repetir que o objetivo final das demonstrações contábeis é o de proporcionar informação confiável, honesta e ampla acerca da posição patrimonial, situação financeira, do desempenho operacional e dos fluxos de caixa da entidade. Em outras palavras, informações que sejam úteis a uma grande quantidade de usuários que as utilizarão em suas avaliações e processos de tomada de decisões de natureza econômica.

As demonstrações contábeis, ainda de acordo com os sábios, também objetivam apresentar os resultados da atuação da administração, em face de seus deveres e responsabilidades na gestão diligente dos recursos que lhe foram confiados.

Conjunto de Demonstrações Contábeis

A tão falada Lei das Sociedade por Ações — Lei 6.404/76 — lá em seu Capítulo XV, Seção II, Art. 176, combinada com o CPC 26, determina que, ao fim de cada exercício social, a diretoria da empresa, com base na escrituração mercantil, fará elaborar as seguintes demonstrações contábeis, que, por seu turno, deverão expressar com clareza a situação patrimonial da empresa e as mutações ocorridas no exercício:

» balanço patrimonial ao final do período;

» demonstração do resultado do período;

» demonstração do resultado abrangente do período;

» demonstração de lucros ou prejuízos acumulados, podendo ser substituída pela demonstração das mutações do patrimônio líquido do período;

» demonstração dos fluxos de caixa do período (não obrigatória para as companhias fechadas — aquelas que não têm ações cotadas em bolsa — com patrimônio líquido, na data do balanço, inferior a dois milhões de reais);

- » demonstração do valor adicionado apenas para as companhias de capital aberto — aquelas que têm ações cotadas em bolsa;
- » notas explicativas, compreendendo um resumo das políticas contábeis significativas e outras informações elucidativas.

A lei também estabeleceu disposições gerais para a elaboração e divulgação das demonstrações contábeis. Para que você, leitor, fique por dentro, vale mencionar, pelo menos, que:

- » as demonstrações contábeis de cada exercício devem ser publicadas com a indicação dos valores correspondentes aos do ano anterior, ou seja, demonstrações comparativas, o que facilita muito acompanhar a evolução de um ano para outro;
- » contas semelhantes poderão ser agrupadas. Os pequenos saldos poderão ser agregados, desde que seja indicada sua natureza e que também não ultrapassem 10% do valor do respectivo grupo de contas;
- » é vedada a utilização de designações genéricas, como "diversas contas" ou mesmo "contas-correntes". Os saldos devedores e credores que a companhia não tiver direito de compensar são classificados separadamente. Tudo em benefício da clareza e da facilidade de entendimento;
- » as demonstrações contábeis devem registrar a destinação dos lucros apurados segundo a proposta dos órgãos da administração — Conselho de Administração ou Diretoria — e na presunção de que tal proposta será aprovada pelos acionistas reunidos em assembleia geral; e
- » as demonstrações contábeis devem ser assinadas pelos administradores e por contabilista legalmente habilitado. Precisam ser complementadas por notas explicativas e outros quadros analíticos necessários para o completo esclarecimento da situação patrimonial e do resultado do exercício. Voltaremos a este assunto mais à frente, quando chegar a hora.

Vamos Começar com o Balanço Patrimonial

O balanço patrimonial apresenta a situação patrimonial e a posição financeira da empresa em determinado momento. Nos balanços anuais publicados, os saldos apresentados representam a situação patrimonial e a posição financeira na data do encerramento do exercício — normalmente 31 de dezembro.

Importância do Balanço Patrimonial

Ao registrar, em determinado momento, a posição estática da empresa como se fosse uma fotografia instantânea, um "selfie" para os moderninhos de plantão, o balanço patrimonial assume grande importância para todos aqueles interessados em conhecer a estrutura patrimonial da empresa e sua posição financeira.

Composição

O balanço patrimonial é composto por três elementos básicos:

» Ativo, representado pelos recursos controlados pela empresa como resultado de eventos passados e do qual se espera que resultem futuros benefícios econômicos para ela. Portanto, é o conjunto de bens e direitos da empresa;

» Passivo, compreendendo obrigações presentes da empresa derivadas de eventos já ocorridos, cuja liquidação se espera que resulte em saída de recursos capazes de gerar benefícios econômicos. É o conjunto de obrigações devidas pela empresa; e

» Patrimônio Líquido, que nada mais é do que o valor líquido contábil da empresa (que não é a mesma coisa que o valor da empresa no mercado).

**REPRESENTAÇÃO GRÁFICA DO BALANÇO PATRIMONIAL
PARA NUNCA MAIS ESQUECER**

ATIVO	PASSIVO
Circulante	Circulante
Não Circulante	Não Circulante
Realizável a Longo Prazo	
Investimentos	
Imobilizidado	
Intangível	Patrimônio Líquido

FIGURA 5-1: Representação gráfica do Balanço Patrimonial.

Finalidade e Apresentação

Como vimos, o balanço patrimonial objetiva permitir aos usuários uma análise interpretativa da situação patrimonial e a posição financeira da empresa em determinado momento. A Lei das Sociedades por Ações — Lei 6.404/76, o novo

Código Civil Brasileiro e o CPC 26 estabeleceram diretrizes ou requisitos a serem observados na elaboração do balanço patrimonial a fim de que ele possa, realmente, cumprir seus nobres e importantes objetivos.

Assim é que os Arts. 178 e 179 da famosíssima Lei das S.As., hoje em vigor após várias alterações posteriores no texto original, determinam que as contas do ativo devam ser apresentadas em ordem decrescente de grau de liquidez e, por outro lado, as contas do passivo devam ser agrupadas em ordem decrescente de prioridade de pagamento.

A Lei, em sua suprema sabedoria, estabelece a seguinte estrutura para o balanço patrimonial:

TABELA 5-1   Estrutura para o Balanço Patrimonial

Contas Patrimoniais
ATIVO
ATIVO CIRCULANTE
ATIVO NÃO CIRCULANTE
Realizável a Longo Prazo
Investimentos
Imobilizado
Intangível
PASSIVO
PASSIVO CIRCULANTE
PASSIVO NÃO CIRCULANTE
PATRIMÔNIO LÍQUIDO
Capital Social
Reservas de Capital
Ajuste de Avaliação Patrimonial
Reservas de Lucros
(-) Ações em Tesouraria
(-) Prejuízos Acumulados

Composição e Critérios para Classificação das Contas do Ativo Circulante

Como Ativo Circulante serão classificadas as disponibilidades, os direitos realizáveis (que se transformarão em dinheiro ou caixa equivalente) após o encerramento do exercício social, ou seja, no ano seguinte, e as despesas pagas antecipadamente, mas que se referem ao exercício subsequente. Aproveitando o plano de contas do Capítulo 2, a composição do Ativo Circulante tem o seguinte aspecto e aparência:

- Disponibilidades
  - Caixa e Equivalente de Caixa
- Créditos
  - Clientes e Outros Recebíveis
- Estoques
- Ativos Financeiros
- Ativos Biológicos
- Despesas do Exercício Seguinte
- Ativo Não Circulante Mantido para Venda e Operação Descontinuada

Ativo Circulante — Critérios de Avaliação

Os Ativos Circulantes têm seus critérios próprios de avaliação e forma de apresentação nas demonstrações contábeis. Daqui pra frente você descobrirá esses critérios por grupo de contas.

Disponibilidades

No grupo de Disponibilidades — Caixa e Equivalente de Caixa — estão incluídos o dinheiro em caixa, os depósitos bancários de livre movimentação e equivalentes de caixa, como as aplicações financeiras de liquidez imediata e risco próximo de zero.

Se a empresa possuir caixa e equivalente de caixa em moeda estrangeira, o valor deverá ser expresso em moeda nacional mediante a conversão pela taxa cambial de compra estabelecida pelo Banco Central do Brasil na data do balanço.

Com base nesta definição, o grupo de caixa equivalente normalmente é composto pelas seguintes contas:

- Caixa,
- Depósitos Bancários à Vista,
- Aplicações de Liquidez Imediata.

Clientes e Outros Recebíveis

Vou falar agora dos Créditos com Clientes e outros Recebíveis. Tradicionalmente, o recebível mais importante é representado pelas contas a receber de clientes, que são valores decorrentes de vendas a prazo de mercadorias e serviços para os clientes ou, podem ser também, provenientes de outras transações.

Essas contas a receber devem ser avaliadas por seu valor líquido de realização, assim considerando o produto final em dinheiro ou equivalente em dinheiro que a empresa espera receber, sem esquecer o devido ajuste a valor presente.

Como Clientes e outros Recebíveis devem ser avaliadas por seu valor líquido de realização, pode ser necessário constituir-se ajustes relativos a perdas estimadas com créditos de liquidação duvidosa que a empresa eventualmente não receba (a temida inadimplência).

Já a questão relativa ao ajuste a valor presente se refere a juros eventualmente embutidos no valor do crédito concedido aos clientes, e esses juros devem ser reconhecidos *pro rata temporis*. É aplicável quando o ajuste for considerado relevante.

O cálculo do valor presente traz diversos problemas sendo o principal a determinação da taxa de desconto. O ajuste a valor presente de ativos e passivos foi objeto de regulamentação pelo CPC 12.

Em síntese, os principais pontos tratados pelo CPC 12 foram os seguintes:

- a empresa deve calcular e contabilizar o valor presente de Ativos e Passivos Não Circulantes e de Ativos e Passivos Circulantes caso o efeito do ajuste seja considerado relevante;
- para calcular o ajuste a valor presente a empresa precisa considerar:
  - o montante a ser descontado,
  - as datas de realização financeira do ativo e as datas de liquidação dos passivos,
  - a taxa de desconto;
- a taxa de desconto a ser utilizada para o ajuste deve levar em conta o valor do dinheiro no tempo e os riscos específicos de acordo com a avaliação do mercado na data do balanço;

> a empresa deve divulgar em notas explicativas às demonstrações contábeis informações que auxiliem entender quais os critérios utilizados para calcular o ajuste a valor presente.

É uma das questões mais espinhosas de se tratar em contabilidade, pois dependem de muitas condições às vezes fora do controle da empresa. Então, é melhor não se estender muito e deixar os contadores cuidarem do assunto. Importante é entender o conceito e pronto, certo?

Voltemos a nosso plano de contas lá do Capítulo 2 para dar exemplo do que comumente se inclui como créditos:

> *contas a receber de clientes,*
> *duplicatas a receber,*
> *investimentos temporários de curto prazo,*
> *adiantamentos,*
> *impostos a recuperar,*
> *(-) perdas estimadas com créditos (conta credora).*

Estoques

E agora é hora de falar dos Estoques. Os estoques são bens adquiridos ou mesmo produzidos pela empresa com o objetivo de venda.

Os seguintes ativos fazem parte dos estoques:

> ativos mantidos para venda no curso normal dos negócios;
> ativos em processo de produção para a venda; ou
> na forma de materiais ou suprimentos a serem consumidos ou transformados no processo de produção ou na prestação de serviços.

Os estoques devem ser avaliados por seu custo de aquisição, de fabricação ou por seu valor realizável líquido, aquele que for o menor. Por valor realizável líquido deve-se entender o preço de venda estimado no curso normal dos negócios deduzido dos custos que se estima serem necessários para sua conclusão e concretização da venda.

Aqui cabe um alerta: valor líquido realizável não deve ser confundido com valor justo. O valor justo é aquele pelo qual o estoque pode ser trocado entre partes interessadas conhecedoras do negócio e independentes entre si, desde que exista ausência de fatores que pressionem a favor da liquidação da transação ou que, ainda, caracterizem uma transação compulsória.

Para ficar ainda mais claro um assunto que parece obscuro, mas na verdade é indigesto para leigos em contabilidade, a principal diferença entre o valor realizável e o valor justo é que o primeiro representa o montante líquido que a empresa espera transformar em dinheiro no curso normal de suas operações, enquanto o valor justo representa aquele montante que poderia ser obtido pelos mesmos estoques quando trocados no mercado.

Determinar qual o custo dos estoques é tarefa complexa e exige conhecimento aprofundado dos Princípios de Contabilidade aliado à experiência profissional com contabilidade de custos. Não é o propósito deste livro descer a esse nível de detalhes.

Para usufruir dos benefícios proporcionados pela contabilidade basta você, leitor esperto, saber que os estoques são compostos por itens que foram adquiridos em diferentes datas e por diferentes preços, e que a empresa pode optar por vários critérios na hora de atribuir o valor dos estoques.

Critérios ou métodos para atribuir valor aos estoques têm impacto direto em dois importantes aspectos das demonstrações contábeis. O critério que a empresa decidir utilizar determinará o custo das mercadorias vendidas pelas empresas comerciais e o custo dos produtos fabricados pelas indústrias.

O critério escolhido afetará igualmente o valor dos estoques que aparece no balanço patrimonial. A escolha deve ser criteriosa, levando-se em conta as características da empresa e a efetividade de seu sistema de controles internos, haja vista que o assunto é relevante e não se pode ficar mudando de critério como se muda de roupa. Feita a escolha, esta é para sempre a fim de manter a comparabilidade das demonstrações contábeis ao longo do tempo.

Para resumir e não confundir, qualquer que seja o método de avaliação de estoques, os efeitos da escolha estarão refletidos:

» *no custo das vendas,*
» *no valor dos estoques que aparece no balanço.*

Para determinar o preço unitário dos itens que compõem o estoque existem os seguintes critérios ou métodos de avaliação:

» *Preço específico,*
» *PEPS (FIFO),*
» *UEPS (LIFO),*
» *Média ponderada móvel (custo médio ponderado).*

PREÇO ESPECÍFICO

Por esse critério, o preço de cada item que compõe o estoque é valorizado pelo preço que foi efetivamente pago. Esse critério ou método de avaliação é aplicado quando for perfeitamente possível determinar o preço específico de cada item por meio de identificação física precisa. Os exemplos mais comuns são: revenda de automóveis usados pelas concessionárias e imóveis para revenda. Com exceção desses exemplos, na maioria das vezes, entretanto, esse critério é de difícil aplicação.

PEPS (*FIFO*)

Critério utilizado para baixa do item vendido ou consumido na fabricação de outros componentes dentro da cadeia de produção. A baixa se dá pela ordem cronológica de entrada do componente no estoque, isto é, é baixado aquele componente que primeiro entrou no estoque. PEPS significa: Primeiro que Entra é o Primeiro que Sai (*FIFO: First-In-First-Out*).

À medida que vão ocorrendo as vendas ou a utilização do componente em estoque, se dá baixa a partir das primeiras compras, presumindo hipoteticamente que os itens baixados foram aqueles que primeiro entraram no estoque.

Dá um certo trabalho para controlar o fluxo contábil de entrada e saída, mas funciona bem, sobretudo quando a taxa de inflação é baixa e, consequentemente, não ocorrem variações expressivas de preços pagos pelas compras dos componentes em estoque.

UEPS (*LIFO*)

Eu não deveria mencionar esse critério para dar baixa nos itens do estoque que são vendidos ou transferidos para a produção, porque ele não é mais utilizado na contabilidade e nem aceito pelo fisco. Só para deixar registrado e cair logo no esquecimento o UEPS — Último a Entrar é o Primeiro a Sair (*LIFO: Last-InFirst-Out*) funciona exatamente da maneira oposta ao PEPS (*FIFO*).

MÉDIA PONDERADA MÓVEL (CUSTO MÉDIO PONDERADO)

É o critério mais utilizado no Brasil, porque ele evita o controle de custos por lotes de compras como é exigido no PEPS e no UEPS. Os componentes estocados são valorizados pela média dos preços de aquisição. Então, o valor médio de cada unidade em estoque altera-se pela entrada de novas compras por um preço diferente.

O custo dos itens que saem do estoque equivale aos valores médios ponderados de compra, porque há influência decisiva do preço de aquisição e também das quantidades compradas.

Você já sacou que o valor do estoque existente que aparece lá no balanço representa igualmente o valor médio ponderado das compras. Estou repetindo para você ficar antenado!

O método de avaliação pela média ponderada móvel requer controles menos sofisticados do que no caso do PEPS, justamente por trabalhar com o preço médio ponderado das compras. É ponderado por considerar dois aspectos no cálculo: o preço da compra e a quantidade em estoque. É móvel porque se modifica a cada nova compra. Um bom software cuida de toda "calculeira" necessária e a coisa funciona legal.

CONTAS QUE FAZEM PARTE DOS ESTOQUES

Quer exemplo de contas que compõem os estoques? Segure essa:

- *Produtos Elaborados,*
- *Produtos em Elaboração,*
- *Matérias-Primas,*
- *Mercadorias para Revenda,*
- *Almoxarifado de Componentes.*

Ativos Financeiros

São aqueles que, por sua natureza, não são classificados como caixa ou equivalente de caixa.

Exemplos de ativos financeiros:

- *aplicações em renda fixa,*
- *aplicações em renda variável.*

Ativo Biológico

É um animal e/ou uma planta, vivos. Para a contabilidade, atividade agrícola é o gerenciamento da transformação biológica e da colheita de Ativos Biológicos, para venda ou para conversão em produtos agrícolas ou ainda em ativos biológicos adicionais.

Despesas do Exercício Seguinte

Representam pagamentos antecipados, mas cujos benefícios vão ocorrer futuramente, após o encerramento do exercício social. Considerar essas despesas como ativo é uma decorrência natural do pressuposto do regime de competência que alguns chamam de princípio contábil da competência dos exercícios, o que é perfeitamente aceitável. Veja o elenco mais comum de despesas antecipadas:

» *prêmios de seguros,*
» *despesas de manutenção antecipadas,*
» *outras despesas antecipadas.*

Tem mais coisa no Ativo Circulante para concluir sua composição. Vou tratar dos Ativos Não Circulantes Mantidos Para Venda e Operação Descontinuada.

Ativos Não Circulantes Mantidos para Venda e Operação Descontinuada

Existe um intervalo de tempo entre a decisão de vender um Ativo Não Circulante ou descontinuar uma operação e a data da venda efetiva. Durante esse período, esse Ativo Não Circulante deve ser deslocado (reclassificado) para o Ativo Circulante.

PAPO DE ESPECIALISTA

Em diversas partes deste livro você vai encontrar palavras diferentes para se referir ao mesmo assunto. Devemos chamar isso de proliferação de sinônimos que os contadores adoram usar para facilitar o entendimento do que eles estão falando e jamais para demonstrar sofisticação e domínio do idioma pátrio. *Ente*, *Entidade*, *Organização de Negócios* e *Empresas* comumente querem dizer a mesma coisa em contabilidade. *Ente* é uma pessoa física que tem o domínio, a propriedade, a posse do patrimônio econômico. *Entidade*, *Organização de Negócios* e *Empresas* são os nomes que se dão à pessoa jurídica em que o patrimônio econômico é utilizado para o exercício de alguma atividade.

Outro exemplo de redundância se dá quando eu falo de *Fatos de Natureza Econômica*, *Fatos Administrativos*, *Operações* e *Transações*. É farinha do mesmo saco e significam simplesmente as atividades que a pessoa jurídica realiza. Ficou claro?

Classificação e Composição do Ativo Não Circulante

Aqueles leitores que têm um conhecimento contábil razoável notarão, de modo rápido, que a estrutura conceitual da contabilidade atualmente em vigor consolidou em um só grupo o antigo Ativo Realizável a Longo Prazo e o Ativo Permanente. Eu não sei, sinceramente, se foi uma boa ideia essa consolidação. Acho mesmo que foi uma má ideia. Em todo o caso, é assim que as coisas agora devem funcionar.

Essa arrumação nova do ativo teve como objetivo deixar separado os ativos que têm influência direta no capital de giro das empresas daqueles outros ativos cujo giro é mais lento.

O Ativo Não Circulante é composto pelos seguintes itens ou grupos de contas:

- *Realizável a Longo Prazo,*
- *Investimentos,*
- *Imobilizado,*
- *Intangíveis.*

Realizável a Longo Prazo

No *Realizável a Longo Prazo* estão os direitos que se transformarão em dinheiro ou equivalente a dinheiro após o término do exercício seguinte, assim como os direitos derivados de vendas, adiantamentos ou empréstimos a empresas coligadas ou controladas, a diretores, acionistas ou participantes no lucro da empresa os quais não fazem parte de seus negócios usuais.

Investimentos

Em *Investimentos* vamos encontrar as participações em outras empresas e os direitos de qualquer natureza não necessariamente classificáveis no Ativo Circulante que não se destinem à manutenção da atividade da empresa.

Imobilizado

O *Imobilizado* concentra os bens de uso corpóreos (que têm forma física) destinados à manutenção das atividades da empresa, inclusive aqueles decorrentes de operações que transfiram à empresa os benefícios, riscos e controle desses bens.

Intangíveis

Para o *Intangível* estão reservados os direitos que tenham por objeto os bens de uso incorpóreos (que não têm forma física) destinados à manutenção da empresa, ou os bens adquiridos com essa mesma finalidade, inclusive o fundo de comércio que tenha sido comprado de terceiros e os ativos necessários às concessões públicas.

Não é muito complicado, não é mesmo? Aquele plano de contas que está lá no Parte I, Capítulo 2 virá em nosso socorro oferecendo exemplo de composição do Ativo Não Circulante:

TABELA 5-2

Contas Patrimoniais

REALIZÁVEL A LONGO PRAZO (Parcelas Realizáveis após 12 meses)
Contas a Receber
Empréstimos a Pessoas Ligadas
INVESTIMENTOS (Avaliados pelo Método de Equivalência Patrimonial)
Investimento em Coligadas e Controladas
Participações Permanentes em Outras Empresas
Propriedades para Investimento
Bens de Renda
Obras de Arte
Títulos Patrimoniais
IMOBILIZADO
Imóveis de Uso
Instalações Industriais
Equipamentos Industriais
Veículos
Móveis e Utensílios
Benfeitorias em Imóveis de Terceiros
(-) Depreciações e Amortizações Acumuladas (conta credora)
INTANGÍVEIS
Marcas e Patentes
Direitos Autorais
Pesquisa e Desenvolvimento
(-) Amortizações Acumuladas (conta credora)

Ativo Não Circulante — Critérios de Avaliação

Os direitos que fazem parte do Ativo Realizável a Longo Prazo são avaliados pelos mesmos critérios dos direitos que integram o Ativo Circulante, donde resulta que não há muito a acrescentar.

Para se saber como os investimentos são avaliados para fins de apresentação no balanço patrimonial há a necessidade de se fazer uma separação entre investimentos em participações societárias e as demais aplicações, pois os métodos de avaliação são distintos.

Participações Permanentes em Outras Empresas

As participações permanentes em outras empresas normalmente ocorrem por meio da compra de ações ou de cotas com o objetivo de controle, influência ou não. Os investimentos em participações permanentes em outras empresas são avaliados por três métodos diferentes:

- » *Método de Custo,*
- » *Método do Valor Justo,*
- » *Método da Equivalência Patrimonial.*

Quando se tratar de participação em empresas coligadas ou em empresas controladas, o método de avaliação deve ser o *Método da Equivalência Patrimonial*. Para as demais participações, a avaliação é feita pelo *Método do Valor Justo* ou pelo *Método de Custo* — neste caso, somente quando não existir preço de mercado ou quando um valor justo confiável não puder ser obtido.

LEMBRE-SE

Agora eu vou te pegar para valer! Você sabe o que é uma empresa coligada e o que é uma empresa controlada? Não sabe? Vou quebrar seu galho e puxar da Lei das Sociedades por Ações as definições que vão lhe dar a sapiência necessária para deslumbrar os amigos no churrasquinho da laje no próximo domingo. Empresa coligada é aquela em que a investidora tem influência significativa, ou seja, manda para caramba. Empresa controlada é aquela em que a investidora tem os direitos de sócios que lhe garanta, permanentemente, preponderância nas deliberações societárias, e ainda tem o poder de eleger a maioria dos administradores, o que quer dizer, manda muito, mas não pode tudo.

Eu estou achando que vale a pena explicar um pouco mais a essência do método de avaliação por equivalência patrimonial. Tecnicamente, o *Método de Equivalência Patrimonial* é o método de avaliação por meio do qual o investimento é reconhecido pelo custo na data de aquisição e daí para frente ajustado para refletir as alterações na participação do investidor ocorridas posteriormente.

Simplificadamente, tudo isso significa dizer que no final do exercício a investidora calcula o valor de sua participação no patrimônio líquido da empresa investida para saber qual é o valor de seu investimento naquela data. O valor inicialmente pago pela participação pode aumentar se a investida tiver lucro ou pode diminuir se ela tiver prejuízo.

Concordo que eu possa estar exagerando na simplificação de algo que tem muito mais complexidade. Garanto, todavia, que para o público em geral essas explicações são suficientes, a menos que você queira se formar em contabilidade. Se esse for o caso posso indicar ótimas escolas!

Investimentos em Títulos Patrimoniais

Os investimentos em títulos de propriedade de outras sociedades — clubes de campo, clubes sociais, clubes esportivos, agremiações corporativas — são avaliados pelo custo que foram adquiridos. Se esses títulos tiverem cotação em mercado e se houver como estimar um valor justo confiável, então serão avaliados pelo *Método do Valor Justo*.

Na grande maioria das vezes o valor aplicado na aquisição de títulos patrimoniais é insignificante em relação aos demais investimentos e, por causa disso, o *Método de Custo* é o mais utilizado para avaliar esses ativos. É uma questão de comodidade plenamente justificada.

Investimentos em Bens de Renda

Imóveis é o caso mais comum de aplicação como forma de se obter renda permanente de aluguel ou até mesmo para especular apostando em futura valorização da área em que o imóvel está localizado. Acho bom frisar que estou me referindo aos imóveis que não são utilizados no processo produtivo da empresa, nas atividades comerciais ou administrativas.

Os imóveis devem ser avaliados pelo valor que foi pago no momento de suas aquisições, na presunção válida de que esse também é o valor justo desse investimento. É correto adicionar ao valor da escritura os gastos relativos à comissão de corretagem, as custas de cartório, o registro de imóveis, os honorários dos advogados que assessoraram a compra, o imposto de transmissão, enfim, tudo que foi gasto para concretizar a transação.

E depois da compra é possível alterar o método de avaliação? Resposta sem consultar os universitários: pode sim. Bem, em verdade o método de avaliação prioritário é o *Método do Valor Justo*. Como se pressupõe que o custo de aquisição e o valor justo são idênticos no ato da compra, a questão é saber como ficará o valor do imóvel no futuro para fins de apresentação no balanço patrimonial.

A empresa pode escolher um dos dois métodos de avaliação: *Método do Custo ou Método do Valor Justo* e só me resta dizer que a escolha pode ser alterada no futuro se as condições de mercado assim o exigirem. Sair do método de avaliação pelo custo para o método de avaliação pelo valor justo é bacana se as condições de mercado à época, repito, justificarem essa decisão. Eu creio ser muito difícil, porém, justificar passar do *Método do Valor Justo* para o *Método de Custo*.

Fique esperto, porque tem gente aí muito criativa e é capaz de encontrar um jeitinho!

Ativo Não Circulante — Imobilizado — Critérios de Avaliação

Os bens integrantes do Ativo Não Circulante Imobilizado vão figurar no balanço patrimonial por seu custo de aquisição deduzido do valor da respectiva depreciação, amortização ou exaustão. Depreciação e amortização referem-se à perda progressiva da capacidade de gerar os benefícios que levaram à compra do imobilizado.

Cabe ao contador determinar qual será a duração dessa vida útil econômica, para então, anualmente, contabilizar o valor da depreciação e da amortização. Em alguns casos específicos ocorre a exaustão de certos ativos como, por exemplo, recursos minerais ou florestais.

O custo de aquisição de um ativo imobilizado inclui todos os gastos relacionados com a compra e aqueles necessários para os colocar em condições de uso. Os encargos financeiros decorrentes de empréstimos para a aquisição do ativo imobilizado não são incluídos em seu custo de aquisição.

Os Princípios de Contabilidade introduzidos no Brasil pela adoção do IFRS (lembra o que é? Está lá no Capítulo 4) trouxeram várias novidades. Entre elas, aqui cabe destacar a obrigatoriedade da empresa periodicamente analisar a capacidade de recuperar os valores registrados no imobilizado. Sinceramente, não tem nada de novo, os contadores é que não prestavam muito atenção nisso.

DICA

O valor de aquisição dos ativos imobilizados é recuperado por intermédio da inclusão do valor da depreciação desses bens na formação do preço de venda dos produtos ou dos serviços. Só para lembrar, o preço de venda dos produtos e dos serviços é o resultado da seguinte fórmula: custo de produção ou da compra, mais impostos, mais depreciação dos bens utilizados para os produzir e/ou disponibilizar para os clientes, mais uma taxa de lucro desejado. Até o preço do cafezinho que você toma no bar é calculado dessa forma.

Impairment

A redução do ativo imobilizado a seu valor recuperável tem um nome bacaninha em inglês: *impairment*. Preciso confessar que noutro dia fiquei horrorizado quando li em uma publicação a tradução desse termo para o português como sendo *imparidade*! É dose para leão!

Impairment nada mais é do que a perda do valor do capital aplicado na aquisição do imobilizado quando houver decisão de interromper as atividades a que esses bens se destinavam ou, ainda, quando comprovado que não poderão mais produzir resultados suficientes para recuperar o valor de aquisição. Eu acho que o exemplo mais famoso da aplicação do *impairment* aconteceu quando as empresas de telefonia celular mudaram da tecnologia analógica para a tecnologia digital.

O valor recuperável do ativo precisa ser comparado com o valor que esse ativo foi contabilizado. Essa comparação é essencial para se verificar se existe ou não o *impairment*, a perda do valor aplicado na aquisição do bem. Ocorrerá perda se o valor contábil do ativo for superior a seu valor recuperável.

O CPC 01 listou uma série de razões em que podem ocorrer a desvalorização de um ativo:

- redução do valor de mercado do ativo;
- mudança no ambiente de negócios onde a empresa opera, provocando efeitos negativos sobre seus ativos;
- obsolescência ou dano físico irrecuperável do ativo;
- desempenho do ativo muito inferior ao esperado;
- mudanças nas condições em que o ativo é utilizado.

Ativo Não Circulante — Intangíveis — Critérios de Avaliação

Não seria exagero dizer que os ativos intangíveis são aqueles bens invisíveis, já que não têm forma física de representação. Pera aí, não são ativos fantasmas! Ativo intangível é um ativo não monetário identificável sem substância física que vai gerar benefícios econômicos futuros em favor da empresa e desde que seu custo possa ser mensurado com segurança.

Dito isso, o ativo intangível deve ser avaliado por seu custo de aquisição. Normalmente, nós vamos encontrar como ativo intangível:

- valor gasto com marcas, patentes, direitos autorais,
- programas de computador,
- licenças, franquias, fórmulas e modelos,
- outros ativos que atendam aos requisitos que eu acabei de mencionar.

É possível contabilizar amortização do valor de aquisição de um ativo intangível como se faz com um ativo imobilizado? É possível, desde que o ativo intangível possua uma vida útil econômica definida. Isso leva inevitavelmente à conclusão de que o ativo intangível que tem vida útil econômica indefinida não deve ser amortizado. O ativo intangível também está sujeito ao teste de recuperação do valor de aquisição (olha aqui o *impairment* de volta minha gente!).

TABELA 5-3 Critérios de avaliação de Ativos — Resumão para fazer bonito na prova

Moeda estrangeira	Valor deverá ser expresso em moeda nacional mediante a conversão pela taxa cambial de compra estabelecida pelo Banco Central na data do balanço.
Contas a receber	Avaliadas por seu valor líquido de realização, assim considerando o produto final em dinheiro ou o equivalente em dinheiro que a empresa espera receber ajustado a valor presente, se o efeito for relevante.
Estoques	Avaliados por seu valor de aquisição, de fabricação ou por seu valor realizável líquido, aquele que for o menor.
Participação em empresas coligadas ou controladas	O método de avaliação desses investimentos é o método da equivalência patrimonial.
Participação permanente em outras empresas	Avaliação é feita pelo método do valor justo ou pelo método de custo, nesse caso somente quando o valor justo não puder ser obtido.
Títulos patrimoniais	Avaliados pelo custo que foram adquiridos. Se houver cotação em mercado ou se for possível estimar um valor justo confiável, então serão avaliados pelo método do valor justo.
Bens de renda	Avaliados pelo valor que foi pago no momento da aquisição, acrescido de todos os gastos necessários para concretizar a transação. A empresa pode escolher manter o método de custo para a avaliação de seus investimentos em bens de renda ou, se preferir, o método do valor justo.
Imobilizado	Avaliados pelo custo de aquisição deduzido da respectiva depreciação, amortização ou exaustão. Se houver redução do valor recuperável é preciso reconhecer contabilmente essa redução.
Intangíveis	Avaliados pelo custo incorrido na aquisição deduzido da amortização, quando aplicável, e ajustado ao valor recuperável.

Critérios para Classificação e Avaliação de Passivos

A Lei das Sociedades por Ações — abundantemente mencionada neste memorável livro — estabelece em seu Art. 184 os critérios de avaliação do passivo que me apresso a indicar logo a seguir:

> as obrigações, os encargos e riscos, conhecidos ou calculáveis, inclusive Imposto de Renda a pagar com base no resultado do exercício, serão computados pelo valor atualizado até a data do balanço;

> as obrigações em moeda estrangeira, com cláusula de paridade cambial, serão convertidas em moeda nacional à taxa de câmbio em vigor na data do balanço;

> As obrigações, os encargos e os riscos classificados no Passivo Não Circulante serão ajustados a seu valor presente, sendo os demais ajustados quando houver efeito relevante.

No início deste capítulo, quando estava explicando a composição do balanço patrimonial, apresentei a definição técnica do que contabilmente se entende como *Passivo* de acordo com o CPC (Comitê de Pronunciamentos Contábeis).

Para refrescar a memória, *Passivo* engloba as obrigações atuais da empresa oriundas de transações já ocorridas, para cuja liquidação é esperada uma saída de recursos a fim de gerar benefícios de natureza econômica.

Sob o aspecto jurídico, a obrigação é um dever da empresa pagar a alguém, no caso, o credor, em função de compromisso assumido. A contabilidade também se utiliza do mesmo conceito, enfatizando que a obrigação deriva de eventos passados.

Prometer comprar um bem, por exemplo, é uma obrigação moral ou até mesmo contratual desde que não irrevogável. E, contabilmente, é considerada um compromisso futuro. Essa obrigação somente será considerada um passivo de fato quando:

> a compra for consumada,

> o bem for entregue,

> a propriedade do bem for transferida para o comprador,

> ou se o comprador se comprometeu a comprar mediante a assinatura de um acordo irrevogável com cláusula de penalidade pecuniária a favor do fornecedor.

A parte final da definição do que é *Passivo* fala da saída de recursos para gerar benefícios de natureza econômica. É um tanto enrolada essa parte. Vou tentar amenizar a aridez da definição.

A liquidação de um passivo pode ocorrer de várias formas:

> pelo simples e prosaico pagamento em dinheiro ou equivalente a dinheiro;

> pela transferência da propriedade de um ativo a favor do credor, liquidando a dívida;

> pela prestação de serviços em benefício do credor para liquidar a dívida;

- pela troca da dívida por outra dívida, sob novas condições;
- pela conversão da dívida em participação societária;
- pelo perdão da dívida por generosidade do credor;
- pela extinção da dívida em razão da perda dos direitos creditícios do credor.

Para cada uma das situações citadas, a contabilidade adotará os procedimentos necessários a fim de consignar os respectivos efeitos nas demonstrações contábeis e ficará tudo certo e arrumadinho.

Até aqui falei apenas dos passivos efetivos, as obrigações assumidas em decorrência de transações comerciais realizadas com valores e prazos definidos. Só que existe um outro grupo de obrigações cujos valores e prazos não estão definidos especificamente por dependerem de condições ou eventos futuros.

Estou me referindo às *Provisões* e aos *Passivos Contingentes*. Eu acho uma boa ideia falar desses passivos que dependem de um certo grau de estimativa para o reconhecimento contábil e a divulgação nas demonstrações contábeis. Apoiado?

Provisões e Passivos Contingentes

O assunto mereceu cuidadosa atenção dos colegas que têm acento no Comitê de Pronunciamentos Contábeis e eles tascaram o CPC 25 com os critérios a serem observados para o registro contábil e divulgação das provisões, passivos e ativos contingentes.

É coisa "para dedéu" e antes que a minha caixa postal fique inundada de mensagens vou logo fazer um resumo esperto!

- Como se trata de passivo com valor e prazo na dependência de condições ou eventos futuros, é indispensável assegurar a divulgação de informações suficientes para que os usuários das demonstrações contábeis entendam a natureza, a tempestividade e o montante provável do compromisso.
- O provisionamento de uma obrigação legal, implícita ou potencial gerada por evento passado somente é possível quando seu valor puder ser estimado razoavelmente.
- O valor da provisão a ser constituída é aquele valor que resultar da melhor estimativa possível do desembolso financeiro futuro.
- Passivo contingente é uma possível obrigação a ser confirmada pela ocorrência de evento futuro fora do controle da empresa.
- Passivo contingente, diferentemente das provisões, não exige necessariamente registro contábil. Exige divulgação em notas explicativas às demonstrações contábeis. Porém, não será exigida a divulgação de passivo contingente cuja possibilidade de desembolso financeiro futuro seja considerada remota.

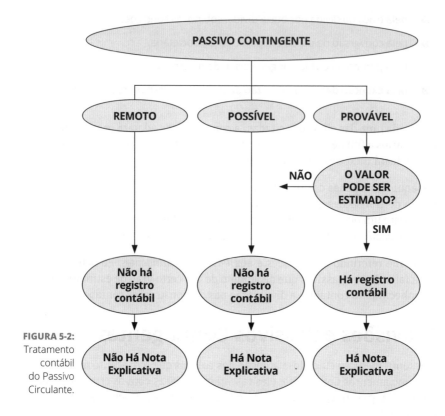

FIGURA 5-2: Tratamento contábil do Passivo Circulante.

Obrigações em Moeda Estrangeira

Como vimos, a lei societária brasileira obriga a conversão da obrigação em moeda estrangeira para a moeda nacional. O CPC 02 não deixou escapar essa obrigatoriedade e mandou ver. Assim, as obrigações em moeda estrangeira, qualquer que seja essa moeda, devem ser convertidas para o nosso poderoso Real, com base na taxa de paridade cambial na data do balanço patrimonial.

O efeito da conversão para a moeda nacional pode resultar em perda cambial — quando o Real está desvalorizado — ou em ganho cambial — quando o Real está valorizado, gerando reflexo negativo ou positivo no resultado do exercício.

Ajuste a Valor Presente de Obrigações

A exemplo do que ocorre com os créditos que integram os Ativos Circulantes e os Ativos Realizáveis a Longo Prazo, as obrigações precisam ser ajustadas a seu valor presente, segregando os juros embutidos no preço das operações a prazo.

Como já comentei lá atrás, o CPC 12 regulamentou muito bem a matéria, de forma que o que já foi dito sobre os ativos serve igualmente para os passivos.

Como diria aquele famoso comentarista de arbitragem futebolística "A regra é clara. Se pode, pode. Se não pode, não pode mesmo". E a lei manda ajustar a valor presente as obrigações de longo prazo classificáveis no Passivo Não Circulante, assim como as obrigações de curto prazo que estão lá bonitinhas no Passivo Circulante, nesse caso apenas quando o reflexo do ajuste for significativo.

REGULADOR AMERICANO DIZ QUE EXECUTIVOS "FABRICAVAM NÚMEROS"

O jornal *Valor Econômico*, em sua edição de outubro de 2010, trouxe interessante matéria a respeito do ex-executivo-chefe de uma empresa americana de autopeças falida, o qual foi acusado pela Comissão de Valores Mobiliários americana de ter enganado os investidores sobre a real situação financeira da companhia.

O regulador de mercado de capitais dos Estados Unidos processou não só o executivo-chefe como também três outros diretores sob a alegação de que eles se envolveram em "contabilidade ou divulgação de informações fraudulentas" antes de o fabricante de autopeças entrar em recuperação judicial.

O advogado da Comissão de Valores Mobiliários americana disse em juízo que "os acusados tinham a responsabilidade de informar de forma imparcial e fiel o desempenho financeiro da empresa". E ele foi mais enfático ainda quando declarou, para espanto de todos que estavam no tribunal: "Enquanto os empregados da empresa produziam autopeças, seus executivos fabricavam números".

Afinal como foi feita a tramoia?

A Comissão de Valores Mobiliários americana sustentou que a fabricante de autopeças inflou artificialmente o preço das ações cotadas em bolsa com demonstrações contábeis enganosas nos anos que antecederam sua falência. Ficou claro que os dirigentes dessa empresa violaram propositalmente vários Princípios de Contabilidade no registro de benefícios de empregados aposentados e outros encargos, de forma a maquiar o resultado, escondendo um prejuízo gigantesco.

A lição que fica é a seguinte: os Princípios de Contabilidade foram criados para permitir o registro honesto e fiel das transações realizadas pela empresa e seu reflexo nas demonstrações contábeis. E, nesse aspecto, não há muita flexibilidade.

TABELA 5-4 Critérios de avaliação de Passivos — Resumão

Moeda estrangeira	Valor deverá ser expresso em moeda nacional, mediante a conversão pela taxa cambial de venda estabelecida pelo Banco Central na data do balanço.
Contas a pagar	Avaliadas pelo valor combinado com o credor em documento próprio, ajustado a valor presente se o ajuste for considerado relevante.
Provisões	O valor para contabilização é aquele que resultar da melhor estimativa possível de desembolso financeiro futuro.
Empréstimos a pagar	Avaliados pelo valor que seria devido caso o empréstimo tivesse que ser liquidado na data do balanço, incluindo os encargos da dívida calculados *Pro Rata Temporis*.
Obrigações de longo prazo	Avaliadas pelo valor que seria devido na data do balanço, incluindo os encargos contratuais calculados *Pro Rata Temporis*. Se os encargos não estiverem explícitos, o saldo será ajustado a valor presente.

NESTE CAPÍTULO

Apuração do resultado do período

Como a demonstração do resultado do período aparece nas publicações dos jornais

Considerações sobre receitas e despesas não operacionais

Capítulo 6
Hora de Conferir se as Coisas Estão Indo Bem

No mundo capitalista, cruel e injusto para alguns, cheio de oportunidades para outros, o negócio é ganhar dinheiro. A contabilidade é ótima para mostrar se a empresa está ganhando ou se está perdendo dinheiro.

Vou explicar direitinho como as empresas apuram o resultado de um determinado período para que os investidores possam avaliar se a diretoria está fazendo ou não um bom trabalho. Achei também uma boa ideia mostrar como a demonstração do resultado do período costuma aparecer nas publicações dos jornais de maior circulação desse nosso querido e vibrante país. Façam bom proveito!

Apurando o Resultado do Período

Apurar o resultado de um determinado período é confrontar o total das receitas com o total das despesas. Se o total das receitas for maior do que o total das despesas, a empresa tem lucro, e se ocorrer o contrário, a empresa tem prejuízo. Estou achando que está muito simplificado!

Vou tratar nesse capítulo da segunda demonstração contábil — Demonstração do Resultado do Período — publicada logo depois do balanço patrimonial. A Demonstração do Resultado do Período é a apresentação resumida das operações realizadas pela empresa durante o exercício social, contendo todas as receitas geradas e todas as despesas incorridas.

Esteticamente, a demonstração é apresentada no formato dedutivo, começando com as receitas geradas pelo negócio, deduzindo as despesas incorridas e necessárias para gerar essas despesas e, ao final, lá na última linha, aparece o resultado líquido do período.

Como se pode notar com certa facilidade, a demonstração do resultado do período é a campeã de audiência entre as demais demonstrações contábeis e por razões óbvias. O objetivo de todo empreendimento social é gerar lucro para seus proprietários durante o maior tempo possível, de preferência, eternamente. Então, a avidez natural dos terráqueos é correr e conferir se o negócio deu lucro ou prejuízo. E essa informação está bem clara lá na última linha da demonstração do resultado.

A legislação profissional e a legislação societária têm procurado simplificar ao máximo a demonstração do resultado do exercício a fim de ampliar o entendimento do que está ali apresentado: qual o total de receitas, que tipo de receita, qual o total das despesas, que tipo de despesa e se o negócio deu lucro ou prejuízo. Realmente, os legisladores conseguiram razoável êxito.

A Lei das Sociedades por Ações, por exemplo, no Art. 187, indica quais componentes devem fazer parte, obrigatoriamente, da Demonstração do Resultado do Período.

Pela lei societária, a demonstração do resultado do período discriminará:

- » a receita bruta das vendas e dos serviços, as deduções das vendas, os abatimentos e os impostos;
- » a receita líquida das vendas e serviços, o custo das mercadorias e serviços vendidos e o lucro bruto;
- » as despesas com vendas, as despesas financeiras deduzidas das receitas, as despesas gerais e administrativas, e outras despesas operacionais;

- » o lucro ou prejuízo operacional, as outras receitas e as outras despesas;
- » o resultado do exercício antes do Imposto sobre a Renda e a provisão para o imposto;
- » as participações de debêntures, empregados e partes beneficiárias, mesmo na forma de instrumentos financeiros, e de instituições ou fundos de assistência ou previdência de empregados, que não se caracterizem como despesa;
- » o lucro ou prejuízo líquido do exercício e seu montante por ação do capital social.

Trata-se de uma lista exaustiva que, convenhamos, abrange praticamente todos os aspectos que devem ser levados em consideração na hora de se apurar se a empresa teve lucro ou prejuízo.

Bacana destacar que a lei societária deixou bem clara a obrigatoriedade de a empresa eleger o Regime Contábil da Competência (Capítulo 4) para apurar o resultado de suas operações. Isso está decretado naquele mesmo Art. 187 que mencionei anteriormente, só que em seu parágrafo 1º. Quer ver?

Segundo a Lei das Sociedades por Ações, na determinação do resultado do exercício serão computados:

- » as receitas e os rendimentos ganhos no período, independentemente de sua realização em moeda;
- » os custos, as despesas, os encargos e as perdas, pagos ou incorridos, correspondentes a essas receitas e rendimentos.

Meu trabalho agora é esmiuçar tudinho para que você, leitor, saiba exatamente como os contadores apuram o resultado do exercício.

Definição de Receita

Tecnicamente, receita é o aumento nos benefícios econômicos durante o exercício sob a forma de entrada de recursos ou aumento de ativos ou, ainda, diminuição de passivos que resultam em aumentos do valor do patrimônio líquido e que não se confundem com as contribuições dos proprietários da empresa para aumento de capital.

Critérios Técnicos para Reconhecimento das Receitas

Para que uma entrada de dinheiro ou a obtenção de um crédito seja considerada como receita é preciso atender às seguintes condições:

- » os riscos e os prêmios que estão associados ao produto vendido foram de fato transferidos para a propriedade do comprador;
- » após a venda a empresa vendedora deixe de possuir o efetivo controle do produto vendido;
- » o valor da receita pode ser mensurado de forma apropriada, isto é, de forma inequívoca, precisa;
- » os benefícios econômicos decorrentes da transação irão, de fato e de direito, convergir para a empresa.

Vamos dar uma resumidinha nisso usando como exemplo a venda de um automóvel pela concessionária de veículos que fica pertinho de sua casa. Para ter direito a contabilizar essa venda como receita é preciso que:

- » o comprador tenha gostado do veículo;
- » aceitou o veículo tal como ele está sendo apresentado pelo vendedor;
- » pagou pela venda e/ou se comprometeu a pagar pela venda no futuro;
- » a propriedade do veículo foi legalmente transmitida do vendedor para o comprador, de acordo com as normas do Código Nacional de Trânsito;
- » o comprador levou o veículo para casa. Transação encerrada.

Definição de Despesa

Tecnicamente, despesa é o decréscimo nos benefícios econômicos durante o exercício sob a forma de saída de recursos ou redução de ativos ou constituição de passivos, os quais resultam em decréscimo do patrimônio líquido e que não se confundem com a saída de recursos a título de distribuição aos proprietários da empresa sob qualquer forma.

Critérios Técnicos para Reconhecimento das Despesas

A despesa é reconhecida como tal quando ocorre seu pagamento à vista ou quando a empresa se compromete a pagá-la posteriormente.

A associação direta com a receita é o principal critério de reconhecimento. Essa associação recebe o nome de confrontação da despesa com a receita. Isso significa que se devem reconhecer ao mesmo tempo as receitas e as despesas resultantes do mesmo evento.

Exemplo: quando a empresa vende um produto, o lançamento da receita de venda leva automaticamente ao reconhecimento contábil de todas as despesas vinculadas a essa venda — custo das vendas, impostos incidentes, comissões de intermediários, por exemplo.

Para aqueles leitores aplicadíssimos, lembro que se está falando do bom e sagrado *Princípio de Competência*, que obriga o emparelhamento das receitas com as despesas.

Como a Demonstração do Resultado do Período Aparece nas Publicações dos Jornais

Já aprendemos os conceitos técnicos necessários para saber o que é uma receita e o que é uma despesa. Pois bem, olha só que estrutura linda e inteligível tem a demonstração do resultado do período de acordo com a Lei 6.404/76 e o Pronunciamento Técnico CPC 26 que foi aprovado pela Deliberação CVM n° 595, de 15 de setembro de 2009:

TABELA 6-1 Estrutura da demonstração do resultado do período

Contas Patrimoniais
Receitas Operacionais Líquidas
(-) Custos Operacionais
Custos dos Produtos Fabricados
Custo da Revenda de Mercadorias
Custo dos Serviços Prestados
(=) Lucro Operacional Bruto
(-) Despesas Comerciais
(-) Despesas Administrativas
(+/-) Ganhos ou Perdas da Equivalência Patrimonial
(+) Outras Receitas Operacionais
(-) Outras Despesas Operacionais
(=) Lucro/Prejuízo Antes das Receitas e Despesas Financeiras
(+) Receitas Financeiras
(-) Despesas Financeiras
(=) Lucro/Prejuízo Antes dos Impostos Sobre o Lucro Tributável
(-) Imposto de Renda e Contribuição Social
(=) Lucro/Prejuízo Líquido das Operações
(-) Participações e Contribuições
(=) Lucro/Prejuízo Líquido do Período
Lucro líquido por ação de capital (somente para as sociedades por ações)

A demonstração do resultado do período começa com as Receitas Operacionais Líquidas. Tem gente gabaritada que torce o nariz quando eu uso esta nomenclatura preferindo apenas "Receitas Líquidas". Como sou um rapaz educado e da paz concedo aos críticos o direito de ter razão, porque a terminologia que tanto gosto não é mais reconhecida pelas Normas Internacionais de Contabilidade nem pelos sábios do CPC.

Teimosamente, contudo, continuo a usar "Receitas Operacionais Líquidas" pelo simples e óbvio motivo de ser mais compreensível para os leigos em contabilidade. Afinal, Receita Operacional Líquida é a receita originada das atividades-fim da empresa — vendas de produtos fabricados, revendas de mercadorias, vendas de serviços e vai por aí afora.

Vamos juntos olhar a demonstração do resultado do período por dentro e descobrir o que há em suas entranhas.

Receitas Operacionais Líquidas

A receita operacional líquida já vimos que é aquele recurso que as empresas obtêm vendendo seu peixe e que serve para cobrir custos e despesas e ainda sobrar algum para o bolso dos proprietários. O valor que aparece na demonstração do resultado do período é calculado como está no resuminho abaixo:

TABELA 6-2   Estrutura da demonstração do resultado do período

Contas Patrimoniais
Receitas Operacionais Brutas
Vendas de Produtos Fabricados
Revendas de Mercadorias
Vendas de Serviços
(-) Vendas Canceladas
(-) Abatimentos sobre Vendas e Descontos Incondicionais
(-) Impostos Faturados
= Receita Operacional Líquida

Custos Operacionais

Os custos dos produtos fabricados, das mercadorias revendidas ou dos serviços prestados incluem todos os custos associados e necessários para gerar as receitas operacionais. Estou com a sensação de que você gostaria de saber resumidamente como os custos operacionais são calculados. Acertei?

Custos dos Produtos Fabricados

A determinação do custo de cada produto vendido se dá por meio de técnicas, princípios e conceitos oriundos da contabilidade de custos. Coisa que não vamos tratar aqui, mas posso dar uma colher de chá resumindo a forma de calcular o custo de produção:

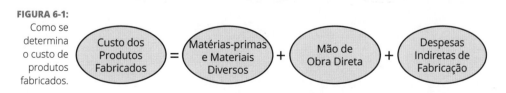

FIGURA 6-1: Como se determina o custo de produtos fabricados.

Custos das Mercadorias Revendidas

O cálculo do custo das mercadorias revendidas é bem mais fácil de se fazer. Basicamente, precisamos conhecer três elementos: o estoque no início do exercício; o total de compras realizadas durante o ano e o valor do estoque que sobrou no final do exercício. Tenho certeza que você gostou daquelas caixinhas que usei ali em cima, então vou repetir:

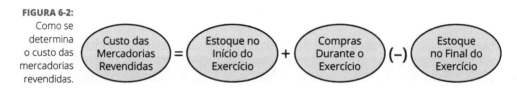

FIGURA 6-2: Como se determina o custo das mercadorias revendidas.

Custos dos Serviços Vendidos

A maioria de empresas prestadoras de serviços considera como custos diretos todos os gastos que foram necessários para a prestação desses serviços. Eu tenho observado que muitas empresas de prestação de serviços preferem não fazer distinção entre os custos da prestação de serviços e as demais despesas ocorridas durante o exercício. Sem problemas.

Resultado Operacional Bruto

Esse resultado é a diferença entre as receitas operacionais líquidas e os custos operacionais, que pode ser lucro (receita maior que custos) ou prejuízo (receita menor que custos). A esmagadora maioria das empresas tem lucro operacional bruto. Se houver prejuízo operacional bruto fica evidente que a empresa está vendendo suas mercadorias por preço inferior ao custo de aquisição ou de fabricação. É loucura, certo!

A relação percentual entre o lucro operacional bruto e a receita operacional líquida é chamada de *Margem Operacional Bruta*.

Quer ilustrado?

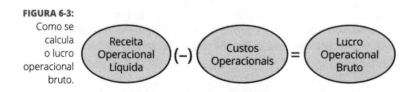

FIGURA 6-3: Como se calcula o lucro operacional bruto.

Despesas Comerciais

São todas aquelas despesas necessárias ao esforço de vendas. Quer vender mais? Pague boas comissões aos vendedores, bons salários aos empregados da área de vendas, tenha lojas nos melhores pontos comerciais e faça propaganda com as agências mais badaladas em Cannes. A grana que você vai gastar com tudo isso aparecerá na demonstração do resultado do exercício como despesas comerciais.

Despesas Administrativas

Despesas com salários e encargos sociais dos empregados não diretamente ligados a vendas, despesas com comunicações, energia elétrica, honorários profissionais, honorários da diretoria, material de expediente e mais um montão de coisas possíveis e imagináveis atribuíveis à infraestrutura administrativa necessária para levar o barco em direção ao horizonte azul.

Ganhos ou Perdas da Equivalência Patrimonial

Esses ganhos ou perdas decorrem da aplicação do método de equivalência patrimonial na avaliação dos investimentos permanentes em empresas coligadas ou controladas. Eu já expliquei esse método no Capítulo 5.

Haverá ganho de equivalência patrimonial quando houver lucro na empresa na qual foi feito o investimento. Por outro lado, haverá perda por equivalência patrimonial quando houver prejuízo na empresa investida.

Receitas e Despesas Financeiras

As receitas financeiras decorrem do rendimento líquido obtido nas aplicações financeiras da empresa: juros, variação cambial positiva, prêmios. Devem-se incluir também os descontos obtidos por antecipação de pagamentos de dívidas.

As despesas financeiras decorrem dos encargos que a empresa teve durante o exercício com dívidas: juros pré ou pós-fixados referentes a dívidas e compras a prazo, variação cambial negativa, despesas bancárias e outros penduricalhos cobrados pelos bancos. Aí também cabem os descontos concedidos por recebimentos antecipados.

Imposto de Renda e Contribuição Social

Olhando bem essa linha na demonstração do resultado do exercício você vai ficar estarrecido com o volume de dinheiro que o "Leão da Receita Federal" retira das empresas, tranquilamente, sem fazer muita força e nenhum risco.

Você sabia que não é de todo incomum a empresa ter prejuízo contábil e ainda pagar imposto de renda? Pois é. Isso ocorre porque o imposto é calculado sobre o lucro tributável, que nada mais é do que o lucro ou prejuízo líquido do exercício somado às despesas que a legislação fiscal considera como não dedutíveis para fins de tributação. Um horror!

Lucro/Prejuízo Líquido das Operações

Se depois de pagar todas as despesas e a parte do leão ainda sobrar alguma coisa para distribuir aos proprietários e demais interessados, a empresa teve lucro líquido. Se aconteceu o contrário, a empresa teve prejuízo e aí cabeças podem rolar.

Participações e Contribuições

São parcelas destacadas do lucro líquido das operações destinadas aos empregados, diretores, debenturistas ou portadores de partes beneficiárias, de acordo com disposição própria do estatuto ou contrato social da empresa.

Lucro/Prejuízo Líquido do Período

Este é realmente o lucro que a empresa gerou e vai ter a destinação que o estatuto ou contrato social determinar. O lucro líquido do exercício é considerado, por aqueles que se interessam pelo balanço das empresas, o mais importante dos itens já que possibilitará uma série de cálculos relativos à lucratividade do negócio.

A relação percentual entre o lucro operacional líquido e a receita operacional líquida é chamada de *Margem Operacional Líquida*.

Eu vou tratar desse assunto — lucratividade, retorno, giro, prazos médios — em um capítulo especialmente escrito para a alegria do meu povo.

LUCRO LÍQUIDO POR AÇÃO DE CAPITAL (SOMENTE PARA AS SOCIEDADES POR AÇÕES)

As sociedades por ações, de forma generalizada, calculam o lucro líquido por ação de capital utilizando a seguinte fórmula:

$$\frac{\text{Lucro Líquido do Período}}{\text{Quantidade média de ações em circulação}}$$

Aproveite que o professor está distraído...

PAPO DE ESPECIALISTA

O que acontece quando se perde um ativo? Em primeiro lugar, eu fico muito triste e depois tento entender a razão de tão sofrida perda. A perda pode ocorrer quando o ativo desaparece para sempre por roubo, furto, catástrofes naturais, quebra, obsolescência ou quando simplesmente não é possível receber um crédito do devedor. Contabilmente, quando se perde um ativo, ele tem que ser baixado e, aí, amigão, o valor é transferido para a despesa sem apelação.

O que acontece quando um passivo é substancialmente diminuído porque o credor, sempre muito generoso e compreensível, resolveu dar um descontão para liquidar a dívida e limpar nosso nome do Serasa ou, melhor, perdoou de vez a dívida? Em primeiro lugar, eu vou ficar muito contente, certo? Contabilmente, essa extraordinária e feliz diminuição do passivo vai se transformar em uma receita. Quer uma má notícia? Essa receita costuma ser tributada pelo fisco!

Considerações Complementares sobre Receitas e Despesas Não Operacionais

A contabilidade tem avançado consideravelmente nos últimos dez anos, sempre procurando os meios mais apropriados para levar informação confiável e de fácil entendimento a respeito das empresas que os usuários estão interessados.

A orientação técnica contábil que está em vigor atualmente considera que, de uma ou outra forma, todas as atividades da empresa contribuem para o negócio fazendo praticamente desaparecer o grupo "Resultado Não Operacional". Restou a possibilidade de se ter sim este grupo para abrigar o lucro ou o prejuízo com operações da empresa que foram descontinuadas no exercício e alguns outros casos descritos nas Normas Internacionais de Contabilidade.

Vale alertar que o fisco brasileiro ainda considera que ganhos ou perdas na venda ou na baixa de bens do Ativo Permanente devem fazer parte do resultado não operacional, razão pela qual esse grupo foi incluído no Plano de Contas que está lá bonitinho no Capítulo 2.

Os funcionários públicos que estão permanentemente buscando novas formas para aumentar a arrecadação de tributos nem sempre se preocupam em acompanhar a evolução da contabilidade no âmbito da legislação tributária. Daí ocorrerem diferenças conceituais relevantes entre os Princípios de Contabilidade e as regras e mandamentos de natureza puramente fiscal.

CUIDADO

As pessoas nascidas no século passado, como eu, são românticas e saudosistas por natureza e, certamente, ao ler este livro, vão sentir falta de um grupo famoso de contas conhecido como "Resultado Não Operacional". Era um lugar bacana que muita gente de caráter duvidoso usava para mascarar o resultado das atividades da empresa. A malandragem consistia em considerar lucros obtidos com transações não diretamente ligadas ao negócio como lucros do negócio, em desrespeito aos conceitos técnicos vigentes na época. Era uma dança das cadeiras. Quando interessava, o resultado não operacional virava operacional e isso causava um bafafá dos diabos quando os auditores descobriam a manobra maldosa. O cliente vinha cheio de argumentos sutis, engenhosos e pretensamente fundamentados para tentar convencer o pobre do auditor. A boa notícia é que essa malandragem não funciona mais.

Aplicação Prática dos Conceitos Teóricos

A aplicação prática dos conceitos teóricos facilita enormemente o entendimento daquilo que se está explicando. Os auditores, por exemplo, usam bastante essa tática de unir a teoria à prática nos treinamentos internos obtendo ótimos resultados. Não é por acaso que os auditores são considerados os contadores mais bem treinados na aplicação de conceitos teóricos complexos.

Os conceitos teóricos que explorei até aqui serão complementados com exemplos de demonstrações contábeis publicadas na imprensa especializada que a minha intrépida assistente capturou por aí. É uma forma de unir a teoria à prática. Você não acha uma boa ideia?

TABELA 6-3 **Exemplo de Demonstração do Resultado do Exercício Publicada nos Jornais**

Companhia Brasileira   Demonstrações do resultado
Exercícios findos em 31 de dezembro de 2013 e 2012   (Em milhares de reais)

	Controladora		Consolidado	
	31.12.2013	31.12.2012	31.12.2013	31.12.2012
Receita operacional líquida	21.579.476	19.051.959	57.730.262	50.924.461
Custo das mercadorias vendidas	(15.768.589)	(14.098.519)	(42.704.079)	(37.167.548)
Lucro bruto	5.810.887	4.953.440	15.026.183	13.756.913
(Despesas) receitas operacionais				
Com vendas	(3.217.621)	(2.798.322)	(9.180.009)	(8.360.114)
Gerais e administrativas	(633.474)	(643.832)	(1.484.734)	(1.753.859)

Companhia Brasileira Demonstrações do resultado
Exercícios findos em 31 de dezembro de 2013 e 2012 (Em milhares de reais)

Depreciação e amortização	(411.414)	(343.320)	(787.405)	(751.538)
Resultado financeiro líquido	(525.769)	(455.910)	(1.193.449)	(1.192.873)
Resultado de equivalência patrimonial	654.572	603.705	47.310	10.819
Outras (despesas) receitas operacionais, líquidas	(517.283)	(80.119)	(673.106)	(33.014)
	(4.650.989)	(3.717.798)	(13.271.393)	(12.080.579)
Lucro antes do imposto de renda e da contribuição social	1.159.898	1.235.642	1.754.790	1.676.334
Imposto de renda e contribuição social	(107.403)	(184.461)	(358.583)	(519.898)
Lucro líquido do exercício	1.052.495	1.051.181	1.396.207	1.156.436
Atribuível				
Acionistas controladores da Companhia			1.052.495	1.051.181
Participação dos acionistas não controladores			343.712	105.255
			1.396.207	1.156.436
Lucro líquido por ação do capital social (média ponderada do exercício – R$)	31.12.2013	31.12.2012		
Básico				
Preferenciais	4,13	4,15		
Ordinárias	3,75	3,78		
Diluído				
Preferenciais	4,11	3,78		
Ordinárias	3,75	3,78		

As notas explicativas são parte integrante das demonstrações financeiras.

Demonstração do Resultado Abrangente do Período

Novidade trazida pela harmonização das Normas Brasileiras de Contabilidade com os preceitos e normas do *IFRS*, a *Demonstração do Resultado Abrangente do Período* é elaborada tomando-se como ponto de partida o lucro ou o prejuízo líquido do período — aquela última linha lá embaixo da Demonstração do Resultado do Período — somado aos resultados abrangentes. Isto quer dizer que o Resultado Abrangente Total corresponde à alteração sofrida pelo patrimônio líquido em decorrência das transações realizadas pela empresa (lucro ou prejuízo do período mais lucro ou prejuízo abrangente).

Resultado Abrangente

Resultado Abrangente é toda aquela alteração sofrida pelo patrimônio líquido que não representa despesa ou receita do negócio e que poderá ou não representar lucro ou prejuízo no futuro.

De acordo com o pronunciamento técnico CPC 26, as seguintes receitas e despesas são identificadas como "outros resultados abrangentes":

- variações na reserva de reavaliação, quando permitidas legalmente;
- ganhos e perdas atuariais em planos de previdência para empregados com benefícios definidos;
- ganhos e perdas derivados da conversão de demonstrações contábeis de operações no exterior;
- ajuste de avaliação patrimonial relativo aos ganhos e perdas na remuneração de ativos financeiros disponíveis para venda;
- ajuste de avaliação patrimonial relativo à efetiva parcela de ganhos ou perdas de instrumentos de *hedge* em *hedge* de fluxo de caixa.

Não é um dos mais confortáveis temas para os ilustres leigos em contabilidade. Embora reconhecendo o mérito dessa *Demonstração do Resultado Abrangente do Período*, considero que ela mais atrapalha do que ajuda o leitor a entender o que a empresa está querendo mostrar.

Como exerço a futurologia nas horas vagas como profissional bissexto de ciências ocultas, prevejo que a *Demonstração do Resultado Abrangente do Período* tende a desaparecer num futuro incerto, com a eventual incorporação a uma outra demonstração, a Demonstração das Mutações do Patrimônio, tema de nosso próximo capítulo.

Seguindo meu compromisso de assegurar a interação entre a teoria e a prática, aqui vai mais um exemplo de demonstração contábil capturada das publicações em jornais especializados.

A demonstração do resultado abrangente do período abaixo é a mais comum. Você vai perceber que, em verdade, o resultado abrangente é igual ao resultado líquido do exercício.

TABELA 6-4 Exemplo de Demonstração do Resultado Abrangente Publicada nos Jornais

Companhia Brasileira   Demonstrações do resultado abrangente
Exercícios findos em 31 de dezembro de 2013 e 2012   (Em milhares de reais)

	Controladora		Consolidado	
	31.12.2013	31.12.2012	31.12.2013	31.12.2012
Lucro líquido do exercício	1.052.495	1.051.181	1.396.207	1.156.436
Outros resultados abrangentes	-	-	-	-
Resultado abrangente do exercício	1.052.495	1.051.181	1.396.207	1.156.436
Atribuível a:			1.052.495	1.051.181
Acionistas controladores da Companhia			343.712	105.255
Participação dos acionistas não controladores			1.396.207	1.156.436

As notas explicativas são parte integrante das demonstrações financeiras.

O próximo exemplo é um tanto raro, mas é ótimo para ilustrar como a Demonstração do Resultado Abrangente do Período pode ficar bem complicadinha. Vamos ao exemplo capturado na imprensa.

TABELA 6-5 Exemplo de Demonstração do Resultado Abrangente Publicada nos Jornais

Vale S.A. Demonstrações do resultado abrangente
Exercícios findos em 31 de dezembro de 2013 e 2012 (Em milhares de reais)

	Consolidado			Controladora	
	2013	2012	2011	2013	2012
Lucro (prejuízo) líquido do exercício	(258)	9.391	37.420	115	9.892
Outros lucros abrangentes					
Itens que não serão reclassificados					
subsequentemente ao resultado					
Obrigações com benefícios de aposentadoria					
Saldo bruto no exercício	1.976	(1.814)	(790)	1.976	(1.817)
Efeito dos impostos	(614)	533	233	(614)	536
	1.362	**(1.281)**	**(557)**	**1.362**	**(1.281)**
Total dos itens que não serão reclassificados subsequentemente ao resultado	1.362	(1.281)	(557)	1.362	(1.281)
Itens que serão reclassificados subsequentemente ao resultado					
Ajustes de conversão do exercício					
Saldo bruto no exercício	6.283	9.556	8.827	5.681	9.192
Transferência de resultados realizados para o lucro líquido	939	214	-	939	214
	7.222	**9.770**	**8.827**	**6.620**	**9.406**
Resultado não realizado de avaliação a mercado					
Saldo bruto no exercício	368	(3)	6	368	(3)
Transferência de resultados realizados para o lucro líquido	(370)	-	-	(370)	-
	(2)	**(3)**	**6**	**(2)**	**(3)**
Hedge de fluxo de caixa					
Saldo bruto no exercício	(211)	55	388	(211)	55
Efeito dos impostos	24	(12)	21	24	(12)

Vale S.A. Demonstrações do resultado abrangente
Exercícios findos em 31 de dezembro de 2013 e 2012 (Em milhares de reais)

Transferência de resultados realizados para o lucro líquido, líquido dos tributos	93	(285)	(169)	93	(285)
	(94)	**(242)**	**240**	**(94)**	**(242)**
Total dos itens que serão reclassificados subsequentemente ao resultado	7.126	9.525	9.073	6.524	9.161
Total do resultado abrangente do exercício	8.230	17.635	45.936	8.001	17.772
Resultado abrangente atribuído aos acionistas não controladores	229	(137)	(72)		
Resultado abrangente atribuído aos acionistas da controladora	8.001	17.772	46.008		
	8.230	**17.635**	**45.936**		

As notas explicativas são partes integrantes das demonstrações contábeis.

# 3 Outras Demonstrações e Informações Complementares

NESTA PARTE . . .

Serão apresentadas mais quatro demonstrações contábeis para completar o conjunto de demonstrações que são disponibilizadas pelas empresas para os usuários interessados. Como você já sabe, o conjunto de demonstrações contábeis é complementado pelo Relatório da Administração e por Notas Explicativas às demonstrações contábeis, tudo acompanhado dos pareceres daquelas pessoas capacitadas a fiscalizar os atos da administração e avaliar a fidedignidade das informações contidas nas demonstrações contábeis. Você vai poder saborear um coquetel verdadeiro de cultura contábil.

> **NESTE CAPÍTULO**
>
> **Demonstração das mutações do patrimônio líquido**
>
> **Demonstração dos fluxos de caixa**
>
> **Demonstração do valor adicionado**

Capítulo 7
Mutações do Patrimônio, Fluxos de Caixa e Valor Adicionado

Finalmente chegamos àquelas demonstrações contábeis que são consideradas informações complementares as quais possibilitam ao público interessado na empresa conhecer mais detalhadamente o que ocorreu no patrimônio líquido e no fluxo de caixa em determinado período.

Vou falar também da demonstração do valor que a empresa adiciona à economia como fruto de suas atividades econômicas. É uma tentativa válida da contabilidade para calcular o valor do Produto Interno Bruto (PIB) sem depender dos institutos econômicos tradicionais.

Demonstração das Mutações do Patrimônio Líquido

Permite conhecer a movimentação das contas que compõem o Patrimônio Líquido ocorrida durante o período. É uma espécie de elo entre o Balanço Patrimonial e a Demonstração do Resultado do Período.

Mutação nas Contas do Patrimônio Líquido

São vários os motivos ou fatores que provocam mutações no Patrimônio Líquido. Com o único objetivo de ilustração, apresento uma lista dos motivos mais comuns para que ocorram mutações no patrimônio líquido.

Mutações que provocam aumento do patrimônio líquido:

- lucro líquido do período,
- aumento de capital em dinheiro e/ou bens,
- ajustes positivos de períodos anteriores,
- venda de ações próprias recompradas.

Mutações que provocam redução do patrimônio líquido:

- prejuízo líquido do período,
- distribuição de lucros,
- pagamento ou crédito de juros sobre o capital próprio,
- ajustes negativos de períodos anteriores,
- recompra das próprias ações.

Mutações que não provocam alteração no valor do patrimônio líquido:

- aumento de capital com a utilização de reservas,
- aumento de capital com a utilização de lucros,
- destinação do lucro líquido para a formação de reservas — as reservas mais comuns são: reserva legal e reserva de lucros a realizar,
- compensação (absorção) de prejuízos com reservas.

TABELA 7-1 Como a demonstração das mutações do patrimônio líquido aparece nas publicações dos jornais

Demonstração das Mutações do Patrimônio Líquido para os Períodos Findos em 31 de Dezembro de 2014 e 2013					
Mutações	Capital Social	Ações em Tesouraria	Reservas de Lucros	Lucros Retidos	Total do Patrimônio Líquido
SALDOS EM 31/12/2012	200.000	(5.000)	30.000	-	225.000
Aumento de capital com reservas	10.000	-	(10.000)	-	-
Lucro líquido do período	-	-	-	20.000	20.000
Proposta de destinação do lucro líquido do período:					
Constituição de reserva legal	-	-	1.000	(1.000)	-
Dividendos distribuídos	-	-	-	(19.000)	(19.000)
SALDOS EM 31/12/2013	210.000	(5.000)	21.000	-	226.000
Aumento de capital com reservas	15.000	-	(15.000)	-	-
Lucro líquido do período	-	-	-	30.000	30.000
Proposta de destinação do lucro líquido do período:					
Constituição de reserva legal	-	-	1.500	(1.500)	-
Aumento de capital	10.000	-	-	(10.000)	-
Dividendos distribuídos	-	-	-	(18.500)	(18.500)
SALDOS EM 31/12/2014	235.000	(5.000)	7.500	-	237.500

O que ocorreu com o patrimônio líquido nos períodos de 2013 e 2014? Em 2013 a empresa aumentou seu capital (10.000) com a utilização de parte das reservas de lucros. O lucro líquido do período (20.000) foi totalmente distribuído

CAPÍTULO 7 **Mutações do Patrimônio, Fluxos de Caixa e Valor Adicionado**

da seguinte forma: constituição de reserva legal (1.000) e dividendos para os felizes acionistas (19.000).

Quer saber o que aconteceu em 2014? Não vou dizer, isso faz parte de seu dever de casa!

A Questão dos Ajustes de Períodos Anteriores

A Lei das Sociedades por Ações é muito rígida no que diz respeito à apuração do resultado líquido do período, de forma que essa apuração não pode ser influenciada por quaisquer efeitos que não tenham relação com o período.

A lei inclusive define os casos em que poderia ocorrer a necessidade de se ajustar o resultado de períodos anteriores, determinando que esse ajuste deve ser lançado diretamente na conta de Lucros Retidos ou de Prejuízos Acumulados.

Somente podem ser considerados como ajustes de períodos anteriores:

» os efeitos da mudança de critério contábil anteriormente adotado,

» retificação de erro imputável a determinado período anterior que não possa ser atribuído a fatos subsequentes.

PAPO DE ESPECIALISTA

Seguindo meu compromisso de assegurar a interação entre a teoria e a prática, aqui vai mais um exemplo de demonstração contábil capturada das publicações em jornais especializados.

Demonstração dos Fluxos de Caixa

A Demonstração dos Fluxos de Caixa presta um relevante serviço aos interessados em conhecer como a empresa administra suas disponibilidades (caixa e equivalente de caixa).

Nessa demonstração contábil há informações simplificadas a respeito de pagamentos e recebimentos em dinheiro ocorridos durante o período, e ela deve ser lida em conjunto com o balanço patrimonial e a demonstração do resultado do período.

Normalmente, quando analiso o balanço de uma empresa, não deixo de dar uma boa olhada na Demonstração dos Fluxos de Caixa, a fim de avaliar os seguintes aspectos a respeito do gerenciamento do caixa:

TABELA 7-2 Exemplo de Demonstração das Mutações do Patrimônio Líquido Publicada nos Jornais

Distribuição de Energia S.A. Demonstração das Mutações do Patrimônio Líquido
(Valores expressos em milhares de reais)

	Capital Social	Reserva Legal	Retenção de Lucros	Dividendos Disposição AGO	Lucros Acumulados	Total
Saldos em 31 de dezembro de 2010	**1.048.534**	**42.219**	**177.308**	-	-	**1.268.061**
Integralização	5.056	-	-	-	-	5.056
Lucro Líquido do Exercício	-	-	-	-	287.411	287.411
Constituição de Reserva Legal		14.370			(14.370)	-
Juros sobre Capital Próprio — JCP	-	-	-	-	(76.085)	(76.085)
Dividendos a Distribuir	-	-	-	5.828	(5.828)	-
Retenção de Lucros	-	-	191.128	-	(191.128)	-
Saldos em 31 de dezembro de 2011	**1.053.590**	**56.589**	**368.436**	**5.828**	-	**1.484.443**
Prejuízo Líquido do Exercício	-	-	-	-	(98.320)	(98.320)
Dividendos 2011	-	-	-	(5.828)	-	(5.828)
Absorção de Prejuízo	-	-	(98.320)	-	98.320	-
Saldos em 31 de dezembro de 2012	**1.053.590**	**56.589**	**270.116**	-	-	**1.380.295**

As notas explicativas são parte integrante das demonstrações financeiras.

CAPÍTULO 7 **Mutações do Patrimônio, Fluxos de Caixa e Valor Adicionado**

> Qual a capacidade que a empresa demonstra para gerar fluxos de caixa positivos no ano seguinte?

> Qual a capacidade financeira da empresa para pagar suas dívidas com bancos e fornecedores?

> Qual a capacidade financeira da empresa para pagar os lucros destinados aos proprietários?

> Qual a capacidade teórica da empresa para financiar seu ciclo operacional sem tomar empréstimos?

> Qual a capacidade demonstrada pela empresa de converter lucro em caixa disponível?

Isso é apenas um rápido resumo das possibilidades oferecidas pela Demonstração dos Fluxos de Caixa. Cada usuário vai procurar e encontrar mais coisas segundo seu interesse específico.

Requisitos Operacionais para Elaboração da Demonstração dos Fluxos de Caixa

A elaboração da Demonstração dos Fluxos de Caixa é relativamente simples, desde que a empresa tenha bons controles. Dois requisitos são essenciais:

> segregar as transações de caixa por atividades operacionais, atividades de investimentos e atividades de financiamentos;

> conciliar o lucro ou o prejuízo do exercício com o caixa líquido gerado ou consumido nas operações (é a parte mais trabalhosa).

LEMBRE-SE

Olho vivo! Se houver transações relevantes de investimentos e financiamentos que afetam a posição patrimonial da empresa sem impacto em seu fluxo de caixa, isso precisa ser divulgado sob a forma de notas explicativas às demonstrações contábeis (notas explicativas vão fazer parte de nosso cardápio. Aguarde!).

Não é meu objetivo encher o saco do leitor com um montão de considerações de natureza técnica para ele elaborar sozinho a Demonstração dos Fluxos de Caixa. É melhor deixar essa tarefa para os contadores que, aliás, batem um bolão nessa parada!

Não precisa ficar descabelado achando que eu vou passar batido. Ao contrário. Vou dar só uns detalhezinhos para melhorar o entendimento das ricas informações que estão na Demonstração dos Fluxos de Caixa, ok?

Conceito de Caixa e Equivalente de Caixa

Para fins de elaboração da Demonstração dos Fluxos de Caixa considera-se:

> » Caixa:
>
> dinheiro que está no cofre,
>
> dinheiro que está no banco para ser usado livremente.
>
> » Equivalentes de Caixa:
>
> aplicações financeiras de curto prazo (com vencimento até noventa dias), de alta liquidez, que são prontamente conversíveis em montante conhecido de caixa e sujeitas a um insignificante risco de mudança de valor.

Atividades Operacionais

Representam os pagamentos e os recebimentos das atividades relacionadas com o objetivo social da empresa, não podendo ser classificadas como atividade de investimento ou financiamento do negócio. Veja alguns exemplos:

> » recebimento provenientes de vendas de produtos e serviços,
> » pagamentos a fornecedores,
> » pagamentos dos salários dos colaboradores,
> » pagamento de aluguéis de imóveis,
> » pagamento de impostos.

Atividades de Investimentos

Relacionam-se a pagamentos e recebimentos referentes à aquisição e à venda de ativos de longo prazo e de outros investimentos não incluídos nos equivalentes de caixa. Veja os exemplos:

> » compra de máquinas e equipamentos industriais,
> » compra de equipamentos de informática,
> » compra de veículos automotores,
> » recebimentos por venda de participação societária.

Atividades de Financiamento

Por sua vez, as atividades de financiamento consistem nos pagamentos e nos recebimentos de credores e investidores da empresa. Em outras palavras, aquelas atividades que resultam em mudanças no montante e na composição do capital próprio e no capital de terceiros. Veja os exemplos mais comuns:

- » recebimentos de aportes de capital dos proprietários,
- » pagamentos de empréstimos bancários,
- » recebimento de financiamentos do BNDES.

Método de Elaboração da Demonstração dos Fluxos de Caixa

Existem dois métodos para a elaboração da Demonstração dos Fluxos de Caixa:

- » Método Direto,
- » Método Indireto.

PAPO DE ESPECIALISTA

Eu gosto mais do Método Direto por ser muito mais fácil de se analisar e encontrar as informações sobre como a empresa gerencia seu caixa.

Eu vou explicar como se utilizam os dois métodos, mas vou deixar para você escolher aquele que mais lhe agrada.

Método Direto

É direto porque vai direto ao ponto! Quero dizer, explicita as entradas e as saídas de dinheiro das atividades por seu valor bruto.

Resumo das entradas e saídas de dinheiro oriundas das atividades operacionais capturadas pelo método direto de elaboração da demonstração dos fluxos de caixa:

- » entradas de dinheiro:
  - • dinheiro recebido de clientes por venda de produtos, revenda de mercadorias ou serviços prestados,
  - • juros e dividendos recebidos,
  - • quaisquer outros recebimentos, independentemente da origem, desde que ligados à atividade operacional;

> saídas de dinheiro:
> - pagamentos a fornecedores, empregados, prestadores de serviços,
> - encargos da dívida,
> - quaisquer outros pagamentos, independentemente da natureza, desde que ligados à atividade operacional.

O saldo final da demonstração dos fluxos de caixa expressa, justamente, o fluxo de caixa líquido da empresa, positivo ou negativo, gerado pelas operações durante o período.

PAPO DE ESPECIALISTA

O método direto é bastante fácil e rápido de entender, já que os pagamentos e recebimentos ocorridos durante o ano seguem uma ordem lógica e direta, da mesma maneira como eu faço para gerenciar a minha grana que, para tristeza dos credores, é sempre muito curta!

Método Indireto

Concilia o lucro líquido com o caixa gerado pelos negócios com exclusão, entre outras, de diferimentos daquelas transações que foram caixa no passado e agora têm reflexo apenas contábil na formação do resultado do exercício. Exemplo mais comum: despesas pagas antecipadamente (prêmios de seguros, aluguéis).

Para elaborar a demonstração dos fluxos de caixa pelo método indireto, a galera da contabilidade faz a ligação entre o lucro líquido do período — aquela última linha da demonstração do resultado do período — e o caixa gerado pelo negócio, fazendo, ainda, adições e subtrações de todos os itens que afetam, positiva e negativamente, o lucro do período, mas não produziram qualquer efeito no caixa, bem como dos itens que afetaram o caixa, mas não produziram qualquer efeito no lucro.

Para complicar ainda mais o que você está lendo, declaro solenemente que, como o objetivo é apurar qual o fluxo de caixa oriundo das atividades operacionais, é imprescindível adicionar ou subtrair do lucro líquido transações não consideradas como atividades operacionais. Entre essas transações estão ganhos ou perdas de capital na venda de ativos imobilizados ou de participações permanentes em outras empresas que são, como todo mundo está careca de saber, típicas atividades de investimento, como exaustivamente já expliquei.

Para não parecer que eu estou induzindo os leitores a odiarem a demonstração dos fluxos de caixa pelo método indireto, afirmo que esse método tem lá suas vantagens sobre o método direto.

O método indireto deixa razoavelmente nítido que algumas vezes o caixa da empresa pode aumentar ou diminuir em função do alongamento ou do encurtamento dos prazos de recebimentos e pagamentos, sem que isso signifique maior ou menor geração de caixa vindo do negócio.

Um bom exemplo é a redução do prazo de recebimento de contas a receber de clientes e/ou o aumento do prazo para pagamento de dívidas, em que fica claro que a empresa mudou para melhor o gerenciamento do caixa, mas não aumentou seu fluxo de caixa.

A demonstração dos fluxos de caixa pelo método direto não deixa isso transparente, falou?

Vai um modelito aí?

TABELA 7.3 **Como a demonstração dos fluxos de caixa aparece nas publicações dos jornais**

Demonstração dos Fluxos de Caixa para o Período Findo em 31 de Dezembro de 2014

PELO MÉTODO DIRETO		PELO MÉTODO INDIRETO	
Atividades Operacionais		**Atividades Operacionais**	
Recebimento de clientes	29.500	Lucro líquido	3.900
Recebimento de juros	300	Mais: depreciação	1.500
Duplicatas descontadas	5.000	Menos: lucro na venda de imobilizado	(3.000)
Pagamentos		Lucro ajustado	2.400
- a fornecedores de mercadorias	(10.000)	Aumento em duplicatas a receber	(10.000)
- de impostos	(2.000)	Aumento em duplicatas descontadas	5.500
- de salários	(21.000)	Aumento em estoques	(3.000)
- de juros	(1.000)	Aumento em despesas pagas antecipadamente	(2.000)
- despesas pagas antecipadamente	(2.600)	Aumento em fornecedores	13.000
Caixa Líquido Consumido nas Atividades Operacionais	**(1.800)**	Redução em provisão para IR a pagar	(700)
Atividades de Investimento		Redução em salários a pagar	(7.000)
Recebimento pela venda de Imobilizado	15.000	**Caixa Líquido Consumido nas Atividades Operacionais**	**(1.800)**

Demonstração dos Fluxos de Caixa para o Período Findo em 31 de Dezembro de 2014

Pagamento pela compra de Imobilizado	(20.000)	**Atividades de Investimento**		
Caixa Líquido Consumido nas Atividades de Investimento	**(5.000)**	Recebimento pela venda de Imobilizado	15.000	
Atividades de Financiamento		Pagamento pela compra de Imobilizado	(20.000)	
Aumento de capital	10.000	**Caixa Líquido Consumido nas Atividades de Investimento**		**(5.000)**
Empréstimos de curto prazo	10.000	**Atividades de Financiamento**		
Pagamento de dividendos	(1.500)	Aumento de capital	10.000	
Caixa Líquido Gerado nas Atividades de Financiamento	**18.500**	Empréstimos de curto prazo	10.000	
Aumento Líquido no Caixa e Equivalente de Caixa	**11.700**	Distribuição de dividendos	(1.500)	
Saldo de Caixa + Equivalente de Caixa em 31/12/2013	**5.600**	**Caixa Líquido Gerado nas Atividades de Financiamento**		**18.500**
Saldo de Caixa + Equivalente de Caixa em 31/12/2014	**17.300**	**Aumento Líquido no Caixa e Equivalente de Caixa**		**11.700**
		Saldo de Caixa + Equivalente de Caixa em 31/12/2013		**5.600**
		Saldo de Caixa + Equivalente de Caixa em 31/12/2014		**17.300**

CAPÍTULO 7 **Mutações do Patrimônio, Fluxos de Caixa e Valor Adicionado**

TABELA 7.4

Composição do Caixa e Equivalente de Caixa

(Conciliação entre a Demonstração dos Fluxos de Caixa e Balanço Patrimonial)

	31-12-13	31-12-14
Caixa	100	100
Bancos	500	5.000
Aplicações Financeiras	5.000	12.200
Total	**5.600**	**17.300**

MARTINS, Elizeu; GELBCK, Ernesto Rubens; DOS SANTOS, Ariovaldo; IUDÍCIBUS, Sergio. *Manual de Contabilidade Societária.* São Paulo: Atlas, 2013, p. 664.

PAPO DE ESPECIALISTA

Seguindo meu compromisso de assegurar a interação entre a teoria e a prática, aqui vai mais um exemplo de demonstração contábil capturada das publicações em jornais especializados.

TABELA 7.5 **Exemplo de Demonstração do Fluxo de Caixa Publicada nos Jornais**

Distribuição de Energia S.A. Demonstração do Fluxo de Caixa (Valores expressos em milhares de reais)

	2012	2011
Lucro (Prejuízo) do Exercício	**(98.320)**	**287.411**
Imposto de Renda e Contribuição Social Corrente	-	107.019
Imposto de Renda e Contribuição Social Diferidos	(45.452)	8.121
Itens que Não Afetam o Caixa:	**520.384**	**336.524**
Amortização	152.038	143.032
Provisão para Créditos de Liquidação Duvidosa	38.764	28.446
Contingências Trabalhistas, Cíveis e Tributárias	(64.123)	9.872
Juros e Variações Monetárias — Líquidas	44.582	76.184
Provisão para Plano de Benefícios Pós-Emprego	349.123	78.990
Variações no Ativo Circulante e Não Circulante	**(165.581)**	**(109.221)**
Títulos e Valores Mobiliários	53.188	(82.028)
Contas a Receber de Clientes	(214.054)	(2.462)
Estoques	4.491	(5.334)

(continua)

Distribuição de Energia S.A. Demonstração do Fluxo de Caixa (Valores expressos em milhares de reais)

Tributos a Recuperar	(30.976)	(25.017)
Depósitos Judiciais	9.571	(18.620)
Outros Créditos	12.199	24.240
Variações no Passivo Circulante e Não Circulante	**156.763**	**(48.777)**
Fornecedores	287.299	41.196
Salários e Encargos Sociais	(4.143)	(5.042)
Tributos e Contribuições Sociais	(7.664)	12.394
Taxas Regulamentares	(28.726)	38.930
Previdência Privada	(4.132)	(4.080)
Passivo Atuarial	(114.409)	(114.789)
Outros Passivos	28.538	(17.386)
Pagamentos Efetuados	**(37.123)**	**(136.960)**
Juros Pagos	(21.682)	(19.270)
Imposto de Renda e Contribuição Social Pagos	(15.441)	(117.690)
Total das Atividades Operacionais	**330.671**	**444.117**
Atividades de Investimentos	**(493.604)**	**(203.121)**
Aquisição de Bens da Concessão	(499.922)	(248.665)
Juros Recebidos	(1.281)	136.577
Intangível	7.599	(91.033)
Atividades de Financiamento	**(79.140)**	**(44.157)**
Ingressos de Recursos	255.897	110.528
Amortização de Empréstimos e Financiamentos	(264.538)	(103.453)
Integralização de Capital	-	5.056
Dividendos e Juros sobre o Capital Próprio — JCP	(70.499)	(56.288)
Total dos Efeitos de Caixa e Equivalente de Caixa	**(242.073)**	**196.839**
Saldo Inicial	369.430	172.591
Saldo Final	127.357	369.430
	(242.073)	**196.839**

As notas explicativas são parte integrante das demonstrações financeiras.

Demonstração do Valor Adicionado

A finalidade da Demonstração do Valor Adicionado é evidenciar o montante de riqueza que a empresa produziu durante o ano. É a demonstração contábil que, infelizmente, pouca gente dá bola e até já ouvi alguém dizer que é o patinho feio do conjunto de informações que as empresas divulgam anualmente.

Que maldade, gente! Só porque as empresas com ações cotadas em bolsa é que são obrigadas a publicar a demonstração do valor adicionado ou é porque as pessoas não entendem o que está ali sendo divulgado?

Vou me vestir de guerreiro ninja e defender com unhas e dentes a demonstração do valor adicionado. A demonstração do valor adicionado evidencia a riqueza que a empresa produziu no ano e como essa riqueza foi distribuída entre empregados, governo, acionistas, credores e quanto ficou na empresa.

A demonstração do valor adicionado é uma tentativa bem válida de aproximar a Contabilidade dos conceitos da Economia. Conceitualmente, a soma do valor adicionado bruto (leia-se riqueza) de todas as empresas e instituições produtivas equivaleria ao valor do PIB do país. Tem objetivo mais nobre do que esse?

A Utilidade Prática da Demonstração do Valor Adicionado

Tecnicamente, o valor adicionado pela empresa é a receita líquida da venda de produtos, da revenda de mercadorias e da venda de serviços subtraída a parcela correspondente aos insumos adquiridos de terceiros menos depreciação de Ativos Permanentes.

A rigor, diriam alguns, a demonstração do valor adicionado é a demonstração do resultado do período com outra roupagem, o que sou forçado a concordar sem muita resistência.

Quer saber mesmo, em síntese, qual a utilidade prática da demonstração do valor adicionado?

DICA

» A demonstração do valor adicionado facilita a análise do desempenho econômico da empresa.

» Permite identificar a capacidade da empresa em gerar riquezas e como essa é distribuída.

» Dá uma pista sobre a remuneração dos empregados, proprietários e credores, além de saber o tamanho da mordida do governo por meio de uma avalanche de impostos e contribuições.

O valor adicionado bruto auxilia no cálculo do Produto Interno Bruto com base em dados contábeis confiáveis.

TABELA 7.6 Como a demonstração do valor adicionado aparece nas publicações dos jornais

Demonstração do Valor Adicionado para os Períodos Findos em 31 de Dezembro de 2014 e 2013

	31/12/14	31/12/13
GERAÇÃO DO VALOR ADICIONADO		
Vendas de produtos, mercadorias e serviços	507.494	470.387
Provisão para créditos de liquidação duvidosa, líquida de reversões	(2.290)	(2.225)
Outras receitas operacionais	8.239	2.533
	513.443	470.695
INSUMOS ADQUIRIDOS DE TERCEIROS		
Matérias-primas consumidas	(44.280)	(43.872)
Custo dos produtos, das mercadorias e dos serviços vendidos	(671)	-
Materiais, energia, serviços de terceiros e outros	(263.352)	(227.271)
Outras despesas operacionais	(119)	(57)
VALOR ADICIONADO BRUTO GERADO	205.021	199.495
RETENÇÕES		
Depreciações e amortizações	(8.226)	(6.858)
VALOR ADICIONADO LÍQUIDO GERADO	196.795	192.637
VALOR ADICIONADO RECEBIDO EM TRANSFERÊNCIA		
Equivalência patrimonial	(17.422)	23.948
Receitas financeiras	3.497	9.064
	(13.925)	33.012
VALOR ADICIONADO TOTAL A DISTRIBUIR	**182.870**	**225.649**
DISTRIBUIÇÃO DO VALOR ADICIONADO		
Empregados — pessoal e encargos sociais	127.656	96.629
Governo — impostos, taxas e contribuições	17.171	27.362
Credores financeiros — despesas financeiras, excluindo o IOF	14.244	15.769
Locatários — aluguéis	10.776	8.879
Acionistas — dividendos e juros sobre o capital próprio	24.968	25.985
Acionistas — constituição de reservas de lucros	(11.945)	51.025
	182.870	**225.649**

CAPÍTULO 7 **Mutações do Patrimônio, Fluxos de Caixa e Valor Adicionado**

ADOÇÃO REDUZ O CUSTO DE CAPITAL E TRAZ VISIBILIDADE

O acesso a linhas de crédito internacionais, a geração de oportunidades de negócio e a redução do custo de capital são benefícios que podem estar sendo conquistados pelas empresas brasileiras com a adoção de gestão transparente, avaliam empresários, consultores, advogados tributaristas e auditores especializados. Desde 2010, quando o Brasil aderiu às normas internacionais de contabilidade do *International Financial Reporting Standards* (IFRS), várias corporações deram um salto de transparência e de visibilidade em seus balanços e demonstrações financeiras, e se tornaram mais atrativas ao investimento estrangeiro.

"Ao longo dos últimos anos, nossa companhia tem aumentado o número de investidores, não só internacionais como também nacionais, interessados em adquirir ações da empresa", conta, por exemplo, Gustavo Pimenta, vice-presidente financeiro e de relações com investidores do Grupo AES Brasil, que atua no setor elétrico nos negócios de distribuição e de geração e comercialização, atendendo 7,97 milhões de clientes em 142 municípios do Sul e Sudeste.

A implementação de melhores práticas na AES Brasil começou em 2008, informa Pimenta, e envolveu redesenhos de processos operacionais, métodos modernos de governança e equipes dedicadas a análises de resultados de forma detalhada. A empresa atende quase vinte milhões de consumidores e gera oito milhões de faturas por mês.

"É uma complexidade que precisa ser traduzida para o mercado numa linguagem que mostre que a companhia faz sentido do ponto de vista de risco", diz o executivo. "Quanto mais transparente a empresa se apresentar ao mercado, mais gente estará interessada em investir na companhia. E quanto mais investidores buscarem as ações da companhia, mais baixo será o custo de captação desse investimento, o que é fundamental para uma indústria como a AES."

"Com o IFRS, as corporações ganharam uma ferramenta de gestão fundamental para a governança, que facilita a alocação do dinheiro do mercado", constata Bruce Mescher, sócio-líder da área Global IFRS and Offering Services (GIS) da Deloitte, companhia global de consultoria.

Os impactos do IFRS têm sido altamente positivos, de acordo com estudos que a Deloitte vem realizando para acompanhar a adoção dos novos padrões nas empresas brasileiras, informa Mescher. Logo no primeiro ano de implementação do novo padrão, em 2011, segundo a Deloitte, 31% de 46 empresas de capital aberto, que tinham um faturamento total de R$40 bilhões, consultadas, já utilizavam o IFRS, e 37% delas já tinham cinco ou mais profissionais dedicados à função. O avanço dessas práticas nas corporações brasileiras é inconteste, segundo ele. "Hoje, as demonstrações contábeis refletem mais a imagem real da empresa e trazem confiabilidade ao mercado", afirma.

Matéria de autoria do jornalista Genilson Cezar, originalmente publicada no jornal *Valor Econômico* de 26/9/2014.

PAPO DE ESPECIALISTA

Novamente seguindo meu compromisso de assegurar a interação entre a teoria e a prática, aqui vai mais um exemplo de demonstração contábil capturada das publicações em jornais especializados.

TABELA 7.7   Exemplo de Demonstração do Fluxo de Caixa Publicada nos Jornais

Distribuição de Energia S.A.   Demonstração do Valor Adicionado   (Valores expressos em milhares de reais)

	2012	2011
Receitas	**6.794.869**	**6.365.096**
Vendas Brutas de Energia e Serviços	6.492.001	5.895.967
Provisão para Créditos de Liquidação Duvidosa Líquidas	(38.764)	(28.446)
Receitas de Construção	338.057	339.698
Outras Receitas	3.575	157.877
Insumos Adquiridos de Terceiros	**(3.540.380)**	**(2.826.234)**
Custo da Energia Vendida, Uso da Rede e Serviços de Terceiros	(3.205.724)	(2.418.615)
Materiais e Outros Insumos Adquiridos	(398.778)	(397.748)
Provisões e Reversões	64.122	(9.871)
Valor Adicionado Bruto	**3.254.489**	**3.538.862**
Depreciação/Amortização	(152.039)	(143.032)
Valor Adicionado Líquido Produzido pela Entidade	**3.102.450**	**3.395.830**
Valor Adicionado Recebido em Transferência	**269.170**	**113.139**
Receitas Financeiras	269.170	113.139
Valor Adicionado Total a Distribuir	**3.371.620**	**3.508.969**
Distribuição do Valor Adicionado		
Pessoal e Encargos	**766.983**	**478.332**
Salários	257.388	258.078
Férias e 13º Salário	55.168	58.012
Encargos Sociais	21.369	22.451
Participação nos Lucros ou Resultados	10.610	16.860
Passivo Atuarial	349.123	78.990
Benefícios Assistenciais	27.759	26.006
Indenizações Trabalhistas	41.445	12.658

(continua)

Distribuição de Energia S.A.   Demonstração do Valor Adicionado   (Valores expressos em milhares de reais)

Outros	4.121	5.277
Impostos, Taxas e Contribuições	**2.634.114**	**2.633.619**
Federais	646.404	757.352
Estaduais	1.335.607	1.265.121
Municipais	1.057	1.540
Encargos Setoriais	651.046	609.606
Financiadores	**68.843**	**109.608**
Juros e Variações Monetárias	37.707	52.757
Outros	31.136	56.851
Acionistas	**(98.320)**	**287.410**
Juros s/ Capital Próprio — JCP		76.084
Lucros (Prejuízo) Acumulados	(98.320)	211.326
Valor Adicionado Distribuído	**3.371.620**	**3.508.969**

As notas explicativas são parte integrante das demonstrações financeiras.

DICA

SERÁ QUE DÁ PARA PASSAR?

Se você está lendo atentamente este livro sem dar uma olhadinha no Facebook, vai dar para passar com certeza e ainda ganhar estrelinha na caderneta. Quer uma ajudazinha de última hora?

Balanço Patrimonial

Apresenta a situação patrimonial e a posição financeira da empresa em determinado momento.

Demonstração do Resultado do Período

Apresenta o total das receitas, dos custos, das despesas e qual foi o lucro ou prejuízo da empresa no período.

Demonstração das Mutações do Patrimônio Líquido

Permite conhecer a movimentação das contas que compõem o patrimônio líquido ocorrida durante o período.

Demonstração dos Fluxos de Caixa

Apresenta, simplificadamente, o fluxo de pagamentos e recebimentos em dinheiro ocorrido durante o período.

Demonstração do Valor Adicionado

Evidencia o montante de riqueza que a empresa produziu durante o ano e como essa riqueza foi distribuída.

FIGURA 7-1: Finalidade das demonstrações contábeis.

CAPÍTULO 7 **Mutações do Patrimônio, Fluxos de Caixa e Valor Adicionado**

> **NESTE CAPÍTULO**
> Relatório da administração
>
> Notas explicativas sobre as demonstrações contábeis
>
> Pareceres dos órgãos de fiscalização das demonstrações contábeis

Capítulo 8

Completando o Ciclo Daquilo que as Empresas Publicam no Jornal

Respeitável público, o espetáculo vai terminar, o ciclo se completa e, então, vamos falar das peças adicionais que acompanham as demonstrações contábeis anuais publicadas pelas empresas em jornal de grande circulação neste gigantesco país!

A legislação societária brasileira e os órgãos reguladores — Banco Central, CVM, CFC, Susep — estabelecem um conjunto de informações que deve ser divulgado pelas empresas refletindo o resultado e consequências de suas operações durante o ano. Sempre em benefício da transparência e exatidão necessárias para o mais amplo entendimento dos usuários das demonstrações contábeis.

Informações Complementares às Demonstrações Contábeis

Em uma espécie de prestação de contas, as empresas devem disponibilizar anualmente para os usuários interessados e o público em geral:

Conjunto de Demonstrações Contábeis:

- » Balanço Patrimonial,
- » Demonstração do Resultado do Período,
- » Demonstração dos Resultados Abrangentes,
- » Demonstração das Mutações Patrimoniais,
- » Demonstração dos Fluxos de Caixa,
- » Demonstração do Valor Adicionado (somente para as empresas de capital aberto),
- » Notas Explicativas às Demonstrações Contábeis,
- » Relatório do Auditor Independente, se houver,
- » Relatório do Comitê de Auditoria, quando existente e desde que composto por pessoas independentes e sem vínculo de subordinação à empresa,
- » Parecer do Conselho Fiscal, caso a empresa o tenha constituído.

PAPO DE ESPECIALISTA

A lei societária brasileira não exige que a empresa publique o parecer do conselho fiscal. Porém, o que tenho observado é que as empresas têm preferido regularmente publicar esse parecer, o que para mim é uma decisão salutar que aumenta o grau de transparência das informações prestadas ao mercado.

Relatório da Administração

O relatório da administração contém a mensagem que a diretoria manda para os acionistas e para o público em geral, contando o que aconteceu de mais importante no período a que se referem as demonstrações contábeis as quais estão sendo disponibilizadas para conhecimento dos interessados.

Partindo do princípio que todos aqueles usuários que estão interessados em saber detalhes a respeito das operações realizadas pela empresa em um determinado período — resultados passados, situação atual e perspectivas futuras —, o Relatório da Administração exerce importante papel no sentido de municiar o usuário com informações que lhe possibilitem tomar decisões mais consistentes.

A lei societária brasileira, Lei n° 6.404/76, teve o mérito, entre outros, de instituir o Relatório da Administração que bem poderia ser chamado de "*o presidente presta conta*", em que o principal executivo da empresa e seus diretores levam aos leitores das demonstrações contábeis uma mensagem de prestação de contas a respeito do que aconteceu de relevante no período encerrado, e quais as perspectivas para o futuro.

Empresas que de fato respeitam os *stakeholders* — acionistas e outras partes interessadas nas atividades da empresa — se preocupam em divulgar anualmente um conjunto rico de informações relevantes tratando dos negócios da empresa.

Um Relatório de Administração realmente eficaz contém, pelo menos, as seguintes informações de interesse dos *stakeholders*:

» mensagem do presidente (ou mensagem da administração);
» breve histórico sobre a empresa e sua estrutura societária;
» principais realizações, acontecimentos e fatos significativos ocorridos ao longo do ano;
» comentários a respeito do desempenho operacional no ano findo por unidade de negócio;
» política de investimentos e estratégia de crescimento, com impacto no período a que se refere a demonstração contábil e no futuro da empresa;
» investimentos em coligadas e controladas;
» informações sobre as fontes de financiamento da empresa e indicadores econômico-financeiros;
» resumo da política de recursos humanos (quantidade de colaboradores, qualificações, ações de retenção e motivação de pessoas e, em casos muito raros, se incluem agradecimentos e elogios);
» política de distribuição de dividendos;
» análise dos riscos corporativos e de tesouraria que a empresa possa estar sujeita;
» comentários a respeito de ações de sustentabilidade empreendidas pela empresa — responsabilidade social e preservação do meio ambiente;
» comentários sobre a conjuntura econômica e perspectivas para o futuro;
» eventos subsequentes ao encerramento das demonstrações contábeis, isto é, fatos ocorridos no ano subsequente que possam ter efeito sobre a posição patrimonial e a situação financeira reportada pela empresa;
» agradecimentos para o bem de todos e felicidade geral da nação.

CUIDADO

Minha super-relevante experiência profissional aliada ao inconfundível faro para descobrir falcatruas e maracutaias me fazem alertar que tem muita empresa espertinha querendo usar o Relatório de Administração como peça de propaganda, quase sempre enganosa.

O Relatório de Administração é coisa séria e só pode conter fatos e informações devidamente comprovados. É obrigação do Conselho Fiscal, do Comitê de Auditoria e dos Auditores Independentes conferirem se o que consta do Relatório de Administração é verdadeiramente um relato honesto do que aconteceu na empresa durante o exercício e uma previsão do que poderá ocorrer no futuro.

Cautela e canja de galinha não fazem mal a ninguém. Portanto, meu caro leitor esperto, olho vivo!

Notas Explicativas sobre as Demonstrações Contábeis

As notas explicativas complementam as informações constantes das demonstrações contábeis como forma de aprofundar o conhecimento sobre a posição patrimonial e a situação financeira da empresa. É de leitura obrigatória para dirimir eventuais dúvidas a respeito do que consta sinteticamente nas demonstrações contábeis.

As notas explicativas são realmente o que o nome já indica: explicações sobre determinados aspectos das Demonstrações Contábeis que precisam de detalhes e comentários adicionais. Os números não mentem jamais, mas as vezes precisam ser complementados por explicações.

As notas explicativas atendem às *Características Qualitativas das Demonstrações Contábeis*, em que a evidenciação é um de seus objetivos básicos, a fim de garantir aos usuários informações completas e confiáveis sobre a posição patrimonial, situação financeira e os resultados da empresa.

Eis que as notas explicativas que integram as Demonstrações Contábeis devem, necessariamente, ser apresentadas, tanto quanto seja praticável, de forma sistemática, oferecendo informações claras, ordenadas e confiáveis.

Cada item das demonstrações contábeis deve ter a indicação da nota explicativa onde consta a informação adicional que se requer, para melhor compreender o significado do valor monetário daquele item específico. Para cumprir esse objetivo de melhor explicar o significado do valor monetário de determinado item ou conta da demonstração contábil, você vai encontrar nas notas explicativas, em resumo, o seguinte:

Contexto Operacional:

» seguimento econômico em que a empresa está inserida com comentários sobre as características típicas do ramo de atividades,

» estrutura societária,

» principais atividades exercidas pela empresa,

» venda, compra, fusão ou cisão ocorridas durante o exercício.

BALANÇOS DÃO INFORMAÇÕES PRECÁRIAS SOBRE O CUSTO DA DÍVIDA

O jornalista Renato Rostás escreveu interessante matéria na edição do jornal *Valor Econômico* do dia 24 de setembro de 2014 sob este bombástico título. O jornalista começa dizendo que "se há um consenso de que as notas explicativas dos balanços das companhias de capital aberto estão inchadas, e muitas vezes pouco explicativas, a discussão do que é relevante divulgar pode esbarrar em uma queda de braço entre quem tem mais oportunidade de se aprofundar nas informações das empresas e os investidores menores, que não têm esse acesso. Enquanto os agentes de mercado, em geral, concordam que a mecanização das notas tem de dar lugar à explicação do que é realmente relevante, investidores menores podem sofrer com acesso reduzido a certas informações."

A Comissão de Valores Mobiliários — CVM colocou em audiência aberta a Norma 7 do CPC procurando saber, de quem acompanha os resultados das empresas, o que eles acham que é necessário para melhorar a qualidade e cortar a quantidade de notas explicativas.

Vai ser difícil obter o consenso dos agentes do mercado a respeito da quantidade e conteúdo das notas explicativas. Tem gente que considera que o IFRS dá muito poder às empresas para decidir o que deve ou não ser publicado como nota explicativa, o que pode colocar em risco a transparência das informações.

Os auditores independentes têm uma outra visão, e eles acreditam que as empresas têm todo o direito de escolher que informações vão ser apresentadas mais detalhadamente. Para os auditores, é preciso cautela com o que as companhias divulgam para não dar aos concorrentes o conhecimento de suas estratégias de negócio.

Levantamento feito pela consultoria de mercado Mark 2 Market mostra que as informações sobre o custo da dívida são geralmente difíceis de calcular, porque a contabilização se divide entre passivo, despesa financeira, entre outros. O estudo acompanhou os balanços de 21 das maiores empresas que compõem o IBOVESPA e chegou à conclusão que a divulgação é "precária". O diretor da consultoria que conduziu as pesquisas alega que as informações normalmente prestadas sobre o custo da dívida podem levar a um cálculo errado da taxa de juros paga e do custo de captação.

Base de preparação das Demonstrações Contábeis:

- conformidade com os princípios contábeis,
- base de mensuração de ativos e passivos,
- moeda funcional utilizada (quase sempre a moeda corrente no país),
- principais fontes de julgamento e critérios para estimativas,
- descrição das principais políticas contábeis adotadas pela empresa,
- explicações detalhadas sobre as principais contas das Demonstrações Contábeis,
- comentários sobre riscos tributários, cíveis e trabalhistas,
- comentários sobre a cobertura de seguros contratada pela empresa,
- eventos subsequentes à data do encerramento do exercício que tenham, ou possam vir a ter, efeito relevante sobre a posição patrimonial, situação financeira e resultados da companhia reportados no balanço.

Relatórios dos Órgãos de Fiscalização das Demonstrações Contábeis

Você sabia que tem um montão de gente muito capacitada fiscalizando a diretoria das empresas? Pois é, fiscalizar os atos da administração, conferir se as demonstrações contábeis contêm informações úteis e fidedignas e se a administração está prestando contas direitinho a seus acionistas e ao público interessado em saber como estão os negócios da empresa são atribuições dos conselheiros fiscais, dos membros dos comitês de auditoria e dos super-heróis, os auditores independentes.

A legislação societária bem como os órgãos de fiscalização das empresas de capital aberto e das instituições financeiras dispõem com certa precisão como essa tarefa de fiscalização é exercida.

Para seu deleite, vou deixar tudo bem explicadinho.

Relatório dos Auditores Independentes

A responsabilidade pela fidedignidade das informações constantes das Demonstrações Contábeis é da administração da empresa, conforme está previsto na Lei das Sociedades por Ações. O contador que assina a Demonstração Contábil tem responsabilidade técnica por sua elaboração.

Ao auditor independente cabe a responsabilidade de conferir se as Demonstrações Contábeis foram elaboradas e estão divulgadas em conformidade com os Princípios de Contabilidade. Do ponto de vista técnico, é fidedigna aquela Demonstração Contábil elaborada e divulgada em conformidade com tais princípios. E que não se tenha nenhuma dúvida quanto a isso!

Para deixar bem claro o papel de cada um na elaboração e divulgação das demonstrações contábeis:

» a diretoria é responsável pela fidedignidade das informações que vão aparecer lá nas demonstrações contábeis publicadas. O balanço publicado é assinado pela diretoria;

» o contador, exercendo sua sabedoria e domínio das ciências contábeis, é o principal responsável pelo registro contábil das transações realizadas durante o exercício, em estrito respeito aos Princípios de Contabilidade. O contador também assina o balanço;

» o auditor tem a responsabilidade de avaliar se as demonstrações contábeis foram elaboradas e divulgadas em conformidade com os Princípios de Contabilidade. Ele não assina o balanço, mas entrega o relatório de seu trabalho que é publicado juntamente ao conjunto de demonstrações contábeis.

PAPO DE ESPECIALISTA

O Relatório do Auditor Independente é padronizado por força da Norma Brasileira de Contabilidade NBC TA 700 emanada do Conselho Federal de Contabilidade.

O papel dos auditores é tão importante para assegurar que as demonstrações contábeis são completas, fiéis, confiáveis e isentas de distorções relevantes que vou dedicar um capítulo especialmente para eles. Nada de ficar ansioso, ouviu?!

A seguir, um exemplo do Relatório do Auditor padronizado:

MODELO DE RELATÓRIO DOS AUDITORES INDEPENDENTES SOBRE AS DEMONSTRAÇÕES CONTÁBEIS — NBC TA 700

AOS CONSELHEIROS, DIRETORES E ACIONISTAS DA COMPANHIA XAROPETA S.A.

Examinamos as demonstrações contábeis da Companhia Xaropeta S.A., que compreendem o balanço patrimonial em 31 de dezembro de 2014 e as respectivas demonstrações do resultado, das mutações do patrimônio líquido e dos fluxos de caixa para o exercício findo naquela data, assim como o resumo das principais práticas contábeis e demais notas explicativas.

RESPONSABILIDADE DA ADMINISTRAÇÃO SOBRE AS DEMONSTRAÇÕES CONTÁBEIS

A administração da Companhia é responsável pela elaboração e adequada apresentação dessas demonstrações contábeis, de acordo com as práticas contábeis adotadas no Brasil e pelos controles internos que ela determinou como necessários para permitir a elaboração de demonstrações contábeis livres de distorção relevante, independentemente se causada por fraude ou erro.

RESPONSABILIDADE DOS AUDITORES INDEPENDENTES

Nossa responsabilidade é a de expressar uma opinião sobre essas demonstrações contábeis com base em nossa auditoria, conduzida de acordo com as normas brasileiras e internacionais de auditoria. Essas normas requerem o cumprimento de exigências éticas pelos auditores e que a auditoria seja planejada e executada com o objetivo de obter segurança razoável de que as demonstrações contábeis estão livres de distorção relevante.

Uma auditoria envolve a execução de procedimentos selecionados para obtenção de evidências a respeito dos valores e divulgações nas demonstrações contábeis. Os procedimentos selecionados dependem do julgamento do auditor, incluindo a avaliação dos riscos de distorção relevante nas demonstrações contábeis, independentemente se causada por fraude ou erro. Nessa avaliação de riscos, o auditor considera os controles internos relevantes para a elaboração e adequada apresentação das demonstrações contábeis da Companhia para planejar os procedimentos de auditoria que são apropriados nas circunstâncias, mas não para fins de expressar uma opinião sobre a eficácia dos controles internos da Companhia. Uma auditoria inclui, também, a avaliação da adequação das práticas contábeis utilizadas e a razoabilidade das estimativas contábeis feitas pela administração, bem como a avaliação da apresentação das demonstrações contábeis tomadas em conjunto.

Acreditamos que a evidência de auditoria obtida é suficiente e apropriada para fundamentar nossa opinião.

OPINIÃO SOBRE AS DEMONSTRAÇÕES CONTÁBEIS

Em nossa opinião, as demonstrações contábeis acima referidas apresentam adequadamente, em todos os aspectos relevantes, a posição patrimonial e financeira da Companhia Xaropeta S.A. em 31 de dezembro de 2014, o desempenho de suas operações e seus fluxos de caixa para o exercício findo naquela data, de acordo com as práticas contábeis adotadas no Brasil.

OUTROS ASSUNTOS: DEMONSTRAÇÃO DO VALOR ADICIONADO

Examinamos, também, a demonstração do valor adicionado referente ao exercício findo em 31 de dezembro de 2014, elaborada sob a responsabilidade da administração da Companhia, cuja apresentação é requerida pela Legislação Societária Brasileira para companhias abertas e como informação suplementar pelas Normas do IFRS que não requerem a apresentação da demonstração do valor adicionado. Essa demonstração foi submetida aos mesmos procedimentos de auditoria descritos anteriormente e, em nossa opinião, está adequadamente apresentada, em todos seus aspectos relevantes em relação às demonstrações contábeis tomadas em conjunto.

São Paulo, 25 de janeiro de 2015.

Relatório do Comitê de Auditoria

Comitê de Auditoria é figurinha carimbada do álbum da Copa há muito tempo lá nos *"Estates"*! Isso mesmo, a *Security and Exchange Commission (SEC)* — a CVM americana — publicou nos idos de 1972 sua primeira recomendação às companhias de capital aberto (aquelas com ações cotadas em bolsa) para o estabelecimento de comitês de auditoria, e eles se tornaram muito populares.

Com o advento da badaladíssima *Lei Sarbanes-Oxley* — popularmente *SOX* — em 2002, o Comitê de Auditoria alcançou o estrelato. Pela definição que a gente encontra lá na *SOX*, o Comitê de Auditoria é estabelecido pelo Conselho de Administração com o propósito de inspecionar a prestação de contas, o processo de elaboração dos relatórios financeiros e a auditoria das Demonstrações Contábeis.

As principais características do Comitê de Auditoria são:

» os membros do Comitê de Auditoria são eleitos pelo Conselho de Administração, cuja duração do mandato é fixada no momento da eleição;

» prestam contas diretamente ao Conselho de Administração;

» a Lei das Sociedades por Ações — Lei 6.404/76 — não prevê a existência de Comitês de Auditoria;

- as empresas brasileiras que têm suas ações cotadas na Bolsa de Valores Americana, por estarem sujeitas às determinações da *SOX*, precisam, obrigatoriamente, constituir Comitê de Auditoria;
- a CVM encoraja fortemente as empresas de capital aberto no Brasil a constituírem Comitê de Auditoria;
- as instituições financeiras são obrigadas, pelo Banco Central do Brasil, a constituir Comitê de Auditoria;
- na maioria das vezes, os membros do Comitê de Auditoria são, ao mesmo tempo, membros do Conselho de Administração. Podem existir membros independentes, isto é, pessoas não vinculadas à empresa.

As principais atribuições do Comitê de Auditoria devem estar previstas no estatuto da empresa. Vou destacar aquelas que considero as principais:

- supervisão do processo de elaboração e divulgação das Demonstrações Contábeis sobre as quais deve opinar quanto a sua fidedignidade em relação aos Princípios de Contabilidade;
- supervisão da implementação de sistemas de controles internos que sejam eficazes para prevenir e detectar erros e irregularidades relevantes na condução dos negócios;
- verificação da conformidade (*compliance*) da condução dos negócios com as normas e políticas internas, bem como com as leis e regulamentos a que a empresa esteja sujeita;
- análise dos riscos operacionais e de tesouraria que a empresa possa correr e, também, monitorar a implantação de medidas que possam mitigar a ocorrência de tais riscos;
- supervisão do trabalho dos Auditores Independentes e da Auditoria Interna.

EXEMPLO DE RELATÓRIO DO COMITÊ DE AUDITORIA

Cumprindo meu sagrado compromisso de aliar a teoria à prática pesquisei, incansavelmente, na imprensa brasileira e descobri um relatório de Comitê de Auditoria muito bacana. Este é o relatório do Comitê de Auditoria que eu mais gostei por o considerar completo e bem escrito. Foi publicado no jornal *Valor Econômico*, em fevereiro de 2014.

RELATÓRIO DO COMITÊ DE AUDITORIA INFORMAÇÕES INICIAIS

O Comitê de Auditoria da BM&FBOVESPA S.A. é órgão estatutário de assessoramento vinculado diretamente ao Conselho de Administração. É composto por um conselheiro e mais quatro membros, todos independentes, indicados a cada dois anos pelos conselheiros, que levam em consideração os critérios constantes da legislação e regulamentação aplicáveis e as melhores práticas internacionais.

ATRIBUIÇÕES E RESPONSABILIDADES

A Administração da BM&FBOVESPA S.A. (doravante também referida como "BM&FBOVESPA") é responsável pela definição e pela implementação de processos e procedimentos visando coletar dados para preparo das demonstrações financeiras, com observância da legislação societária, das práticas contábeis adotadas no Brasil e dos normativos pertinentes da Comissão de Valores Mobiliários.

A Administração é, também, responsável pelos processos, pelas políticas e pelos procedimentos de controles internos que assegurem a salvaguarda de ativos, o tempestivo reconhecimento de passivos e a eliminação ou redução, a níveis aceitáveis, dos fatores de risco da Companhia.

A auditoria interna tem como atribuições aferir a qualidade dos sistemas de controles internos da BM&FBOVESPA e o cumprimento das políticas e dos procedimentos definidos pela Administração, inclusive aqueles adotados na elaboração dos relatórios financeiros.

A auditoria independente é responsável por examinar as demonstrações financeiras com vistas a emitir opinião sobre sua aderência às normas aplicáveis. Como resultado de seus trabalhos, a auditoria independente emite relatório de recomendações sobre procedimentos contábeis e controles internos, sem prejuízo de outros relatórios os quais também é incumbida de preparar, como os das revisões especiais trimestrais.

As funções do Comitê de Auditoria estão descritas em seu Regimento Interno, que contempla os deveres definidos na Instrução CVM 509/11.

(continua)

O Comitê de Auditoria baseia seu julgamento e forma suas opiniões considerando as informações recebidas da Administração, as representações feitas pela Administração sobre sistemas de informação, demonstrações financeiras e controles internos, e os resultados dos trabalhos da Diretoria de Riscos Corporativos e Controles Internos, dos Auditores Internos e dos Auditores Independentes.

ATIVIDADES DO COMITÊ DE AUDITORIA

O Comitê de Auditoria reuniu-se em 14 sessões ordinárias, nas quais foram feitas 82 reuniões com os membros da Diretoria, auditores internos e independentes, e outros interlocutores. O Comitê reuniu-se cinco vezes com o Conselho de Administração durante o ano de 2013.

REUNIÕES COM A DIRETORIA

O Comitê reuniu-se com os diretores e suas respectivas equipes para discutir as estruturas, o funcionamento das respectivas áreas, seus processos de trabalho, eventuais deficiências nos sistemas de controles e planos de melhorias.

Dentre as matérias que demandaram mais atenção do Comitê, destacam-se:

- **TI e Segurança da Informação** — Durante o ano de 2013, o Comitê de Auditoria continuou a acompanhar prioritariamente o progresso nos processos e controles de Tecnologia da Informação e os planos de ação de longo e médio prazo.

Em reuniões com o Diretor Executivo de Tecnologia e Segurança da Informação e sua equipe foram discutidas as melhorias nos processos de Tecnologia da Informação com o objetivo de otimizar a disponibilidade dos sistemas e a gestão de continuidade de negócios. Com a Diretoria de Auditoria, o Comitê discutiu vários aspectos referentes à Segurança da Informação, inclusive resultados de trabalhos realizados e dos testes de intrusão.

O Comitê foi informado sobre os resultados dos testes de continuidade de negócios realizados durante o ano de 2013 e acompanhados pela auditoria interna.

O Comitê de Auditoria manteve-se informado do transcorrer da implantação do Sistema PUMA para o segmento BOVESPA.

- **Gestão Financeira e Relatórios** — Com a Diretoria Executiva Financeira e Corporativa e os auditores independentes e, quando aplicável, com os consultores externos especializados, foram igualmente discutidos aspectos voltados à avaliação do ágio na BOVESPA Holding e ao investimento na CME.

O Comitê de Auditoria, com o apoio da auditoria interna, acompanhou o processo de implantação do sistema SAP ao longo do exercício.

- Contingências — Foram analisadas e discutidas com a Diretoria Jurídica, com a participação da Diretoria Financeira, dos Auditores Independentes e de advogados responsáveis, os principais processos administrativos e judiciais e os respectivos julgamentos exercidos com relação às probabilidades de êxito, particularmente, mas não apenas o julgamento, no CARF, do Auto de Infração envolvendo a dedutibilidade do ágio na BOVESPA e os potenciais efeitos, sobre a Companhia, da MP 627/13.

- Recursos Humanos — Com a Diretoria de Recursos Humanos foram discutidos assuntos relacionados à remuneração e benefícios da Administração, assim como o plano de Previdência Privada.

CONTROLES INTERNOS, RISCOS CORPORATIVOS E OUTRAS DIRETORIAS

As seguintes práticas e procedimentos recomendados pelo Comitê de Auditoria foram objeto de acompanhamento durante o ano de 2013 tendo-se observado que:

- Foram implantadas novas políticas de gestão de riscos corporativos e de risco operacional, que haviam começado a ser definidas ao longo de 2012; ao mesmo tempo, estruturada uma área para o tratamento da conformidade com leis, normas e regulamentos.

- Foi adquirido um sistema integrado de governança, riscos e controles (GRC), que será utilizado pela Diretoria de Controles Internos, Compliance e Risco Corporativo e pela Diretoria de Auditoria.

- Foi estabelecido um processo centralizado para o acompanhamento de comunicações com os Órgãos Reguladores.

- Foi estruturada uma área para o tratamento da conformidade com leis, normas e regulamentos.

- Foi aprovado pelo Conselho de Administração em sua reunião de 13 de fevereiro de 2014 documento elaborado pela Diretoria Executiva contendo uma proposta de Política relativa ao tratamento de Partes Relacionadas.

- Foi dada ciência ao Conselho de Administração, também em sua reunião de 13 de fevereiro de 2014, da Política de Prevenção à Lavagem de Dinheiro e Ocultação de Bens, Direitos e Valores, aprovada pela Diretoria Executiva.

O Comitê apreciou o Relatório de Riscos Corporativos que atende os requerimentos da Instrução CVM 461 e o Relatório de Controles Internos preparado nos moldes do art. 3º da Resolução 2.554 do Bacen.

(continua)

O Comitê recebe com periodicidade regular um resumo das comunicações encaminhadas pelas Agências Reguladoras e do Poder Judiciário, no tocante a questões que estejam no escopo do comitê.

O Comitê de Auditoria reconhece os avanços alcançados no Gerenciamento de Riscos, de Compliance e de Controles Internos, e mantém a expectativa de que, com a implementação dos principais planos de ação ainda em curso, melhorias significativas poderão ser alcançadas no curto prazo no tocante a tais áreas.

AUDITORIA INDEPENDENTE

Houve o rodízio dos auditores independentes após o balanço de 31/12/2012. O Comitê de Auditoria participou de forma ativa da análise das propostas das empresas convidadas pela Administração, tendo sido contratada a EY.

Com os auditores independentes, o Comitê reuniu-se para se informar sobre a política de manutenção da independência na execução dos trabalhos e decidir sobre a inexistência de conflitos de interesse em trabalhos que não fossem de Auditoria das demonstrações financeiras a eles solicitados eventualmente pela Diretoria Executiva. Foram, ademais, discutidos, pelo Comitê de Auditoria, com referidos auditores independentes: a análise de risco de auditoria por eles efetuada, o planejamento dos trabalhos visando estabelecer a natureza, época e extensão dos principais procedimentos de auditoria selecionados, os possíveis pontos de atenção identificados e como seriam auditados. Adicionalmente, foram discutidos com a EY os resultados das auditorias por eles efetuadas no tema Risco de Contra Parte Central e TI.

Ao término dos trabalhos de cada revisão especial das Informações Trimestrais (ITR) ao longo de 2013, foram discutidas as principais conclusões dos auditores. No início dos trabalhos preliminares e finais da auditoria de 31/12/2013 foram rediscutidas, em reuniões específicas, as áreas de risco de auditoria e os procedimentos respectivos.

Todos os pontos considerados relevantes foram abordados, com o intuito de se avaliar os riscos potenciais envolvendo as demonstrações financeiras e a mitigação de tais riscos, mediante procedimentos de auditoria e controle.

Além de debates específicos sobre o trabalho da auditoria independente sobre os requisitos da Instrução 461 da CVM, foram também apresentados, ao Comitê, pelos auditores anteriores, que examinaram as demonstrações financeiras de 31/12/12, os pontos de melhorias de controles internos por eles identificados nos trabalhos daquela auditoria, segregados por natureza e classificados por complexidade e por impacto nos processos da Companhia.

Ao final do ano, o Comitê procedeu à avaliação formal da auditoria independente tendo considerado a qualidade e o volume das informações prestadas compatível com o primeiro ano de trabalho.

Não foram identificadas situações que pudessem prejudicar a independência dos auditores externos.

AUDITORIA INTERNA

O Comitê de Auditoria fez a supervisão técnica da Auditoria Interna. Em 2013 aprovou o Plano Anual de auditoria Interna e fez acompanhamento periódico de sua execução. Os relatórios de auditoria foram apresentados e discutidos com o Comitê, que considera satisfatórios o escopo, a metodologia e os resultados dos trabalhos realizados.

O Comitê de Auditoria mantém acompanhamento dos Planos de Ação decorrentes dos pontos de auditoria levantados em todas as áreas auditadas.

Ao final do ano, o Comitê procedeu à avaliação formal da auditoria interna, ocasião em que se constataram melhorias significativas na qualidade dos trabalhos realizados.

RECOMENDAÇÕES DO COMITÊ DE AUDITORIA

Durante o ano de 2013 o Comitê de Auditoria fez várias recomendações à Administração que prontamente as acatou. Está em andamento e merece menção a seguinte:

- plano de treinamento com foco em gestão para o Diretor e Gerentes da Diretoria da Auditoria, que completam seu primeiro ano nessas funções.

CONCLUSÃO

O Comitê de Auditoria julga que todos os fatos relevantes que lhe foram dados a conhecer pelos trabalhos efetuados e descritos neste relatório estão adequadamente divulgados no Relatório da Administração e nas demonstrações financeiras auditadas relativas a 31/12/2013, recomendando sua aprovação pelo Conselho de Administração.

São Paulo, 13 de fevereiro de 2014.

Parecer do Conselho Fiscal

O Conselho Fiscal é um órgão fiscalizador independente previsto na Lei das Sociedades por Ações — Lei n° 6.404/76 — que atua como um fator de aprimoramento das melhores práticas de governança corporativa.

Examinando atentamente a legislação pertinente, descobre-se que o conselho fiscal tem as seguintes características:

- os membros do Conselho Fiscal são eleitos pelos acionistas na Assembleia Geral Ordinária que apreciar as demonstrações contábeis do exercício;
- os membros do Conselho Fiscal são eleitos para mandato que vai até a próxima Assembleia Geral Ordinária (normalmente no ano seguinte), podendo ser reeleitos por uma quantidade ilimitada de vezes;
- os membros do Conselho Fiscal prestam contas aos acionistas;
- o estatuto da empresa determina se o Conselho Fiscal funcionará de modo permanente ou somente quando instalado a pedido de acionistas;
- o Conselho Fiscal, quando instalado, é composto de no mínimo três e no máximo cinco membros, acionistas ou não;
- as empresas brasileiras que têm ações cotadas em bolsa de valores norte-americana e que têm Conselho Fiscal instalado permanentemente não precisam constituir o Comitê de Auditoria requerido pela *SOX*;
- a adoção simultânea de Conselho Fiscal e de Comitê de Auditoria não é uma tendência definitiva, todavia, é crescente a quantidade de empresas que optaram por esse modelo, em que se destacam as instituições financeiras.

O Art. 163 da Lei das Sociedades por Ações estabelece as atribuições dos membros do Conselho Fiscal. Veja quais são:

- fiscalizar os atos dos administradores da empresa quanto a seus deveres legais e estatutários;
- dar opinião sobre o Relatório Anual da Administração;
- dar parecer sobre a fidedignidade das demonstrações contábeis do exercício;
- dar opinião sobre propostas da administração a serem submetidas aos acionistas reunidos em assembleia relativamente a:
  - aumento ou diminuição do capital social;
  - emissão de debêntures ou bônus de subscrição;
  - planos de investimentos ou orçamentos de capital;
  - distribuição de dividendos e juros sobre o capital próprio;
  - transformação, incorporação, fusão ou cisão da empresa.
- analisar, ao menos trimestralmente, balancetes de verificação e outras peças contábeis preparadas pela empresa.

Modelo de Parecer do Conselho Fiscal

O que verifico nos diversos pareceres do Conselho Fiscal publicados nos jornais é que são muito parecidos, quase seguindo uma mesma receita de bolo, diferentemente do que ocorre com o Relatório do Comitê de Auditoria, que não tem padrão bem definido.

PARECER DO CONSELHO FISCAL

O Conselho Fiscal da Companhia Xaropeta S.A., em cumprimento às disposições legais e estatutárias, examinou o Relatório da Administração e as Demonstrações Contábeis referentes ao exercício social encerrado em 31 de dezembro de 2014. Com base nos exames efetuados, considerando, ainda, o parecer dos Auditores Independentes datado de 25 de janeiro de 2015, bem como as informações de esclarecimentos recebidos no decorrer do exercício, opina que os referidos documentos estão em condições de serem apreciados pela Assembleia Geral dos Acionistas.

São Paulo, 26 de janeiro de 2015.

TABELA 8-1: Comparativo entre Comitê de Auditoria e Conselho Fiscal

Comitê de Auditoria	SOX	Conselho Fiscal	Lei das S.A.
COMPOSIÇÃO E REQUISITOS PESSOAIS			
Função	Comitê estabelecido e composto por membros do Conselho de Administração.		Órgão técnico, consultivo e de fiscalização dos atos da administração quanto a seus deveres legais e estatutários.
Composição	No mínimo três membros, normalmente integrantes do Conselho de Administração. Podem existir membros independentes, sem vínculos com a empresa.		Mínimo de três e máximo de cinco membros, acionistas ou não, eleitos pela Assembleia Geral Ordinária que apreciar as contas da empresa.
Qualificação	Pelo menos um dos membros deve ser identificado como especialista em contabilidade e finanças.		Membros precisam ter formação universitária, ou que tenham exercido, no mínimo por três anos, o cargo de administrador de empresa ou conselheiro fiscal.
Constituição	Os membros do Comitê de Auditoria são eleitos pelo Conselho de Administração, cuja duração do mandato é fixada no momento da eleição.		Os titulares de ações preferenciais sem direito de voto ou com direito restrito podem eleger ao menos um membro do conselho fiscal. Igual direito cabe aos minoritários que representem ao menos 10% das ações com direito a voto.

(continua)

	Comitê de Auditoria SOX	Conselho Fiscal Lei das S.A.
FUNCIONAMENTO		
Funcionamento	Por tempo indeterminado.	Eleitos pela Assembleia Geral Ordinária com mandato até a próxima AGO que se realizar após sua eleição, com possibilidade ilimitada de reeleição.
Competências	Supervisão do processo de elaboração e divulgação das Demonstrações Contábeis. Supervisão da implementação de sistemas de controles internos. Verificação da conformidade da condução dos negócios com as normas e políticas internas, leis e regulamentos. Análise dos riscos operacionais e de tesouraria e monitoramento das medidas de mitigação de tais riscos. Supervisão do trabalho dos Auditores Independentes e da Auditoria Interna.	Fiscalizar os atos dos administradores da empresa. Opinar sobre o Relatório Anual da Administração. Opinar sobre a fidedignidade das Demonstrações Contábeis do exercício. Opinar sobre propostas da administração a serem submetidas aos acionistas: (1) aumento ou diminuição do capital social; (2) emissão de debêntures ou bônus de subscrição; (3) planos de investimentos ou orçamentos de capital; (4) distribuição de dividendos e juros sobre o capital próprio; e (5) transformação, incorporação, fusão ou cisão da empresa. Analisar, ao menos trimestralmente, balancetes de verificação. Denunciar erros, fraudes ou crimes que descobrirem e sugerir providências saneadoras. Convocar Assembleia de Acionistas em caso de omissão dos órgãos competentes e/ou em casos graves ou urgentes.

QUAL SUA BANDEIRA, INVESTIDOR?

Dentre os diversos debates travados nos últimos anos sobre governança no Brasil, um merece destaque por sua relevância e por permanecer inacabado: a escolha entre o comitê de auditoria e o conselho fiscal como o órgão de controle priorizado pelos investidores.

Para os menos afeitos à discussão, entende-se como comitê de auditoria o órgão não deliberativo ligado ao conselho de administração, composto idealmente de conselheiros independentes e com função de: supervisionar e coordenar os trabalhos da auditoria interna, incluindo a definição de seu plano anual; conduzir o processo de seleção; acompanhar e avaliar as atividades da auditoria independente; acompanhar o processo de elaboração das demonstrações financeiras; verificar a observância dos princípios contábeis utilizados; supervisionar os números divulgados ao mercado; avaliar as práticas de gerenciamento de riscos corporativos e sistemas de controles internos; monitorar os conflitos de interesse; e revisar as transações com partes relacionadas.

Já o conselho fiscal é um órgão previsto na legislação que pode ser instalado a pedido de acionistas que representem um percentual mínimo das ações e cujos membros são eleitos em Assembleia Geral, sem qualquer vínculo com os administradores nem relação hierárquica com os demais órgãos da companhia. Conforme sua denominação, o conselho possui atividades eminentemente fiscalizadoras, sem poder de opinar sobre as decisões de negócio tomadas pelos administradores em seu curso normal.

Dentre suas atribuições definidas por lei, destacam-se: a fiscalização dos atos dos administradores e a verificação do cumprimento de seus deveres legais e estatutários; o parecer sobre o relatório anual da administração; a opinião sobre determinadas propostas dos órgãos da administração a serem submetidas à Assembleia Geral; a análise e a elaboração de uma opinião sobre as demonstrações financeiras da companhia; e a denúncia dos erros, fraudes ou crimes que descobrir aos órgãos de administração ou à Assembleia Geral.

Os dois órgãos não são excludentes. Podem, portanto, coexistir em harmonia. Mas, em algumas situações, a presença de ambos pode não ser viável ou útil à empresa, motivo pelo qual os investidores devem definir claramente uma "bandeira a levantar". O comitê de auditoria é o padrão no mundo e o conselho fiscal constitui uma notável peculiaridade brasileira. Praticamente todos os principais códigos de governança internacionais enaltecem a importância do primeiro, enquanto nenhum faz menção à necessidade de um órgão adicional ao conselho de administração para supervisionar a gestão diária das empresas.

(continua)

Em outras palavras, os principais documentos de governança entendem que um conselho de administração efetivo deveria ser suficiente para supervisionar os executivos.

Na comparação com os principais mercados, os países anglo-saxões são claramente favoráveis ao conceito de um comitê de auditoria constituído exclusivamente por conselheiros de administração independentes. Esse é um dos requisitos para listagem na Bolsa de Nova York desde 1977. No Reino Unido, a abordagem do *"comply or explain"* não exige a presença do órgão, mas pesquisas recentes mostram que as grandes empresas listadas na Bolsa de Londres possuem comitês de auditoria formados só por conselheiros independentes.

Em relação à Europa Continental, alguns autores equiparam de maneira equivocada o conselho fiscal ao conselho supervisor presente na estrutura de governança com dois conselhos vigentes na Alemanha (*aufsichsrat*) e em algumas companhias da França (*conseil de surveillance*). Entretanto, o conselho supervisor desses países se aproxima bem mais do conselho de administração, uma vez que possui diversas atribuições relativas ao planejamento estratégico da companhia, seleção e definição da remuneração dos executivos, dentre outras decisões de negócio. É incorreta, portanto, a equiparação.

Mas há certa semelhança do conselho fiscal brasileiro com o conselho de auditores presente na Itália (*collegio sindacale*) e no Japão (*board of statutory auditors*). Porém, além de não serem considerados exemplares na adoção de boas práticas de governança, os dois países passaram recentemente por mudanças em sua legislação societária que permitem a migração para o modelo mais comum de governança, com a presença de um comitê de auditoria como órgão responsável pelo monitoramento de seus números.

Na Itália, desde uma mudança na lei societária, em 2004, as empresas podem escolher entre três modelos de governança, sendo apenas um deles composto do *collegio sindacale*. No Japão, a mudança da lei em 2003 permitiu que as companhias optem entre o *board of statutory auditors* e o comitê de auditoria vinculado ao conselho de administração nos moldes anglo-saxões.

Fica evidente, portanto, que a priorização do conselho fiscal vai na contramão da tendência internacional, que tem foco no comitê de auditoria independente ligado ao conselho de administração.

Os defensores do foco no conselho fiscal argumentam que nós possuímos uma boa solução de governança ainda não compreendida e adotada na maior parte do mundo. Uma de suas vantagens, segundo eles, reside na independência dos membros, já que muitos conselhos de administração são representados por pessoas intrinsecamente ligadas aos executivos e acionistas controladores.

O conselho fiscal seria, segundo essa defesa, um órgão paliativo para solução do problema de composição inadequada e mau funcionamento do conselho de administração.

Outro argumento deficiente diz respeito ao novo conceito de "papel estratégico" do conselho fiscal, apregoado por alguns de seus defensores nos últimos anos. De acordo com essa visão, caberia ao conselho fiscal agregar valor à organização, ajudando-a na tomada de decisões de negócio. Essa visão, no entanto, confunde os limites entre a administração da companhia e a fiscalização dela.

Em outras palavras, deve-se sempre lembrar que o conselho fiscal é um órgão externo à administração da companhia e com atuação posterior à ocorrência dos eventos.

O debate permanece em aberto. No mundo acadêmico, ainda não há estudos de primeira linha que legitimem a defesa de um ou outro órgão de controle como melhor solução de governança. No ambiente empresarial, a qualidade do debate muitas vezes é prejudicada por vieses individuais e conflito de interesses. Em diversas situações, tem-se, de um lado, defensores do conselho fiscal que muitas vezes percebem um potencial de receita decorrente da atuação nesse órgão, e, de outro, executivos e controladores avessos a quaisquer mecanismos adicionais de controle que resultem em aumento de custos ou maior prestação de contas.

Mais importante do que escolher um órgão de controle é assegurar sua independência e seu funcionamento efetivo. A mera existência de um comitê de auditoria, ou mesmo de ambos os órgãos, não assegurará aos investidores imunidade contra graves problemas financeiros. Em caso de adoção do comitê de auditoria, é fundamental que seja integrado por conselheiros de administração titulares e independentes. Além da ausência de vínculos com executivos e controladores, sua condição como conselheiros de administração os faz avaliar a relação custo *versus* benefício dos mecanismos de controle, já que serão cobrados não apenas pela ausência de perdas, mas pela geração sustentável de valor.

Fonte: Revista *Capital Aberto* — Agosto/2010

> **NESTE CAPÍTULO**
> - Conceitos e objetivos da auditoria independente
> - Razão econômica para a existência da auditoria independente
> - Responsabilidade dos auditores e qualificações profissionais requeridas
> - Tipos e modalidades de fazer auditoria

Capítulo 9

Em Busca da Verdade: Os Auditores Entram em Campo!

Nessa altura do campeonato já convenci todo mundo que a contabilidade é o melhor e mais seguro caminho para levar conhecimento público do que a empresa fez no passado, está fazendo no presente e o que, provavelmente, fará no futuro. Convenci, também, que as informações que a contabilidade disponibiliza precisam ser fidedignas, honestas, confiáveis e úteis.

Como vivemos num mundo em que há mais desconfiança do que certeza, fica óbvio que é necessário que uma fonte independente, um grupo de profissionais muito bons, confira e ateste se de fato as informações contábeis são fidedignas, honestas, confiáveis e úteis. Esses caras, superdotados, são os auditores independentes.

A Auditoria como a Última Esperança da Humanidade

A auditoria, como a conhecemos nos dias atuais, nasceu no Reino Unido no século XIX, após inúmeros processos de falência de empreendimentos que captavam dinheiro do povo para aplicação em negócios altamente especulativos e, na maior parte das vezes, pouco sérios.

Especuladores, malandros, fraudadores e toda espécie de desonestos aproveitaram a época de abundância financeira e prosperidade acentuada para aplicar golpes nos poupadores inocentes e ingênuos. Foi aí que os contadores se revoltaram e marcharam com firmeza e competência para salvar o mundo financeiro da barbárie!

Como Tudo Começou e Evoluiu

Voltando o relógio no tempo, o século XIX experimentou extraordinário progresso econômico naqueles países mais industrializados. O volume de dinheiro em giro era muito grande e, como sempre acontece, criou campo fértil para os desonestos. Gente, prestem atenção: estou me referindo ao século XIX!

A situação ficou tão caótica que a credibilidade do mercado financeiro praticamente desapareceu. Isso fez com que os contadores da época sentissem a necessidade de se organizar para a prestação de serviços capazes de suprir o mercado que clamava por profissionais competentes. Os contadores perceberam bem rápido ser perfeitamente possível desenvolver uma atuação de apoio e proteção aos investidores, por meio de exame das demonstrações contábeis e outros processos técnicos.

A maior preocupação dos contadores era o estabelecimento dos padrões profissionais, de tal modo que pudessem servir de orientação para a condução dos trabalhos de auditoria. Foi pensando assim que se organizaram associações profissionais, sendo a primeira delas, a Sociedade dos Contadores de Edimburgo, fundada em 1853. A partir de então, formaram-se muitas outras entidades, com idênticos objetivos. Atualmente, o *Institute of Chartered Accountants* é a instituição que conta com o maior prestígio na Grã-Bretanha.

PAPO DE ESPECIALISTA

Embora tenha sido uma invenção, por assim dizer, inglesa, a auditoria recebeu grande impulso nos Estados Unidos, de onde são emanados os procedimentos técnicos adotados por contadores de quase todos os países do chamado mundo capitalista, inclusive o Brasil.

Nos Estados Unidos, a auditoria foi introduzida por contadores ingleses enviados para auditarem as empresas norte-americanas pertencentes a capitais britânicos. A primeira firma de auditoria a se estabelecer na América o fez em 1893. Lá, nos Estados Unidos, os contadores também procuraram formar associações profissionais, valendo-se sempre da experiência britânica, sendo que a Associação Americana de Contadores Públicos foi fundada em 1887.

O *American Institute of Certified Public Accountants — AICPA*, fundado em 1916, é a entidade máxima que congrega os auditores americanos. Cabe ao AICPA, a função de órgão examinador dos candidatos a auditores independentes e, para tanto, organiza exames de suficiência semianuais, em todos os estados americanos. O resultado desses exames é reconhecido oficialmente.

PAPO DE ESPECIALISTA

No Brasil, até 1946, a atividade de auditoria praticamente não existia, exceto em empresas estrangeiras, como uma continuidade dos hábitos adotados por suas matrizes. A essa altura, só se recorria aos contadores de maior gabarito profissional, os medalhões, quando se desejava apurar alguma fraude, esclarecer suspeita de desfalque, falência fraudulenta ou dirimir controvérsia envolvendo apuração de haveres. Era um trabalho pericial, bem diferente de uma auditoria.

A partir de 1946, com o advento do Decreto-lei 9.295 que regulamentou a profissão de contabilista no Brasil, nos moldes atuais, estabeleceu-se para o contador a prerrogativa de exclusividade na execução dos trabalhos de auditoria e perícia contábeis. Convém assinalar que, naquela época, o termo "auditoria" não era corrente, preferindo-se "revisão de escrita" para assinalar as atividades típicas desta especialização da profissão contábil.

Para o desenvolvimento da auditoria em nosso país, o Decreto-lei 9.295/46 teve o indiscutível mérito de preservar a qualidade dos trabalhos, a partir do momento que exigiu maior qualificação técnica para os profissionais executores, reservando aos bacharéis em Ciências Contábeis o direito de praticar a auditoria contábil.

Ainda hoje, as regras estabelecidas pelo referido Decreto-lei encontram-se em pleno vigor, de sorte que os contadores brasileiros contam com prerrogativas legais bem mais amplas do que aquelas conquistadas por seus colegas de países economicamente mais adiantados. Para o júbilo dos brasileiros é bom notar que, na Grã-Bretanha, pátria mãe da auditoria, não há regulamentação tão poderosa a favor dos contadores.

Conceito e Objetivos da Auditoria Independente

O conceito de auditoria tem-se ampliado ao longo do tempo, incorporando novas e crescentes solicitações da comunidade interessada nos serviços de auditoria.

Modernamente, podemos definir auditoria como sendo o estudo e avaliação sistemáticos das transações realizadas e das demonstrações contábeis consequentes. Neste sentido, sua principal finalidade é determinar até que ponto existe conformidade com os Princípios de Contabilidade na elaboração e divulgação das demonstrações contábeis, para que sejam consideradas fidedignas, honestas, confiáveis e úteis.

Os auditores informam os resultados de seu trabalho aos usuários interessados por meio do Relatório do Auditor Independente que analisamos no Capítulo 8.

O Papel da Auditoria Independente na Sociedade Moderna

Nos dias de hoje, a sociedade é dominada por grandes corporações que têm significativo impacto em quase todos os aspectos da vida moderna. Por causa de sua grande influência econômica e social, essas corporações são impelidas a manter informadas as partes interessadas a respeito de suas ações — governos, instituições financeiras —, e com quem transacionam, acionistas, clientes, fornecedores, empregados, entre outros que poderiam ser citados.

Para monitorar as ações das corporações, é necessário criar um meio de comunicação eficaz entre elas e as ditas partes interessadas. Um método aceitável de comunicação é a disseminação de dados econômicos por intermédio de demonstrações contábeis como já estudamos. Ocorre que, individualmente, as partes interessadas não são capazes de verificar a exatidão das informações que lhes são transmitidas.

A fim de assegurar que as informações são fidedignas e apresentadas de maneira totalmente imparcial, é indispensável que as demonstrações sejam conferidas quanto à sua exatidão (fidedignidade). Essa conferência é chamada de auditoria e quem está capacitado para a fazer é o Auditor Independente.

Embora tenha descrito as funções da auditoria de forma ampla, pretendo tratar, doravante, tais funções em um contexto mais restrito, relacionado com o ambiente dos negócios. Nestas circunstâncias, as partes interessadas são tratadas como usuários das demonstrações contábeis que as utilizam no processo de tomada de decisões econômicas concernentes às organizações de negócios formadas por empresas públicas ou privadas e entidades de modo geral.

A figura a seguir serve para descrever o relacionamento existente entre a organização de negócios, os usuários interessados em seus dados econômicos e o auditor independente.

GRÁFICO ILUSTRATIVO DA FUNÇÃO DA AUDITORIA INDEPENDENTE

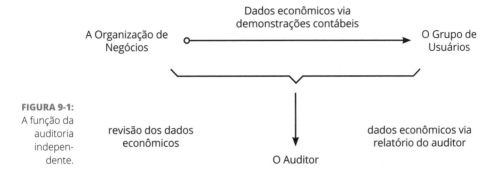

FIGURA 9-1: A função da auditoria independente.

A organização de negócios prepara um conjunto de informações a respeito de suas atividades econômicas e divulga aos usuários interessados por meio de demonstrações contábeis elaboradas para tal fim. O auditor revisa esse conjunto de informações a fim de determinar se as demonstrações contábeis apresentam de forma fidedigna os eventos econômicos realizados pela organização de negócios.

Como produto do laborioso e indispensável trabalho, o auditor comunica os resultados da auditoria utilizando relatório próprio, para dar credibilidade adicional à qualidade da informação prestada. É assim que a coisa funciona.

Razão Econômica para a Função da Auditoria Independente

De forma indireta, foi demonstrada a razão econômica para a função que se espera da auditoria. Agora, descrevo essa razão de uma forma mais objetiva. Costuma-se definir economia como o estudo da melhor alocação possível de recursos escassos. Nosso ambiente de negócios é caracterizado pelo regime de livre empresa ou simplesmente capitalismo, em que a estrutura de preços é utilizada para a alocação de recursos escassos.

Uma das características do capitalismo é a presença de compradores e vendedores que têm informações completas e suficientes sobre o que devem fazer a respeito de decisões de natureza econômica. Se essa condição existe, acrescida de outros pré-requisitos, a alocação de mercadorias e serviços, baseada na estrutura de preços, vai funcionar como uma solução ótima para os objetivos da sociedade, no que concerne à maximização do bem-estar dos participantes da economia.

Por outro lado, se os dados econômicos sobre os quais os participantes se baseiam para tomar decisões contêm erros ou omissões significativas, não haverá uma alocação ótima de fatores, de acordo com os conceitos clássicos de economia.

O papel do auditor é conferir os dados econômicos constantes das demonstrações contábeis a fim de assegurar que eles estão apresentados de acordo com os padrões estabelecidos para as circunstâncias e são confiáveis. Esta é a contribuição do auditor para a sociedade em que vive, sendo sua função essencial ao sistema de livre empresa.

Responsabilidade dos Auditores Independentes

A principal responsabilidade do auditor é expressar uma opinião independente acerca da fidelidade dos dados econômicos apresentados sobre a forma de demonstrações contábeis, tendo como quadro de referência para seu julgamento os Princípios de Contabilidade. O relatório do auditor, como vimos, representa o meio eficaz de comunicação de suas conclusões.

A empresa é responsável pela correta aplicação dos Princípios de Contabilidade e reconhecimento contábil de todas as transações por ela realizadas, bem como pelo estabelecimento de um sistema de controle interno eficaz. O conhecimento que o auditor tem das transações realizadas está limitado àquele adquirido durante o exame normal de auditoria, o que conduz ao raciocínio de que cabe à empresa integral responsabilidade pela fidedignidade das demonstrações contábeis. Assim, a responsabilidade do auditor está limitada à verificação do grau de fidedignidade das demonstrações contábeis.

Qualificações Profissionais Requeridas

No Brasil, a partir do momento em que o contador obtém seu registro profissional no Conselho Regional de Contabilidade e se inscreve no CNAI — Cadastro Nacional de Auditores Independentes do Conselho Federal de Contabilidade, está habilitado ao efetivo exercício da auditoria independente. Existem outros requisitos mais específicos para auditar empresas de capital aberto, seguradoras e instituições financeiras.

O registro no CNAI, em princípio, confere ao profissional o atributo da competência. A experiência do contador ajuda no processo de sedimentação de sua competência técnica. Considera-se, hoje, intimamente ligada à competência do auditor sua escolaridade básica e a educação continuada para o manter permanentemente atualizado.

O atributo de responsabilidade compreende as qualificações morais, de integridade da pessoa do auditor, assim como sua independência ao emitir uma ponderada opinião sobre as demonstrações contábeis examinadas. Isto se deve ao fato de que a fé pública é a principal justificativa para a existência de serviços de auditoria.

Ao procurar auditores para a avaliação da fidedignidade das demonstrações contábeis, os usuários querem ter confiança no trabalho que será executado e, então, a reputação do auditor é de vital importância, ao lado de sua incontestável independência de julgamento.

Pelo exposto, a qualificação profissional do auditor está basicamente na dependência de seu conceito com o público usuário de seu trabalho, em relação não só ao profissional isoladamente, como também, é claro, em relação à atividade em geral. Evidentemente, a atitude ou conduta individual de cada auditor pode repercutir em toda a classe, o que enseja que o auditor deva considerar como sua obrigação promover cada vez mais a confiança pública na atividade.

É da essência da atividade do auditor conferir "fé pública" aos documentos que examina, por meio de seus relatórios. Em assim procedendo, sua responsabilidade ultrapassa o campo restrito e limitado do interesse de seu cliente e se situa diante do público em geral.

NORMAS GANHARAM FORÇA APÓS SUCESSIVAS MEGAFRAUDES

O processo de globalização da economia, iniciado na década de 1980, despertou nas autoridades reguladoras e no mercado de capitais a necessidade de universalizar os padrões contábeis. A ideia já estava madura desde 1973, quando foi criado o *International Accounting Standards Committee (IASC)*, órgão responsável pela emissão do *International Accounting Standards (IAS)*, os padrões internacionais. O padrão *United States Generally Accepted Accounting Principles (USGAAP)* despontava como o favorito, devido à importância da economia dos EUA, quando foi atingido por um duro golpe: a sequência de megafraudes corporativas de empresas americanas.

A principal ocorreu na Enron. A empresa de energia, sétima maior corporação dos Estados Unidos na época, recorria a uma contabilidade criativa havia vários anos, quando foi denunciada aos órgãos reguladores. A dívida de cerca de US$11 bilhões não aparecia no balanço. A empresa pediu concordata em dezembro de 2001 e arrastou a Arthur Andersen, considerada corresponsável pela fraude.

"O escândalo da Enron e não o 11 de setembro será considerado divisor de águas na história da sociedade dos Estados Unidos", previu o economista Paul Krugman em artigo para o *The New York Times*, em fevereiro de 2002. Outros escândalos vieram na

(continua)

esteira. Fraudes contábeis envolvendo gigantes como a WorldCom e a sobrevivente Merck selaram o destino do USGAAP e abriram o caminho para o *International Financial Reporting Standards (IFRS)*.

A diferença entre os dois modelos é que o padrão americano baseia-se em regras, ao passo que o IFRS adota princípios e é, por isso, mais interpretativo. As normas americanas oferecem um conjunto de obrigações maior que as da IFRS. Sua complexidade, porém, não foi suficiente para impedir a grande onda de fraudes.

Um pouco antes dos escândalos se multiplicarem entre as empresas americanas, a Europa, liderada pelos britânicos, se mobilizava para acabar com a babel contábil e impor ao mundo corporativo uma linguagem universal. Em abril de 2001 o *IASC* foi sucedido pelo *International Accounting Standards Board (IASB)* e os *IAS* começaram a ser substituídos pelos IFRS. O processo caminhava em ritmo tranquilo quando a onda de fraudes deflagrou a necessidade de uma resposta urgente.

A Europa caminhou para o IFRS e ainda tenta convencer os Estados Unidos a seguir o mesmo caminho. Recentemente, a SEC, órgão regulador do mercado de capitais americano, divulgou nota sobre a adoção do padrão internacional. Em resumo, a agência e o mercado dos EUA como um todo se mantêm reticentes quanto ao IFRS e, enquanto isso, permanecem agarrados a seu próprio padrão.

Os EUA afirmam que só adotarão o IFRS quando julgarem conveniente, diz Ramón Jubels, sócio da KPMG no Brasil. Para ele, a resistência americana em aderir ao padrão é uma perda, já que faltam parâmetros de comparação entre empresas. Havia uma expectativa de convergência a partir da crise financeira de 2008, mas não evoluiu. Desde janeiro de 2005, as empresas europeias abertas adotam essas normas. O Brasil começou a entrar no IFRS em dezembro de 2007, com a sanção da nova Lei das S.A. — em substituição à que vigorava desde 1976.

Jornal *Valor Econômico*, edição de 26 de setembro de 2014. Por Eduardo Belo.

Tipos e Modalidades de se Fazer Auditoria

Pelas barbas do profeta! É muita auditoria, não é mesmo? Pois é, e ainda posso incluir auditoria da qualidade, auditoria de conformidade, auditoria ambiental e auditoria da auditoria. É auditoria que não acaba mais e tem sabores para todos os gostos.

Para a finalidade deste livro e esclarecimentos gerais, peço permissão, com toda humildade, para dar pequenas pinceladas sobre a Auditoria Interna, a Auditoria Externa ou Independente e a Auditoria Operacional. É suficiente para você ficar superantenado e fazer bonito entre os amigos, familiares e vizinhos da periferia.

Auditoria Interna

É executada por funcionários da própria entidade. O auditor interno deve estar subordinado a mais alta autoridade administrativa, de modo a permitir ampla liberdade de ação e máxima independência de julgamento. Constitui erro subordiná-lo ao Diretor Financeiro, à Contabilidade ou ao Diretor Administrativo. Esses cargos têm funções que serão fiscalizadas pelo auditor interno.

É mais eficaz que o auditor interno pertença a órgãos de assessoria, ligado a uma vice-presidência, ao *Chief Operational Office — COO* ou ao próprio Presidente, dependendo da organização. Para minha satisfação pessoal, verifica-se a tendência crescente de se subordinar a Auditoria Interna ao Comitê de Auditoria ou ao Conselho de Administração. Considero tal tendência avanço muito positivo em direção às melhores práticas de governança.

Entretanto, é preciso considerar a circunstância de que, mesmo quando o auditor interno está ligado à cúpula dirigente, sua condição de empregado da organização tira-lhe uma razoável parcela de independência, provocando certa inibição para a realização de determinadas tarefas de fiscalização.

Em uma moderna organização, o auditor interno cumpre importante papel, seja em empresas privadas ou em entidades governamentais. Ao examinar o sistema de controles internos, sugere medidas que possam contribuir para o seu aperfeiçoamento, reduzindo desperdícios e aumentando a eficiência operacional. O auditor interno está ainda constantemente alerta, a fim de detectar e comunicar fatos e questões que devam merecer especial atenção da autoridade administrativa.

Em função da pouca independência desfrutada pelo auditor interno, face seu vínculo de subordinação hierárquica, a garantia que ele traz de que as demonstrações contábeis são fidedignas não tem nenhum valor para os usuários externos interessados nessas peças.

Auditoria Externa ou Independente

Os usuários externos das demonstrações contábeis exigem que elas sejam revisadas por uma pessoa habilitada, sem qualquer ligação hierárquica ou funcional com a organização que está prestando informações de natureza econômica, como tivemos oportunidade de examinar anteriormente. Esta função é exercida por um auditor externo ou independente.

Não sendo empregado da organização cujas demonstrações contábeis estão sendo revisadas, o auditor independente atua como um profissional liberal, a exemplo do que ocorre com advogados, médicos ou qualquer outro profissional autônomo.

Os auditores independentes, como profissionais liberais atuando isoladamente ou reunidos em firmas de auditoria, executam a denominada auditoria independente com total imparcialidade, constituindo-se em uma poderosa garantia para aqueles usuários de que as demonstrações contábeis auditadas são fidedignas, honestas, confiáveis e úteis. Como o fator preponderante para este tipo de trabalho é a independência de opinião, é preferível referir-se à auditoria independente em vez de à auditoria externa.

É comum o auditor independente aceitar e aproveitar grande parte das tarefas conduzidas pelo auditor interno, entre as quais se destacam: contagens físicas de estoques e investimentos; reconciliações bancárias; confirmação de saldos, entre outras. Em empresas que contam com auditoria interna, o primeiro passo do auditor independente é avaliar a qualidade destes serviços, determinando o grau de imparcialidade com que os trabalhos são conduzidos, a competência do pessoal encarregado das tarefas e, só então, decidir quanto ao aproveitamento de tais serviços, o que quase sempre acontece.

É necessário frisar que o aproveitamento dos serviços executados pelos auditores internos ocorrerá sob a inteira e exclusiva responsabilidade do auditor independente, que poderá, a seu critério, repetir todos os exames já realizados pelos auditores internos. É uma relação profissional e de forma alguma conflitante.

Os procedimentos técnicos são muito semelhantes tanto quando se trata de uma auditoria interna ou de auditoria independente. A diferença básica situa-se quase exclusivamente na independência com que os trabalhos são conduzidos.

PAPO DE ESPECIALISTA

A forma de treinamento, a metodologia de atuação e, em certos casos, a formação profissional são compartilhadas pela auditoria interna e pela auditoria independente. Não obstante, no terreno comum entre os tipos de auditoria, é sempre possível estabelecer algumas distinções importantes com relação à forma de atuação de cada um dos auditores.

Auditoria Interna	Auditoria Independente
É executada por funcionários da própria empresa, sujeitos à subordinação hierárquica.	É executada por um profissional independente, de forma isolada ou associada, sem qualquer vínculo ou subordinação com a empresa auditada.
O objetivo primordial da Auditoria Interna é servir à direção da empresa, na implementação e policiamento das normas internas que foram instituídas por essa mesma direção.	O principal objetivo da Auditoria Independente é expressar uma opinião independente sobre as demonstrações contábeis da empresa que a contratou.

(continua)

Auditoria Interna	Auditoria Independente
O Auditor Interno examina o sistema de controles internos visando seu aperfeiçoamento e efetivo cumprimento, tal como inicialmente planejado, não se restringindo às demonstrações contábeis.	O Auditor Independente examina o sistema de controles internos, a fim de determinar o escopo (extensão e profundidade) dos exames, e até que ponto se pode depositar confiança nas demonstrações contábeis.
O Auditor Interno está constantemente preocupado com a descoberta de erros e irregularidades, assessorando a direção na implementação de medidas imediatas de correção.	O Auditor Independente não tem a preocupação específica de descobrir erros ou irregularidades, a menos que o exame do sistema de controles internos indique uma possibilidade razoável de ocorrência desses eventos, e desde que possam afetar substancialmente as demonstrações contábeis sobre as quais deve opinar.

Auditoria Operacional

Consiste em um sistema coordenado de verificações especializadas abrangendo: coleta de dados e informações; análises específicas e cálculo de produtividade e rentabilidade.

Este tipo especial de auditoria surgiu ao fim da II Guerra Mundial, com objetivos muito mais amplos do que aqueles atribuídos à Auditoria Contábil. Diferentemente desta, a Auditoria Operacional não conta com uma fonte autorizada que lhe forneça critérios para servir de base à sua atuação. Isto é verdadeiro, porque a Auditoria Operacional se preocupa com a efetividade e eficiência de uma organização. Devemos entender "efetividade" como uma medida de como a entidade é bem-sucedida na consecução das metas e objetivos estabelecidos. "Eficiência" diz respeito a como a entidade utiliza bem seus recursos em um nível particular de atividade.

Devido à natureza extensa da Auditoria Operacional, ela é executada por uma variedade de profissionais. O grupo de auditoria pode ser composto por contadores, engenheiros, analistas de sistemas, economistas, advogados, entre outros profissionais habilitados e bem treinados. O relatório de auditoria, em consequência, assume uma variedade de formas, a fim de atender a essa diversificação de objetivos e finalidades.

A Auditoria Independente e, de certa maneira, a Auditoria Interna estão intimamente ligadas à contabilidade, fornecendo aos usuários a certeza de que as informações nas demonstrações contábeis são fidedignas, honestas, confiáveis e úteis, e que os controles internos são eficazes. Já a Auditoria Operacional está

PAPO DE ESPECIALISTA

ligada à administração, aferindo desempenhos que não necessariamente são objeto de apreciação pela contabilidade tradicional.

Viu só como são coisas bem distintas uma das outras? Uma coisa é uma coisa. Outra coisa é outra coisa. Tudo bem simples...

Diferença entre Auditoria Contábil e Perícia Contábil

No passado, praticamente, não se considerava diferente um trabalho de auditoria de uma perícia contábil. Com o desenvolvimento da auditoria, ficou evidente que se tratavam de coisas bem distintas, pela natureza da responsabilidade envolvida e pelo conteúdo propriamente dito de cada atividade.

A Auditoria Contábil envolve uma apreciação global de todas as transações praticadas pela empresa, uma vez que a opinião do auditor expressa em seu relatório se refere às demonstrações contábeis que, necessariamente, incluem o resultado dessas transações. Em seu trabalho, o auditor examina todos os grupamentos de contas, visto que um erro cometido em uma conta certamente afetará outras contas.

Em auditoria não se pode considerar concluído o exame de determinada conta sem que também se tenha examinado a outra conta com a qual está relacionada. Por exemplo, a conta que representa as aplicações em estoque em determinada data somente poderá ser considerada auditada quando tiver sido examinada em conjunto com a conta que registrar o custo das mercadorias vendidas e com a conta de vendas.

No que concerne aos trabalhos típicos de uma perícia contábil, o exame se concentra em um determinado aspecto, setor ou conta, e não necessariamente sobre toda a demonstração contábil. Perícia contábil é, assim, um exame localizado, especificamente indicado pela parte interessada no resultado da perícia. Perícia existe para esclarecer dúvidas, controvérsias e apurar valores.

São trabalhos típicos de uma perícia contábil:

- » apuração de haveres,
- » partilhas de patrimônio social,
- » reavaliações de bens patrimoniais,
- » verificação de disponibilidades,
- » verificação de contas a receber e a pagar.

DICA

Quando a autoridade pública é questionada sobre malfeitorias e escândalos denunciados pela imprensa, é comum o dirigente declarar que mandará fazer uma auditoria para apurar os fatos e identificar os culpados. Na verdade, o que será feito é uma perícia contábil e não uma auditoria contábil. Convenhamos, não tem nenhuma importância confundir uma coisa com a outra, desde que os fatos sejam esclarecidos, a grana roubada retorne aos cofres públicos e os culpados postos na cadeia, certo?

> **NESTE CAPÍTULO**
> Conteúdo do relatório dos auditores independentes
>
> Tipos de opinião de auditoria

Capítulo 10

Desvendando o Enigmático Relatório dos Auditores Independentes

Os auditores independentes têm uma maneira peculiar de comunicar ao público interessado em seu trabalho o resultado de suas verificações técnicas. Graças ao bom comportamento dos leitores vou dar um brinde, um mimo para todo mundo, ampliando um pouco mais a explicação do que esses caras do bem fazem em benefício da humanidade.

Que tal desvendar os segredos da redação hermética para caramba, mas cheia de significados bacanas, dos Relatórios dos Auditores Independentes publicados nos jornais, os quais demos uma palinha modesta lá no capítulo anterior, que você, nessa altura do campeonato, já leu com avidez?

O Enigma

Quando o assunto é garantir a mais completa compreensão das informações que as empresas prestam ao mercado, os auditores se esforçam ao máximo para deixar bem explicadinho qual seu papel no processo, procurando dar o conforto indispensável aos usuários quanto à qualidade, utilidade e relevância dessas informações.

Tudo é feito sempre em benefício daqueles que não participaram da elaboração das demonstrações contábeis — o veículo que leva as informações ao público —, mas dependem delas para saber o que aconteceu com a empresa naquele determinado ano.

Os órgãos de fiscalização profissional que atuam na regulamentação e supervisão dos auditores — CFC, CVM, Bacen e Susep — volta e meia soltam normas e instruções com o intuito válido de organizar, disciplinar e dar apropriada consistência na forma de atuação desses indispensáveis profissionais, bem como padronizar a linguagem que eles, os auditores, usam para se comunicar com os usuários das demonstrações contábeis.

No Capítulo 9 apresentei a redação padronizada do Relatório dos Auditores Independentes instituída pelo CFC em norma própria. Embora eu não seja fã de carteirinha da padronização daquilo que o auditor deve escrever para informar o que fez e qual o resultado de seu trabalho, devo admitir que há méritos nessa padronização, sobretudo por uniformizar o conteúdo e, assim, facilitar o entendimento de todos aqueles que vão ler o tal do relatório do auditor independente.

Mas, não vou deixar barato essa minha generosa aceitação da redação padronizada! Sabe por quê? Porque os caras lá do CFC — todos meus amigos — resolveram mudar o nome do documento que os auditores emitem quando concluem o trabalho. Antigamente, era *Parecer* dos Auditores Independentes e agora é *Relatório* dos Auditores Independentes que, aliás, contém justamente o parecer, a opinião do auditor.

Para mim, não foi um progresso e nem contribuiu para a clareza da mensagem que o auditor quer passar para os usuários das demonstrações contábeis. Viu só como protestei com veemência e deixei você impressionado com a abundância de argumentos indefensáveis?

Chega de jogar conversa fora e vamos ao que realmente interessa. Vocês querem mesmo é entender, decifrar, desvendar a mensagem que os insuperáveis auditores independentes estão passando para os usuários das demonstrações contábeis. Vou dissecar cada parte do relatório dos auditores independentes como se fosse um médico legista muito requisitado pelas autoridades policiais.

Conteúdo do Relatório dos Auditores Independentes

A redação padronizada do relatório dos auditores independentes que consta da NBC TA 700 editada pelo CFC contém as seguintes seções:

- título,
- destinatário,
- parágrafo introdutório,
- parágrafo sobre a responsabilidade da administração da empresa,
- parágrafo sobre a responsabilidade do auditor,
- parágrafo da opinião do auditor sobre a fidedignidade das demonstrações contábeis,
- data do relatório,
- assinatura e identificação do auditor.

Título

Serve para indicar que tipo de documento está sendo emitido. Comumente está no plural pela simples razão de que a quase totalidade dos relatórios de auditoria é emitida por empresas de auditoria. O título que aparece nas publicações dos jornais é o seguinte:

Relatório dos Auditores Independentes sobre as Demonstrações Contábeis

Destinatário

Não existe uma regra muito específica determinando quem deva ser o destinatário do relatório dos auditores. O que se vê nas publicações dos jornais é o auditor endereçar seu relatório para os Administradores e Acionistas.

Já vi também auditor indicar como destinatário o Conselho de Administração ou mesmo a Diretoria. Vale mesmo é o que foi combinado com o cliente na contratação dos serviços.

Parágrafo Introdutório

Aqui de fato começa o que realmente interessa. O parágrafo inicial do relatório deixa claro:

> » qual é a empresa que foi auditada,
>
> » quais as demonstrações contábeis que foram auditadas e a que exercício (ou exercícios) se referem,
>
> » referência às principais práticas contábeis e notas explicativas.

Exemplo de Parágrafo Introdutório

Examinamos as demonstrações contábeis da Companhia Xaropeta S.A., que compreendem o balanço patrimonial em 31 de dezembro de 2014 e as respectivas demonstrações do resultado, das mutações do patrimônio líquido e dos fluxos de caixa para o exercício findo naquela data, assim como o resumo das principais práticas contábeis e demais notas explicativas.

Parágrafo sobre a Responsabilidade da Administração da Empresa

A finalidade desse parágrafo é deixar claro que a administração da empresa é a única responsável pela fidedignidade das demonstrações contábeis e pelo estabelecimento de um sistema de controles internos eficaz.

Exemplo de Parágrafo sobre a Responsabilidade da Administração da Empresa

Responsabilidade da Administração sobre as Demonstrações Contábeis

A administração da Companhia é responsável pela elaboração e adequada apresentação dessas demonstrações contábeis, de acordo com as práticas contábeis adotadas no Brasil e pelos controles internos que ela determinou como necessários para permitir a elaboração de demonstrações contábeis livres de distorção relevante, independentemente se causada por fraude ou erro.

Parágrafo sobre a Responsabilidade do Auditor

Para ser mais preciso, é bom que eu esclareça que são três parágrafos para que ninguém tenha dúvidas sobre até onde vai a responsabilidade do auditor.

Nesses parágrafos, o auditor chama atenção para os seguintes aspectos:

- que a responsabilidade do auditor é opinar se as demonstrações contábeis são (ou não) fidedignas, isto é, foram elaboradas e apresentadas em conformidade com os Princípios de Contabilidade;

- que a auditoria foi realizada em estrito atendimento ao que manda a legislação profissional brasileira e internacional e a legislação internacional;

- que os auditores cumpriram todas as exigências de natureza ética requeridas pelas tais normas profissionais;

- que o trabalho de auditoria foi planejado de forma a reunir todas as provas que o auditor precisou para firmar sua convicção profissional de que as demonstrações contábeis estão livres de distorções significativas;

- que o trabalho do auditor é baseado em procedimentos técnicos seletivos e na avaliação prévia dos riscos de existirem erros ou mesmo fraudes os quais possam produzir distorções significativas nas demonstrações contábeis auditadas;

- que a escolha dos procedimentos técnicos, a abrangência das verificações e a avaliação de risco levam em consideração a eficácia do sistema de controles internos, instituído pela administração da empresa;

- que o auditor avaliou a conformidade com as práticas contábeis e conferiu se as estimativas contábeis feitas pela administração da empresa são razoáveis.

Exemplo de Parágrafos que Tratam da Responsabilidade do Auditor

Responsabilidade dos Auditores Independentes

Nossa responsabilidade é a de expressar uma opinião sobre essas demonstrações contábeis com base em nossa auditoria, conduzida de acordo com as normas brasileiras e internacionais de auditoria. Essas normas requerem o cumprimento de exigências éticas pelos auditores e que a auditoria seja planejada e executada com o objetivo de obter segurança razoável de que as demonstrações contábeis estão livres de distorção relevante.

Uma auditoria envolve a execução de procedimentos selecionados para obtenção de evidências a respeito dos valores e divulgações apresentados nas demonstrações contábeis. Os procedimentos selecionados dependem do julgamento do auditor, incluindo a avaliação dos riscos de distorção relevante nas demonstrações contábeis, independentemente se causada por fraude ou erro. Nessa avaliação de riscos, o auditor considera os controles internos relevantes para a elaboração e adequada apresentação das demonstrações contábeis da Companhia, para planejar os procedimentos de auditoria que são apropriados nas circunstâncias, mas não para fins de expressar uma opinião sobre a eficácia dos controles internos da Companhia. Uma auditoria inclui, também, a avaliação da adequação das práticas contábeis utilizadas e a razoabilidade das estimativas contábeis feitas pela administração, bem como a avaliação da apresentação das demonstrações contábeis tomadas em conjunto.

Acreditamos que a evidência de auditoria obtida é suficiente e apropriada para fundamentar nossa opinião.

Parágrafo da Opinião do Auditor sobre a Fidedignidade das Demonstrações Contábeis

Para mim é o principal parágrafo, a hora da verdade. O auditor dá sua opinião se as demonstrações contábeis podem mesmo ser úteis aos usuários interessados em saber o que rolou durante o exercício naquela empresa que os bons samaritanos estão de olho.

Eu poderia escrever um tratado propedêutico sobre esse parágrafo, mas, quer saber, seria pura perda de tempo. O parágrafo serve para ficarmos tranquilos e termos certeza de que as demonstrações contábeis são fidedignas, honestas, confiáveis e úteis, ou não, e pronto!

Exemplo de Parágrafo da Opinião do Auditor sobre a Fidedignidade das Demonstrações Contábeis

Opinião sobre as Demonstrações Contábeis

DICA

Em nossa opinião, as demonstrações contábeis acima referidas apresentam, adequadamente, em todos os aspectos relevantes, a posição patrimonial e financeira da Companhia Xaropeta S.A. em 31 de dezembro de 2014, o desempenho de suas operações e seus fluxos de caixa para o exercício findo naquela data, de acordo com as práticas contábeis adotadas no Brasil.

Data do Relatório

A data do relatório tem consequências jurídicas para o auditor, já que ele terá de divulgar a existência de quaisquer eventos que tenham ocorrido entre a data do encerramento do exercício e o término da auditoria, eventos esses que possam afetar a situação financeira da empresa e sua posição patrimonial reportadas nas demonstrações contábeis, caso a empresa não o tenha feito por intermédio de nota explicativa própria.

São os famosos (às vezes famigerados) eventos subsequentes — fusão, aquisição, cisão, perda de cliente ou fornecedor importante, saída de executivo-chave, entre inúmeros outros exemplos. Assim, é muito conveniente que o auditor date o relatório com o dia em que ele terminou o seu trabalho nas dependências da empresa auditada, já que, até aquele momento, ele dispunha de todas as condições para identificar a existência ou não de eventos subsequentes. Estando fora da empresa, fica imensamente muito mais difícil essa descoberta.

Os auditores ficam muito atentos à ocorrência de eventos subsequentes porque, afinal, não são bobos não!

Assinatura e Identificação do Auditor

É rapidinho!

- » Local em que o relatório foi emitido: Rio de Janeiro, São Paulo, Conchinchina...
- » Data do relatório.
- » Nome do auditor, pessoa física ou pessoa jurídica (empresa de auditoria).
- » Nome do auditor responsável técnico pelo relatório, no caso de empresa de auditoria.
- » Número de registro no Conselho Regional de Contabilidade — CRC — do auditor que assina o relatório e, para empresa de auditoria, da empresa e do sócio responsável.
- » Assinatura do auditor independente.

Tipos de Opinião de Auditoria

Como se viu até aqui, o que realmente interessa no relatório do auditor independente é sua opinião profissional a respeito da fidedignidade das demonstrações contábeis. Dependendo das circunstâncias que se apresentam durante o trabalho, os auditores têm a sua disposição quatro tipos diferentes de opinião, de acordo com a legislação profissional.

- » *Opinião limpa ou sem ressalva.*
- » *Opinião qualificada ou com ressalva.*
- » *Opinião adversa.*
- » *Abstenção de opinião.*

Opinião Limpa ou sem Ressalva

Quando o auditor chegar à conclusão que as demonstrações contábeis foram elaboradas e apresentadas em conformidade com os Princípios de Contabilidade e, portanto, são fidedignas, ele emite uma *opinião limpa ou sem ressalva*. A maioria dos relatórios de auditoria que a gente encontra publicados nos jornais, juntamente aos balanços daquelas empresas bacanas e admiradas, contém uma opinião limpa ou sem ressalva. É a situação de normalidade.

Opinião Qualificada ou com Ressalva

O auditor emite uma *opinião qualificada ou com ressalva* quando ele concluir que:

>> existem distorções relevantes nas demonstrações contábeis, mas que não as desqualificam totalmente. Tecnicamente, o auditor chama isso de "desvio relevante na aplicação de Princípios de Contabilidade". O auditor vai indicar qual é o valor monetário das distorções que ele identificou.

>> Não foi possível obter evidências suficientes para lhe permitir formar opinião sobre determinado assunto o qual poderia causar ou não distorções relevantes nas demonstrações contábeis, mas que, entretanto, não as desqualificam totalmente. Tecnicamente, "incerteza relevante". O auditor indicará o valor monetário do assunto em que há incerteza relevante, se for possível sua determinação.

LEMBRE-SE

Para não deixar no escuro os usuários das demonstrações contábeis, o auditor vai esclarecer detalhadamente o motivo de sua ressalva por intermédio de um ou mais parágrafos específicos, sob o pomposo título de "Base para opinião com ressalva" e aí manda ver. Esse parágrafo fica logo após o parágrafo sobre a responsabilidade do auditor e, claro, antes do parágrafo da opinião.

Garimpei um caso real para servir como nosso exemplo de como o auditor redige seu relatório, quando ele conclui que a demonstração contábil apresenta distorções relevantes ou não tenha sido possível obter evidências suficientes.

Com vocês, um exemplo real de opinião qualificada ou com ressalva. Alterei ligeiramente os dados para não identificar a qual empresa eu estou me referindo, por pura gentileza.

EXEMPLO DE RELATÓRIO DE AUDITORES INDEPENDENTES COM OPINIÃO RESSALVADA

RELATÓRIO DOS AUDITORES INDEPENDENTES SOBRE AS DEMONSTRAÇÕES FINANCEIRAS

Aos
Administradores

SEGURADORA VIVA MUITO S.A.

São Paulo

Examinamos as demonstrações financeiras da Seguradora Viva Muito S.A. ("Seguradora"), que compreendem o balanço patrimonial em 31 de dezembro de 2013 e as respectivas demonstrações do resultado, do resultado abrangente, das mutações do patrimônio líquido e dos fluxos de caixa para o exercício findo naquela data, assim como o resumo das principais práticas contábeis e demais notas explicativas.

RESPONSABILIDADE DA ADMINISTRAÇÃO SOBRE AS DEMONSTRAÇÕES FINANCEIRAS

A Administração da Seguradora é responsável pela elaboração e adequada apresentação dessas demonstrações financeiras de acordo com as práticas contábeis adotadas no Brasil, aplicáveis às entidades supervisionadas pela Superintendência de Seguros Privados — Susep e pelos controles internos que ela determinou como necessários para permitir a elaboração de demonstrações financeiras livres de distorção relevante, independentemente se causada por fraude ou erro.

RESPONSABILIDADE DOS AUDITORES INDEPENDENTES

Nossa responsabilidade é a de expressar uma opinião sobre essas demonstrações financeiras com base em nossa auditoria, conduzida de acordo com as normas brasileiras e internacionais de auditoria. Essas normas requerem o cumprimento de exigências éticas pelos auditores e que a auditoria seja planejada e executada com o objetivo de obter segurança razoável de que as demonstrações financeiras estão livres de distorção relevante.

Uma auditoria envolve a execução de procedimentos selecionados para obtenção de evidência a respeito dos valores e das divulgações apresentadas nas demonstrações financeiras. Os procedimentos selecionados dependem do julgamento do auditor, incluindo a avaliação dos riscos de distorção relevante nas demonstrações financeiras, independentemente se causada por fraude ou erro. Nessa avaliação de riscos, o auditor considera os controles internos relevantes para a elaboração e adequada apresentação das demonstrações financeiras da Seguradora para planejar os procedimentos de auditoria que são apropriados nas circunstâncias, mas não para fins de expressar uma

(continua)

opinião sobre a eficácia desses controles internos da Seguradora. Uma auditoria inclui, também, a avaliação da adequação nas práticas contábeis utilizadas e a razoabilidade das estimativas contábeis feitas pela Administração, bem como a avaliação da apresentação das demonstrações financeiras tomadas em conjunto.

Acreditamos que a evidência de auditoria obtida é suficiente e apropriada para fundamentar nossa opinião com ressalva.

BASE PARA OPINIÃO COM RESSALVA

A Seguradora registra suas operações e elabora suas demonstrações financeiras com observância das diretrizes contábeis estabelecidas pelo Conselho Nacional de Seguros Privados e pela Superintendência de Seguros Privados. Conforme descrito na Nota 31, de acordo com o disposto na Circular Susep no. 462/13, a Provisão Complementar de Prêmios — PCP, anteriormente requerida pela Susep, deve ser revertida em sua totalidade ou gradualmente, com prazo limite para reversão integral até 31 de dezembro de 2014. A Seguradora reclassificou o saldo para Outras Provisões Técnicas e manteve o mesmo valor registrado desde fevereiro de 2014. Como pode ser aferido de sua fórmula de cálculo, a PCP não é constituída com base nos riscos vigentes na data de sua constituição ou na data do encerramento das demonstrações financeiras e, portanto, não representa um desembolso futuro nem uma obrigação efetiva da Seguradora, decorrentes de contratos de seguros em vigor. Como consequência do registro da PCP, em 31 de dezembro de 2013, o patrimônio líquido está subavaliado em R$15 mil, líquidos de resseguro, sendo R$8,5 mil líquidos dos efeitos tributários, e o resultado do exercício findo naquela data está subavaliado em R$154 mil, sendo R$90 mil, líquidos de resseguros e efeitos tributários.

OPINIÃO COM RESSALVA

Em nossa opinião, exceto pelos efeitos do assunto descrito no parágrafo Base para opinião com ressalva, as demonstrações financeiras anteriormente referidas apresentam adequadamente, em todos os aspectos relevantes, a posição patrimonial e financeira da Seguradora Viva Muito S.A. em 31 de dezembro de 2013, o desempenho de suas operações e seus fluxos de caixa para o exercício findo naquela data, de acordo com as práticas contábeis adotadas no Brasil aplicáveis às entidades supervisionadas pela Superintendência de Seguros Privados — Susep.

Opinião Adversa

A coisa fica feia mesmo é quando o auditor emite uma *opinião adversa*. É aí que o bicho pega para valer! Sabe quando o auditor faz isso? Assim que ele concluir que existem distorções muito relevantes no atendimento aos Princípios de Contabilidade que comprometem a fidedignidade das demonstrações contábeis de forma generalizada.

É melhor esquecer essas demonstrações contábeis, porque estão comprometidas no que concerne à sua fidedignidade, honestidade, confiança e utilidade!

Pensou que eu deixaria de capturar um bom caso real para servir como nosso exemplo de como o auditor redige seu relatório quando conclui que a demonstração contábil apresenta distorções muito relevantes?

Com vocês, um exemplo real de opinião adversa. É claro que alterei ligeiramente os dados para não identificar a qual empresa estou me referindo.

EXEMPLO DE RELATÓRIO DE AUDITORES INDEPENDENTES COM OPINIÃO ADVERSA

RELATÓRIO DOS AUDITORES INDEPENDENTES SOBRE AS DEMONSTRAÇÕES FINANCEIRAS

Aos Cotistas e à Administradora do

FUNDO ATIVO DE INVESTIMENTO DE AÇÕES

(Administrado pelo Banco Forte S.A.)

Examinamos as demonstrações financeiras do **Fundo Ativo de Investimento de Ações** ("Fundo"), que compreendem o demonstrativo da composição e diversificação da carteira em 31 de dezembro de 2013 e a respectiva demonstração da evolução do patrimônio líquido para o exercício findo naquela data, assim como o resumo das principais práticas contábeis e demais notas explicativas.

RESPONSABILIDADE DA ADMINISTRAÇÃO SOBRE AS DEMONSTRAÇÕES FINANCEIRAS

A Administração do Fundo é responsável pela elaboração e adequada apresentação dessas demonstrações financeiras, de acordo com as práticas contábeis adotadas no Brasil, aplicáveis aos Fundos de Investimento regulamentados pela Instrução CVM n° 409, e pelos controles internos que ela determinou como necessários para permitir a elaboração de demonstrações financeiras livres de distorção relevante, independentemente se causada por fraude ou erro.

RESPONSABILIDADE DOS AUDITORES INDEPENDENTES

Nossa responsabilidade é a de expressar uma opinião sobre essas demonstrações financeiras com base em nossa auditoria, conduzida de acordo com as normas brasileiras e internacionais de auditoria. Essas normas requerem o cumprimento de exigências éticas pelos auditores e que a auditoria seja planejada e executada com o objetivo de obter segurança razoável de que as demonstrações financeiras estão livres de distorção relevante.

(continua)

Uma auditoria envolve a execução de procedimentos selecionados para obtenção de evidência a respeito dos valores e divulgações apresentados nas demonstrações financeiras. Os procedimentos selecionados dependem do julgamento do auditor, incluindo a avaliação dos riscos de distorção relevante nas demonstrações financeiras, independentemente se causada por fraude ou erro. Nessa avaliação de riscos, o auditor considera os controles internos relevantes para a elaboração e adequada apresentação das demonstrações financeiras do Fundo para planejar os procedimentos de auditoria que são apropriados nas circunstâncias, mas não para fins de expressar uma opinião sobre a eficácia desses controles internos do Fundo. Uma auditoria inclui, também, a avaliação da adequação das práticas contábeis utilizadas e a razoabilidade das estimativas contábeis feitas pela Administração do Fundo, bem como a avaliação da apresentação das demonstrações financeiras tomadas em conjunto.

Acreditamos que a evidência de auditoria obtida é suficiente e apropriada para fundamentar nossa opinião adversa.

BASE PARA OPINIÃO ADVERSA

Em 31 de dezembro de 2013, o Fundo possuía investimento em ações de emissão da empresa Indústria de Papel e Celulose S.A. no montante de R$5.832.140, as quais foram avaliadas com base em estudo técnico elaborado por consultores independentes contratados pelo Gestor da carteira do Fundo. Nossa avaliação do estudo técnico utilizado pelo Gestor para a determinação do valor justo do investimento do Fundo na Indústria de Papel e Celulose S.A. indica que o valor justo desse investimento em 31 de dezembro de 2013, após corroboradas as premissas utilizadas pelo Gestor e pelo consultor independente contratado para a elaboração do estudo técnico, seria de R$4.190.800, sendo a diferença decorrente do fato de ter sido adotado, no estudo técnico, a mais valia do ativo em função de "prêmio de controle", adotado pelo gestor e pelos consultores independentes em sua avaliação. Consequentemente, em 31 de dezembro de 2013, o total do ativo, do patrimônio líquido e do resultado do exercício do Fundo naquela data estão superavaliados no montante de R$1.641.340.

OPINIÃO ADVERSA

Em nossa opinião, em função da relevância do assunto tratado no parágrafo "Base para opinião adversa", as demonstrações financeiras anteriormente referidas não apresentam, adequadamente, em todos os aspectos relevantes, a posição patrimonial e financeira do **Fundo Ativo de Investimento de Ações** *em 31 de dezembro de 2013, nem o desempenho de suas operações para o exercício findo naquela data, de acordo com as práticas contábeis adotadas no Brasil, aplicáveis aos Fundos de Investimento regulamentados pela Instrução CVM nº 409.*

Abstenção de Opinião

O quarto e último tipo de opinião é aquele em que o auditor chegou à conclusão que não pode formar uma opinião acerca da fidedignidade das demonstrações contábeis.

Normalmente, esse tipo de opinião ocorre quando o auditor não consegue obter evidências de auditoria suficientes para lhe permitir formar uma opinião sobre as demonstrações contábeis e que possíveis efeitos de distorções não detectadas, se houver, claro, poderiam ter efeito relevante e de forma generalizada. Tecnicamente, "incerteza relevante e generalizada".

Como resultado de minha incansável garimpagem teremos aqui um exemplo real de abstenção de opinião, porque o auditor não conseguiu saber se a demonstração contábil tinha ou não distorções relevantes.

EXEMPLO DE RELATÓRIO DE AUDITORES INDEPENDENTES COM ABSTENÇÃO DE OPINIÃO

RELATÓRIO DOS AUDITORES INDEPENDENTES SOBRE AS DEMONSTRAÇÕES FINANCEIRAS

Aos Cotistas e à Administradora do

FUNDO DE INVESTIMENTO EM COTAS DE OUTROS FUNDOS

(Administrado pela Fortaleza DTVM S.A.)

Fomos contratados para examinar as demonstrações financeiras do Fundo de Investimento em Cotas de Outros Fundos ("Fundo"), que compreendem o demonstrativo da composição e diversificação da carteira em 30 de novembro de 2013 e a respectiva demonstração da evolução do patrimônio líquido para o exercício findo naquela data, assim como o resumo das principais práticas contábeis e demais notas explicativas.

RESPONSABILIDADE DA ADMINISTRAÇÃO SOBRE AS DEMONSTRAÇÕES FINANCEIRAS

A Administração do fundo é responsável pela elaboração e adequada apresentação dessas demonstrações financeiras de acordo com as práticas contábeis adotadas no Brasil, aplicáveis aos Fundos de Investimento regulamentados pela Instrução CVM n° 409 e pelos controles internos que ela determinou como necessários para permitir a elaboração de demonstrações financeiras livres de distorção relevante, independentemente se causada por fraude ou erro.

(continua)

RESPONSABILIDADE DOS AUDITORES INDEPENDENTES

Nossa responsabilidade é a de expressar uma opinião sobre essas demonstrações financeiras com base em nossa auditoria, conduzida de acordo com as normas brasileiras e internacionais de auditoria. Em decorrência do assunto descrito no parágrafo Base para abstenção de opinião, não nos foi possível obter evidência de auditoria apropriada e suficiente para fundamentar nossa opinião de auditoria.

BASE PARA ABSTENÇÃO DE OPINIÃO

Em 30 de novembro de 2013, o Fundo possuía investimento em cotas do Fundo de Investimento em Cotas de Outros Fundos no montante de R$5.322.600, no qual os investimentos estão avaliados ao custo histórico de aquisição e cujas últimas demonstrações financeiras, em 31 de dezembro de 2012, foram examinadas por auditores independentes, que emitiram relatório com abstenção de opinião, datado de 27 de março de 2013. Até a data deste relatório, o exame de auditoria das demonstrações financeiras do Fundo de Investimento em Cotas de Outros Fundos, referentes ao exercício findo em 31 de dezembro de 2013, não havia sido finalizado. Consequentemente, não nos foi possível concluir quanto à razoabilidade do investimento no Fundo de Investimento em Cotas de Outros Fundos em 30 novembro de 2013.

ABSTENÇÃO DE OPINIÃO

Devido à relevância do assunto descrito no parágrafo Base para abstenção de opinião, não nos foi possível obter evidência de auditoria apropriada e suficiente para fundamentar nossa opinião de auditoria. Consequentemente, não expressamos opinião sobre as demonstrações financeiras acima referidas.

Já estou sabendo que os leitores gostam de um gráfico, de uma tabela, de uma figurinha esperta para rapidamente entender os conceitos e desvendar num piscar de olhos a mensagem dos auditores.

Não vou decepcioná-los. Com vocês, a tabela oferecida inteiramente grátis por meus colegas do CFC com ligeiras modificações na forma de apresentação, veja a Tabela 10.1:

TABELA 10-1 Tipo de opinião de auditoria

Natureza do assunto	Julgamento do auditor sobre a disseminação de forma generalizada dos efeitos ou possíveis efeitos sobre as demonstrações contábeis	
	Efeito relevante, mas não generalizado	Efeito relevante e generalizado
As demonstrações contábeis apresentam distorções relevantes	Opinião com ressalva	Opinião adversa
Impossibilidade de obter evidência de auditoria suficiente	Opinião com ressalva	Abstenção de opinião

Parágrafo de Ênfase

E para terminar esse negócio de relatório de auditoria, falta falar de um outro parágrafo espertíssimo que os auditores botam lá no final, após o parágrafo da opinião. Vem aí o *parágrafo de ênfase*!

O parágrafo de ênfase, como o próprio nome já indica, é usado quando o auditor quer chamar atenção para algum fato que, embora não represente uma discordância quanto a aplicação de Princípios de Contabilidade, nem tampouco limitações ao alcance da auditoria, deve ser levado em consideração quando se estão analisando as demonstrações contábeis.

Normalmente, o parágrafo de ênfase se limita a algo que consta de nota explicativa específica, sendo os exemplos mais comuns:

» problemas relativos à continuidade normal dos negócios;

» transações muito relevantes com partes relacionadas;

» catástrofes e eventos da natureza que provocaram e continuam provocando efeito relevante nas operações da empresa;

» propostas em discussão no Congresso Nacional que possam afetar os negócios da empresa.

4
Descomplicando a Análise de Balanços

NESTA PARTE...

Por que milhares de empresas desaparecem todos os anos? Existem várias razões. Naturalmente, nem todas desaparecem em face de falência. Alguns investidores decidem botar dinheiro em outro negócio ou, até mesmo, desistir da aventura romântica de ser empreendedor. A maioria dos analistas experientes concordam que o grande vilão da quebra das empresas é mesmo a má administração. Haveria, então, uma fórmula segura para um negócio ser bem-sucedido? É o que pretendo descobrir junto com meus amados leitores. Como meus leitores estão fazendo todos os deveres de casa, vou dar de presente uma visão de como eu entendo ser o papel do contador na sociedade moderna.

> **NESTE CAPÍTULO**
>
> Fatores relevantes para uma administração eficaz
>
> Índices de análises de balanço e como funcionam
>
> Métodos de análise de balanços

Capítulo 11

Descomplicando o que É Complicado

A contabilidade, definitivamente, é a ciência da informação. Graças a ela leigos e profissionais experientes podem descobrir os mais íntimos segredos das empresas por meio da leitura e interpretação das demonstrações contábeis, popularmente conhecidas como "balanço".

Mas é preciso uma certa ajuda para que essa verdade seja alcançada, ou seja, avaliar como a empresa está indo, qual seu futuro e como é possível melhorar o que está bom e consertar o que está errado. A resposta é muito simples: a velha e boa análise de balanço ainda é a forma mais apropriada para essa tarefa de descoberta.

Descomplicando a Análise de Balanços

Por que milhares de empresas desaparecem todos os anos? Existem um montão de razões e também desculpas esfarrapadas. É claro que nem todas desaparecem em face de falência. Os donos e os investidores, por exemplo, simplesmente decidem redirecionar seu capital para outros tipos de aplicações financeiras que eles considerem mais vantajosos. Contudo, muitas empresas encerram seus negócios devido mesmo pura e simplesmente à falência.

Muitas pessoas com larga experiência na análise das razões que levam uma empresa ao fracasso geralmente concordam que nove entre dez empresas nesta situação tiveram problemas devido à má administração de seus negócios.

O mau gerenciamento e a deficiência estratégica são sintomas característicos e comuns na maioria das vezes. A propalada deficiência gerencial se deve, quase sempre, às seguintes características:

- » falta de experiência na atividade,
- » inabilidade na condução dos negócios,
- » inabilidade no controle das despesas,
- » inabilidade no manejo inteligente do crédito ofertado,
- » inabilidade na correta administração dos estoques,
- » precário gerenciamento financeiro.

Haveria, então, uma fórmula segura para um negócio ser bem-sucedido? Bem, ninguém até agora encontrou esta fórmula, embora muitos tenham tentado arduamente.

Negócio bem-sucedido é, a princípio, uma questão de vigor e energia, mas muitas pessoas que não são empresários bem-sucedidos têm suficiente vigor e energia. Igualmente, é uma questão de genialidade, mas muitos inventores se converteram em empresários fracassados (Thomas Edson é o exemplo mais famoso).

Talvez seja uma questão de habilidade natural para vendas, todavia, muitos vendedores talentosos perderam-se no emaranhado de problemas financeiros em que se meteram e quebraram fragorosamente. Em verdade, o sucesso nos negócios se deve a uma combinação de conhecimento e habilidade, conhecida como administração.

Administração, como definido atualmente, é a função de gerenciar capitais e pessoas na produção e distribuição de mercadorias e serviços. Naturalmente, podemos ter boas e más administrações.

De maneira geral, os administradores possuem os conhecimentos e habilidades necessárias para a condução dos negócios, de forma a torná-los lucrativos. Porém, nunca é demais lembrar que existem uma meia dúzia de fatores que sempre precisam ser levados em conta, quando se quer ter uma administração eficaz.

Fatores Relevantes para uma Administração Eficaz

Aqui vai um segredo que tenho guardado comigo por muitos anos e que agora, num ato de extrema generosidade, compartilho com vocês. Quais são os fatores relevantes para se ter uma administração eficaz?

Tome nota o mais rapidamente possível:

- » alocação correta de custos variáveis e despesas fixas, quando da fixação dos preços de venda;
- » estabelecimento de uma eficiente política de crédito e cobrança a clientes;
- » administração dos estoques, tendo em vista o volume de vendas e o capital de giro disponível;
- » equilíbrio na aplicação de capitais próprios e de terceiros na aquisição de ativos fixos, tais como: imóveis, móveis e utensílios, máquinas e equipamentos;
- » gerenciamento cuidadoso do capital de terceiros, seja de curto ou de longo prazo;
- » estabelecimento de uma política salarial que leve em conta a capacidade financeira da empresa no presente e suas pretensões futuras, em termos de crescimento.

Dois instrumentos de importância fundamental para exercer o controle efetivo por parte dos administradores são:

- Balanço Patrimonial,
- Demonstração do Resultado do Período.

Doravante, vou me esforçar para demonstrar como se pode tirar o máximo de proveito dessas peças preparadas pelos contadores, utilizando-se uma ferramenta específica, a análise de demonstrações contábeis por meio de índices ou indicadores. Os mais antigos, como eu, ainda chamam isso de "análise de balanço"!

Como Funciona a Análise de Balanço

O Balanço Patrimonial informa a posição patrimonial e a situação financeira do negócio em uma determinada data.

A Demonstração do Resultado do Período permite conhecer justamente o resultado — lucro ou prejuízo — decorrente das transações realizadas em certo período de tempo. Para ser mais claro, afirmo que é mesmo para saber se a gerência foi bem ou mal.

Observadas sem muito compromisso, tais demonstrações contábeis parecem um amontoado de figuras inanimadas criadas por um contador muito criativo. Entretanto, interpretando e avaliando determinados símbolos ali expressos, elas parecem falar e, falando, dizem com eloquência muita coisa importante.

Delação Premiada: O Balanço Conta Tudo

A simples folha de um balanço é como um prefácio de um livro — dá as colocações iniciais. Assim, uma folha do Balanço Patrimonial mostrará de que maneira o capital está distribuído, o saldo de cada conta e em quanto o ativo supera o passivo, se esse for o caso.

Quando se toma uma série temporal de balanços e por intermédio de colunas verticais se compara o inter-relacionamento das diversas contas com seus respectivos grupos, as mudanças detectadas podem indicar tendências.

Ao se comparar balanços sucessivos, transformamos dados inicialmente estáticos em informações dinâmicas, funcionando a análise como um verdadeiro raio X que penetra nos tecidos e exibe os contornos da estrutura das ações e decisões gerenciais que foram tomadas.

O balanço deixa claro decisões que foram tomadas com inteligência e habilidade para incrementar itens básicos em estoque para se garantir contra inesperados aumentos de preços, e que podem ser reveladas pela existência de grande quantidade de mercadorias estocadas em um determinado ano, em confronto com outro.

Se a política normal de crédito tornar-se um pouco mais liberal e a cobrança mais lenta enquanto as vendas permanecem estáveis, certamente a comparação entre balanços revelará a existência de recebimentos decrescentes devido à inadimplência.

Por outro lado, se a expansão dos negócios não vem ocorrendo, é possível que as dívidas permaneçam altas e, com prejuízos constantes, o patrimônio líquido decrescerá ano a ano.

Chegou a Hora da Demonstração do Resultado Revelar o que Sabe

A Demonstração do Resultado do Período indica, por seu turno, o volume de vendas no período de referência — exercício social, trimestre ou semestre —, o montante dos custos incorridos e o valor do lucro remanescente após satisfeitas todas as despesas.

Assim como acontece com o balanço, a comparação temporal da Demonstração do Resultado do Período revela que mudanças significativas ocorreram.

- Onde foram cortados custos para a empresa se manter competitiva?
- O que aconteceu com o lucro operacional bruto?
- As vendas cresceram?
- As despesas aumentaram ou diminuíram?
- Ou será que as despesas e as receitas permaneceram estáveis?
- Gastou-se mais dinheiro com as despesas administrativas?
- De onde veio o dinheiro gerado no exercício?
- Que tal os custos fixos? Foram controlados?

Somente comparando despesas e receitas de um período com outro é que obteremos respostas para todas essas e muitas outras questões. É um barato fazer previsões usando a comparação temporal com os valores que aprecem lá na demonstração do resultado do período.

Tudo Junto e Misturado: Combinando o Balanço com o Resultado

A fim de se aprimorarem as comparações, é útil estabelecer correlações entre os diversos dados apresentados nos balanços patrimoniais e nas demonstrações de resultado.

Se for constatado um crescimento, por exemplo, de R$100.000,00 nos estoques, a relevância disto é difícil de ser avaliada, a menos que este item seja comparado com o volume de vendas e o capital de giro.

Em outras palavras, poderia a empresa realmente permitir-se este incremento em seu estoque? A mercadoria teve um giro tão rápido quanto aquele giro que aconteceu no passado?

Quer saber o que a gente poderia aprender mais com isso? O incremento de fato poderia representar uma acumulação de mercadorias invendáveis. O que, sem dúvida alguma, seria péssimo para os negócios.

Para saber se aconteceu uma ou outra das hipóteses que estão mencionadas acima, muito vezes é necessário relacionar itens do ativo e itens do passivo com outras informações, para melhor compreender seu significado e sua importância.

O mesmo se verifica quando analisamos custos em relação às vendas, quando é possível transformar o montante de custos em uma percentagem do total das vendas. Comparando dois ou mais períodos dessa forma, pode-se descobrir com razoável segurança se houve ou não uma melhoria na lucratividade.

Estas e muitas outras utilidades podem ser obtidas simplesmente incluindo na Demonstração do Resultado do Período preparada pelos contadores uma coluna para percentagens verticais, tendo como base (100%) o volume de vendas.

LEMBRE-SE

Percentagens, como se sabe, expressam proporções aritméticas. Proporções são índices e índices ajudam para caramba a simplificar qualquer processo de análise.

Métodos de Análise de Balanços

Existem quatro métodos para se analisar as demonstrações contábeis, a fim de se extrair informações que podem nos ajudar no processo de tomada de decisão, seja para avaliar o desempenho da empresa, seja para comprar ou vender um negócio.

Os quatro métodos são:

>> análise por diferenças absolutas,
>> análise por percentagens verticais,

- » análise por percentagens horizontais,
- » análise por índices ou indicadores.

Análise por Diferenças Absolutas

DICA

O método de análise por diferenças absolutas é legal para a gente descobrir as alterações financeiras que eventualmente tenham ocorrido na empresa entre duas datas distintas.

VANTAGEM E DESVANTAGEM DO MÉTODO POR DIFERENÇAS ABSOLUTAS

VANTAGEM	Permitir a análise das alterações financeiras ocorridas em uma empresa, entre duas datas.
DESVANTAGEM	Distorções provocadas pela inflação. Em economias com taxa anual de inflação superior a 20%, os valores monetários perdem o poder da comparabilidade.
ALTERNATIVA	Deflacionamento dos valores monetários, construindo-se demonstrações contábeis em moeda de poder aquisitivo constante.

Nada melhor do que um bom exemplo para que todo mundo entenda e use o método de análise por diferenças absolutas para saber das coisas que rolaram na empresa de um ano para outro.

TABELA 11-1 Modelagem da análise por diferenças absolutas

COMPONENTES	2013	2014	VARIAÇÕES FONTES	USOS
Ativo Circulante				
Caixa e Equivalente de Caixa	13.000	15.000	-	2.000
Contas a Receber Clientes	53.500	65.000	-	11.500
Estoques	45.500	53.000	-	7.500
Ativo Não Circulante				
Investimentos	15.000	23.400	-	8.400
Imobilizações	28.000	40.640	-	12.640
Passivo Circulante				
Fornecedores	45.000	49.500	4.500	-

(continua)

CAPÍTULO 11 **Descomplicando o que É Complicado**

COMPONENTES	2013	2014	VARIAÇÕES FONTES	USOS
Financiamentos	20.000	22.000	2.000	-
Contas a Pagar	5.000	8.258	3.258	-
Patrimônio Líquido				
Capital Social	50.000	50.000	-	-
Reservas de Capital	10.000	28.000	18.000	-
Reservas de Lucros	20.000	31.200	11.200	-
Lucros Retidos	5.000	8.082	3.082	-
		TOTAL	42.040	42.040

DICA

REGRA PARA CONSTRUÇÃO DO QUADRO DE FONTES E USOS

EVENTO	FONTE	USO
Quando o Ativo Aumentar		x
Quando o Ativo Diminuir	x	
Quando o Passivo Aumentar	x	
Quando o Passivo Diminuir		x

Análise por Percentagens Verticais

O método de análise por percentagens verticais baseia-se nos valores relativos das contas que compõem as demonstrações contábeis, notadamente o balanço patrimonial e a demonstração do resultado do período.

Essa comparação, que aliás é muito útil, é feita calculando-se o percentual de cada conta em relação a um valor considerado como base.

Vamos ver como é que esse negócio rola:

» o caso do balanço patrimonial, é costume atribuir-se peso 100 ao total do ativo e relacionar todas as contas que compõem o ativo com esse total;

» deve-se fazer a mesma coisa com o passivo;

> já para a demonstração de resultados, a praxe é atribuir peso 100 à receita operacional líquida e relacionar todas as demais contas — despesas e receitas — com o valor da receita operacional líquida.

DICA

Como a análise por percentagens verticais mostra a importância relativa de cada conta, é possível comparar a empresa que se está analisando com padrões do ramo de atividade em que ela atua ou, ainda, com a própria empresa em anos anteriores, descobrindo, se for o caso, se há itens fora das proporções usuais.

É um método rico em informações que pode ajudar, entre outras coisas, a gente a descobrir:

> qual a composição dos recursos utilizados pela empresa;
> qual a participação do capital dos proprietários e do capital de terceiros;
> qual a distribuição dos capitais próprios e de terceiros entre curto e longo prazo.

Cara, existe uma quantidade enorme de informações que a gente pode sacar em termos de tendências e anomalias!

VANTAGEM E FÓRMULA DE CÁLCULO PARA A ANÁLISE POR PERCENTAGENS VERTICAIS

VANTAGEM	Permitir avaliar a proporção de cada componente em relação ao total do grupo de que faz parte.
FÓRMULA	A proporção de cada parte em relação ao total será calculada mediante aplicação de regra de três simples.

Eu e você já descobrimos que nada é melhor do que um exemplo para que todo mundo entenda os conceitos. Então, com vocês, exemplo de cálculo para se fazer uma ótima análise vertical das demonstrações contábeis e saber o que aconteceu nos negócios.

EXEMPLO DE CÁLCULO PARA ANÁLISE POR PERCENTAGENS VERTICAIS

Passivo Circulante	8.000.000
Passivo Não Circulante	2.000.000
Patrimônio Líquido	10.000.000
Total do Passivo	20.000.000

Fórmula para determinação da importância relativa de cada componente do passivo:

DADOS EXTRAÍDOS DO BALANÇO

Passivo Circulante	
$\dfrac{8.000.000 \times 100}{20.000.000}$	= 40%
Passivo Não Circulante	
$\dfrac{2.000.000 \times 100}{20.000.000}$	= 10%
Patrimônio Líquido	
$\dfrac{10.000.000 \times 100}{20.000.000}$	= 50%

Veja como ficou a composição do passivo:

FÓRMULA DE CÁLCULO DAS PERCENTAGENS RELATIVAS

Passivo Circulante	8.000.000	40%
Passivo Não Circulante	2.000.000	10%
Patrimônio Líquido	12.000.000	50%
Total do Passivo	20.000.000	100%

Análise por Percentagens Horizontais

Para início de conversa, os métodos de análise por percentagens vertical e horizontal prestam-se fundamentalmente à análise de tendências.

DICA

O método de análise por percentagens horizontais relaciona cada conta do balanço patrimonial e cada conta da demonstração do resultado do período com a sua equivalente de períodos anteriores, para medir a evolução entre dois ou mais períodos. Essa comparação é que permite se ter uma ideia de tendência.

VANTAGEM, DESVANTAGEM E FÓRMULA DA ANÁLISE POR PERCENTAGENS HORIZONTAIS

VANTAGEM	Permite a análise das variações ocorridas entre dois ou mais períodos iguais.
DESVANTAGEM	Distorções provocadas pela inflação. Em economia com taxa anual de inflação superior a 20%, os valores monetários perdem o poder da comparabilidade.
ALTERNATIVA	Deflacionamento dos valores monetários, construindo-se demonstrações contábeis em moeda constante.
DIFICULDADE	Escolha do período-base.
FÓRMULA	$\dfrac{\text{Valores Monetários a Comparar} \times 100}{\text{Valores Monetários do Período-Base}} - 100$

O método de análise por percentagens horizontais é muito utilizado por auditores independentes, por auditores internos e por diretores financeiros para identificar tendências que possam ajudar a construir cenários futuros a respeito de para aonde a empresa está indo. Como sei que você gosta muito de um bom exemplo, não vou decepcioná-lo.

EXEMPLO DE CÁLCULO PARA ANÁLISE POR PERCENTAGENS HORIZONTAIS

Vendas de Planos Médicos

2010 .... 2.192.934 **(Período-Base)**

2011 .... 3.341.406

2012 .... 5.491.599

2013 .... 9.197.465

2011

$$\dfrac{3.341.406 \times 100}{2.192.934} - 100 = 52\%$$

2012

$$\dfrac{5.491.599 \times 100}{2.192.934} - 100 = 150\%$$

2013

$$\dfrac{9.197.465 \times 100}{2.192.934} - 100 = 319\%$$

Combinação dos Dois Métodos de Análise por Percentagens

Por experiência própria, recomendo que os dois métodos de análises por percentagens — percentagens verticais e percentagens horizontais — sejam usados em conjunto, o que aumentará consideravelmente o poder de raciocínio daquele que está fazendo a análise com relação ao desempenho do negócio no passado, no presente e suas perspectivas futuras.

TABELA 11-2 **Combinação dos métodos de análise por percentagens – Hospital Shumyu Pachiente Demonstração do Resultado do Período**

ELEMENTOS	2014 $	2014 %	2013 $	2013 %	VARIAÇÃO %
Receitas Operacionais Líquidas	6.408	100%	5.852	100%	9,5%
Pacientes do SUS	5.071	79%	4.753	81%	6,7%
Pacientes Particulares	1.337	21%	1.099	19%	21,7%
Custos Operacionais	(5.158)	80%	(4.260)	73%	21,1%
Pessoal & Encargos	700	11%	525	9%	33,3%
Drogas & Medicamentos	2.538	40%	1.985	34%	27,9%
Outros Custos	1.920	30%	1.750	30%	9,7%
Lucro Operacional Bruto	1.250	20%	1.592	27%	-21,5%
Custos Complementares	(990)	15%	(908)	16%	9,0%
Despesas Comerciais	46	1%	54	1%	-14,8%
Despesas Administrativas	934	15%	845	14%	10,5%
Despesas Tributárias	10	0%	9	0%	11,1%
Lucro Operacional Líquido	260	4%	684	12%	-62,0%
Resultado não Operacional	(118)	2%	(151)	3%	28%
Lucro Líquido Antes Imp. Renda	142	2%	533	9%	-73,4%
Provisão para Imposto de Renda	(50)	1%	(240)	4%	-79,3%
Lucro Líquido do Período	92	1%	293	5%	-68,5%

Análise por Índices ou Indicadores

Em país emergente como o nosso, ser empreendedor é uma tarefa realmente desafiadora. Vários fatores contribuem para que o empreendedor precise de muita coragem, sobretudo quando se fala da gestão de dinheiro.

A análise de balanços por meio de índices ou indicadores é uma mão na roda para que se entenda qual a capacidade financeira de uma empresa e sua habilidade para usar dinheiro que ela capta no mercado.

A análise de balanço por índices ou indicadores tem vantagens e desvantagens, assim como os outros métodos conforme já comentei. Mesmo tendo desvantagens, é o método mais utilizado, justamente por causa de sua amplitude no desenvolvimento de vários tipos de indicadores.

VANTAGEM E DESVANTAGEM DO MÉTODO DE ANÁLISE POR ÍNDICES

VANTAGEM	Permite evidenciar relacionamentos importantes entre diversos componentes, tanto do balanço patrimonial, quanto da demonstração do resultado do período. É o método de análise mais utilizado, devido à profundidade atingida e à minimização das distorções causadas pela inflação.
DESVANTAGEM	Dificuldade na escolha da relação mais apropriada para a análise pretendida, em face das ilimitadas possibilidades de se estabelecer relacionamentos entre os diversos componentes das demonstrações contábeis.

Principais Índices para Análise de Balanços

Existe uma grande quantidade de índices que podem ser extraídos das demonstrações contábeis. Isso torna o processo de análise muito complicado, na medida em que as combinações possíveis só estão limitadas à imaginação de cada analista.

Surge, então, a pergunta: quantos índices são, de fato, necessários para uma análise que apresente resultados úteis? Eis uma questão que experimenta considerável quantidade de opiniões divergentes.

A título de ilustração, e no que concerne à literatura técnica especializada, há um livro sobre o assunto que lista uma centena de índices para a análise de balanços, com farta explicação sobre a utilidade de cada um! É dose pra leão!

Em sentido amplo existem três tipos de índices para a análise de demonstrações contábeis:

CAPÍTULO 11 **Descomplicando o que É Complicado**   201

> índices ditos estáticos, assim chamados porque são extraídos do Balanço Patrimonial;

> índices dinâmicos ou operacionais, que mostram o relacionamento entre despesas e receitas. São extraídos da demonstração de resultados;

> índices compostos, que mostram o relacionamento entre um item da Demonstração do Resultado do Período com outro item do Balanço Patrimonial.

CUIDADO

Um índice é como uma pequena luz acesa na escuridão, daí a impressão de que, quanto mais índices, mais rica e clara será a análise. O importante não é, todavia, o cálculo de grande quantidade de índices, mas de um conjunto de índices que permita conhecer a situação da empresa, segundo o grau de profundidade desejada para a análise.

A experiência tem-nos mostrado que é possível construir um conjunto de índices para conduzir análises que atendam à maioria das necessidades. Com isto, talvez, estejamos eliminando a maior dificuldade na aplicação de índices para a análise de balanços, que é justamente a escolha daqueles índices realmente apropriados e úteis.

Os índices a seguir apresentados combinam dados extraídos das demonstrações contábeis das quais já falamos anteriormente, ou sejam: o Balanço Patrimonial e a Demonstração do Resultado do Período. Esses indicadores foram testados exaustivamente em situações reais e se mostraram plenamente eficazes, fornecendo diagnósticos muito úteis sobre o estado geral da empresa sob análise.

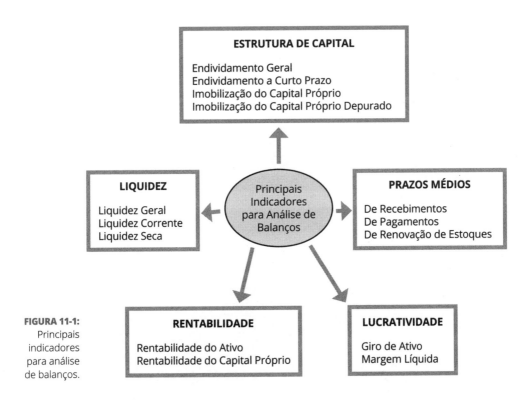

FIGURA 11-1: Principais indicadores para análise de balanços.

No próximo capítulo serão apresentados breves comentários sobre cada um dos índices com exemplo de utilização, usando-se dados extraídos do Balanço Patrimonial e da Demonstração do Resultado do Período da *Companhia Xaropeta S.A.*

> **NESTE CAPÍTULO**
> Análise do endividamento
> Imobilização do capital próprio
> Análise da liquidez

Capítulo 12
Análise da Estrutura de Capital e Capacidade de Pagamento

Em administração financeira, considera-se que os *capitais próprios* são menos onerosos e não têm prazo estipulado para pagamento aos investidores, configurando-se, assim, como a melhor forma de financiamento. Com relação aos *capitais de terceiros*, a preocupação do diretor financeiro está centrada em dois aspectos: custo da dívida e o prazo para pagamento desse empréstimo, em comparação com o retorno que os ativos adquiridos por esses empréstimos vão proporcionar.

Neste capítulo você vai entender a relação existente entre as fontes de financiamento — de onde veio o dinheiro — que estão lá no passivo e as aplicações — para aonde foi esse dinheiro — que estão lá nos ativos. Para complementar, também tenho de falar da capacidade financeira da empresa.

Análise da Estrutura de Capital da Empresa

A estrutura de capital de uma empresa sempre considera as origens do financiamento que a gerência está usando para tocar os negócios. O financiamento do ciclo operacional e o financiamento para a aquisição dos ativos necessários ao exercício das atividades a que a empresa se propõe são originários de duas fontes:

» o capital que os proprietários colocaram no negócio e por isso são chamados de *capitais próprios*;

» empréstimos bancários e compras a prazo que, então, recebem o nome de *capital de terceiros*.

Endividamento Geral

Do ponto de vista de obtenção de lucro, pode ser mais vantajoso para a empresa trabalhar com capitais de terceiros, se a remuneração paga a esses capitais for menor que o lucro conseguido com sua aplicação nos negócios.

DICA

Os diretores financeiros mais espertos, aqueles que recebem polpudos bônus anuais, não se cansam de dizer que, em administração financeira, é melhor ter um olho no padre e outro na missa!

Portanto, sempre que se analisa o grau de endividamento de uma empresa, está se fazendo uma análise exclusivamente do ponto de vista financeiro, ou seja, do risco de insolvência implícito, e não em relação ao lucro ou prejuízo.

FIGURA 12-1: Grau de endividamento geral ou total.

Para experimentar como o grau de endividamento funciona, vou pegar os dados do balanço patrimonial da *Companhia Xaropeta S.A.* que está lá no final do despretensioso Capítulo 13.

» Passivo Circulante: R$19.560

» Passivo Não Circulante: R$78

» Ativo total: R$61.120

Exemplo de cálculo:

$$\text{Grau de Endividamento Total:} \quad \frac{19.560 + 78}{61.120} = 0,32$$

O resultado obtido acima indica que 32% de todo o ativo da *Companhia Xaropeta S.A.* foram financiados por capitais de terceiros, e 68% financiados por capital dos proprietários. É um bom indicador, já que, em princípio, capital de terceiros é obtido a título oneroso.

Do ponto de vista estritamente financeiro, quanto maior o percentual de participação de capitais de terceiros no financiamento do ativo, menor será a liberdade que a empresa tem para tomar decisões financeiras, uma vez que será maior sua dependência aos credores externos a seu ambiente.

Já aprendi a duras penas que os credores quase sempre andam de mau humor e adoram cobrar juros cada vez mais altos. Portanto, é muito importante ficar atento ao custo de captação de recursos de terceiros.

Para melhorar o entendimento sobre o nível de endividamento, é muito conveniente fazer a comparação do índice obtido para determinada empresa com padrões calculados em relação a outras empresas integrantes do mesmo segmento econômico, como veremos em outra parte deste capítulo.

LEMBRE-SE

Em princípio, em face da crônica escassez de recursos nas empresas brasileiras, considero como aceitável um grau de endividamento de até 50%, que equivale a um balanceamento entre capitais próprios e capitais de terceiros no financiamento de ativos.

Consequentemente, graus acima desse parâmetro deverão merecer atenção, a menos que claramente estejam compatíveis com os padrões típicos do ramo de atividade em que a empresa analisada atua.

Endividamento a Curto Prazo

A razão pela qual se utiliza esta segunda fórmula para cálculo do grau de endividamento é, tão somente, conhecer o perfil desse endividamento, pois uma coisa é ter dívidas de curto prazo que precisam ser pagas com os recursos possuídos hoje, somados àqueles gerados dentro do ciclo operacional, outra coisa é ter compromissos financeiros a longo prazo, para os quais se dispõe de tempo para gerar recursos ou até mesmo renegociar prazos mais confortáveis.

Em princípio, este indicador deve apresentar uma sensível redução em relação ao anterior, especialmente quando superior a 50%, revelando um perfil apropriado de endividamento.

LEMBRE-SE

Chamo a atenção para a importância do grau de endividamento na análise da situação financeira da empresa. A experiência já ensinou que as empresas falidas em geral são empresas muito endividadas. A falência nada mais é do que a incapacidade de pagar dívidas. Empresas com baixo percentual de endividamento não costumam quebrar.

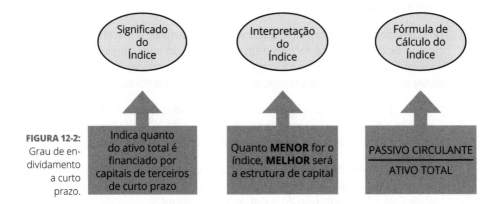

FIGURA 12-2: Grau de endividamento a curto prazo.

Para experimentar como o grau de endividamento a curto prazo funciona, vou pegar os dados do balanço patrimonial da *Companhia Xaropeta S.A.* que estão lá no final do superinformativo Capítulo 13.

» Passivo Circulante: R$19.560

» Ativo total: R$61.120

Exemplo de cálculo:

Grau de Endividamento a Curto Prazo: $\dfrac{19.560}{61.120} = 0{,}32$

É claro que você notou rapidamente que não houve alteração no grau de endividamento obtido, o que indica uma insignificante participação de capitais de terceiros de longo prazo financiando o ativo. Como o indicador está na faixa de segurança, isto é, como vimos, abaixo de 0,50, pode-se concluir que não há problemas por aqui.

Imobilização do Capital Próprio

As aplicações dos recursos próprios, genericamente, são mutuamente exclusivas do Ativo Não Circulante ("permanentes") e do Ativo Circulante. Quanto mais a empresa investir no Ativo Não Circulante, menos recursos próprios (e baratos) sobrarão para o capital de giro e, em consequência, maior será a dependência dos capitais de terceiros, necessariamente onerosos.

Os analistas mais calejados consideram como ideal a empresa dispor de capital próprio em volume suficiente para adquirir todo o Ativo Não Circulante e ainda sobrar uma parcela igualmente suficiente para capital de giro. Isto equivale dizer que, em uma situação ideal, a empresa deve dispor da necessária liberdade de comprar e vender, sem precisar sair em busca de fontes externas para financiamento nem ficar bajulando os gerentes do banco.

Parece conveniente, neste ponto, introduzir alguns conceitos importantes acerca do que seja capital de giro, capital de giro líquido e capital de giro próprio.

São conceitos que ajudam a entender melhor a administração financeira de qualquer negócio, tendo em vista que o dinheiro que se vai captar no mercado custa caro para caramba.

- » **Capital de Giro** é a quantidade de recursos aplicados no financiamento do ciclo operacional, ou seja, recursos necessários para que a empresa complete o processo de geração de receitas, fruto de sua atividade-fim. O capital de giro corresponde, então, ao montante do Ativo Circulante.

- » **Capital de Giro Líquido** é a quantidade de recursos aplicados no financiamento do ciclo operacional, deduzidas as obrigações vencíveis a curto prazo, ou seja, é a folga financeira a curto prazo. O montante equivale à diferença entre o total do Ativo Circulante e o total do Passivo Circulante.

- » **Capital de Giro Próprio** é a parcela do capital próprio (leia-se patrimônio líquido) aplicada no financiamento do ciclo operacional, isto é, integra o capital de giro. Seu montante equivale à diferença entre o valor do patrimônio líquido e o somatório das aplicações no imobilizado, em investimentos não circulantes e em ativos intangíveis.

Assim, além de permitir conhecer a proporção do capital próprio que está aplicada em Ativos Não Circulantes (ditos "permanentes"), este indicador informa a composição do capital de giro, que é a energia vital que move as engrenagens da empresa, diariamente. Carência de capital de giro é morte anunciada!

LEMBRE-SE

Não há maneira de se indicar um índice-padrão para a relação Ativo Não Circulante/Patrimônio Líquido aplicável a qualquer empresa. Depende, sim, do tipo de atividade, do tamanho do empreendimento e do maior ou menor volume de investimentos em equipamentos, planta industrial e instalações. Novamente, aqui, a comparação dos índices obtidos com aqueles atinentes às demais empresas congêneres é a melhor alternativa possível.

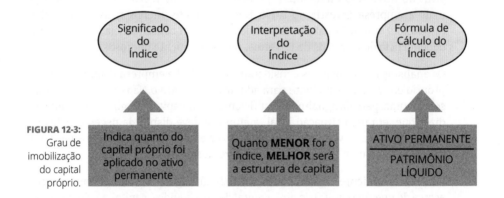

FIGURA 12-3: Grau de imobilização do capital próprio.

Para experimentar como o grau de imobilização do capital próprio funciona, vou pegar os dados do balanço patrimonial da *Companhia Xaropeta S.A.* que estão lá no final do Capítulo 13.

» Ativo Permanente:

Imobilizados + Investimentos + Intangíveis = R$1.653 + R$17.026

» Patrimônio líquido: R$41.482

Exemplo de cálculo:

$$\text{Grau de Imobilização do Capital Próprio:} \quad \frac{1.653 + 17.026}{41.482} = 0{,}45$$

A nossa *Companhia Xaropeta S.A* aplicou 45% de seu capital próprio na aquisição de Ativos Não Circulantes, deixando os restantes 55% para financiar o capital de giro próprio.

Quando o grau de imobilização do capital próprio é maior do que a unidade, é indício de que as aplicações em Ativos Não Circulantes ultrapassam o valor desses capitais e a parcela excedente foi financiada por recursos de terceiros. Logo, o capital de giro próprio é negativo, indicando que o capital de giro foi financiado por capitais de terceiros.

Quando ocorre esta situação, o que felizmente não foi o caso da *Companhia Xaropeta S.A*, isso pode representar um risco para a sobrevivência da empresa. Por conseguinte, é necessário conhecer a origem dos recursos de terceiros utilizados pela empresa para suplementar as aquisições de Ativos Não Circulantes.

O próximo indicador tem esta nobre finalidade.

Imobilização do Capital Próprio Depurado

A principal finalidade desta segunda fórmula, depurada, é detectar a influência do capital de terceiros de curto prazo na aquisição do ativo que eu e a comunidade contábil mais tradicional chamamos de "permanente".

Quando o grau de imobilização do capital próprio for maior que a unidade, significa que a empresa está recorrendo a linhas de crédito de curto prazo para adquirir Ativos Permanentes, assumindo um risco perigoso para sua saúde financeira.

Existem certas atividades em que, tradicionalmente, a aquisição de Ativos Permanentes ocorre por meio de financiamentos de longo prazo, provocando o aparecimento de capital de giro próprio negativo, sem representar, entretanto, um problema financeiro.

É necessário alertar que a utilização de financiamentos de curto prazo para a aquisição de Ativos Permanentes deve ser uma decisão muito cautelosa.

A principal característica das aplicações no ativo imobilizado, em investimentos não circulantes e em ativos intangíveis é sua lenta transformação em dinheiro com a produção e a comercialização de mercadorias ou serviços, recebimentos de dividendos, aluguéis ou simplesmente por sua venda.

A decisão de adquirir ativos de lenta transformação em dinheiro com financiamento de curto prazo precisa levar em conta o tempo que será necessário para os colocar em condições de produzir as riquezas que se espera.

O prazo de maturação dos ativos financiados tem de ser necessariamente menor que o vencimento das dívidas contraídas para sua aquisição.

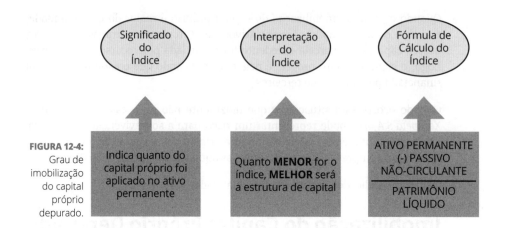

FIGURA 12-4: Grau de imobilização do capital próprio depurado.

Para degustar como o grau de imobilização do capital próprio depurado funciona, vou pegar os dados do balanço patrimonial da *Companhia Xaropeta S.A.* que estão lá no final daquele capítulo bem legal, o Capítulo 13.

» Ativo Permanente:

Imobilizados + Investimentos + Intangíveis = R$1.653 + R$17.026

» Passivo Não Circulante: R$78

» Patrimônio líquido: R$41.482

Exemplo de cálculo:

$$\text{Grau de Imobilização do Capital Próprio Depurado:} \quad \frac{1.653 + 17.026}{41.482} = 0{,}45$$

Quando eu estava falando do grau de endividamento, já havia constatado que nossa *Companhia Xaropeta S.A* não tinha praticamente recorrido a financiamentos de longo prazo. Eis a razão pela qual não ocorreu variação entre os dois indicadores de imobilização do capital próprio.

Hora de Analisar a Capacidade de Pagamento das Empresas

Embora a análise de balanço seja atraente pela ampla possibilidade de se combinar índices de acordo com a vontade do freguês, não é, entretanto, infalível. É o caso, por exemplo, dos índices de liquidez que são utilizados para medir a capacidade financeira que a empresa tem para pagar suas inevitáveis dívidas.

A maior deficiência dos índices de liquidez é oferecer uma visão abrangente, considerando que os ativos de que a empresa dispõe para pagar seus passivos vão se transformar em dinheiro no mesmo prazo de vencimento das obrigações, o que, convenhamos, dificilmente ocorre.

PAPO DE ESPECIALISTA

Os índices são bem úteis para se fazer uma análise ponderada, tipo pé no chão, mesmo sabendo que não são uma garantia efetiva de que conseguiremos antecipar se a empresa vai ter ou não condição de pagar suas dívidas.

Vamos aprender a calcular os índices de liquidez e sair por aí conferindo se as empresas brasileiras são capazes de pagar suas dívidas. Tudo bem?

Liquidez Geral

A finalidade de se calcular o grau de liquidez geral é conhecer a capacidade financeira da empresa para saldar todos os compromissos, tanto aqueles que vencerem dentro do ciclo operacional, portanto, de curto prazo, como também os compromissos de longo prazo.

Em princípio, admite-se que o grau de liquidez geral não deve ser inferior a um, exceto em casos especiais, em que foram obtidas com os credores condições favoráveis de financiamentos, de modo que a saúde financeira da empresa não fique comprometida. Um bom exemplo seriam as usinas hidrelétricas construídas no Rio Madeira com financiamento do BNDES.

LEMBRE-SE

Não posso deixar de ressaltar, de chamar sua atenção, mais uma vez, que grau de liquidez geral até mesmo inferior à unidade, pode não representar um problema futuro, se essa for a característica do segmento econômico em que a empresa atua. Por exemplo: companhias de navegação, ferrovias, metrô. Bastaria então, comparar o índice obtido com os padrões da atividade e fazer um julgamento equilibrado.

FIGURA 12-5: Grau de liquidez geral.

CAPÍTULO 12 **Análise da Estrutura de Capital e Capacidade de Pagamento**   213

Para saber na prática como o grau de liquidez geral, também conhecido como grau de liquidez a longo prazo ou, ainda, grau de liquidez total funciona, vou pegar os dados do balanço patrimonial da *Companhia Xaropeta S.A.* que estão lá no final do Capítulo 13 que, aliás, está bem legal.

» Ativo Circulante: R$42.290

» Realizável a longo prazo: R$151

» Passivo Circulante: R$19.560

» Passivo Não Circulante: R$78

Exemplo de cálculo:

$$\text{Liquidez Geral:} \quad \frac{42.290 + 151}{19.560 + 78} = 2,16$$

O índice apurado indica que nossa *Companhia Xaropeta S.A* dispõe de dois reais e dezesseis centavos para pagar cada real de obrigações, o que é, inegavelmente, uma situação confortável. Com esse índice de liquidez geral até se pode pensar em emprestar uma graninha para eles!

Liquidez Corrente

O índice de liquidez corrente tem sido muito utilizado para a análise da situação financeira da empresa, e goza de grande prestígio como elemento fundamental de diagnóstico da situação financeira de curto prazo.

Há um certo exagero para a importância que normalmente se confere ao grau de liquidez corrente.

CUIDADO

Quando se diz que o Ativo Circulante é suficiente para pagar todo o Passivo Circulante, cria-se a falsa ideia de que, caso a empresa transforme todo seu Ativo Circulante em dinheiro, estaria em condições de pagar inteiramente todas as dívidas de curto prazo.

Caso você tenha a falsa impressão de que se houver mais Ativo Circulante do que Passivo Circulante tudo estará nos conformes, preste atenção, porque seguramente você está deixando de considerar o fator tempo, que exerce a sua influência sob várias formas.

Resumidamente:

» os estoques demandam certo período de tempo para serem totalmente vendidos — não é válido supor que existam compradores interessados em comprar todo o estoque de uma só vez;

> os créditos não são recebidos de uma única vez, mesmo concedendo descontos generosos. Afinal, há um vencimento pré-determinado e sua antecipação pode não ser conveniente para o devedor.

Por outro lado, a importância em dinheiro que se receberia pela liquidação do Ativo Circulante não seria idêntica aos valores contábeis, pois existem prazos para vencimento dos direitos e os estoques são contabilizados por seu custo de aquisição, e não pelo preço provável de venda.

O mesmo raciocínio, obviamente, se aplica às dívidas integrantes do Passivo Circulante e é aí que o bicho vai pegar. Entendeu, meu caro, Watson?

Mesmo assim, o grau de liquidez corrente fornece um dado importante a ser considerado na análise global da situação financeira da empresa. Precisa, naturalmente, estar associado a outros indicadores que consigam explicar a influência do fator tempo no capital de giro líquido, tal como definido anteriormente.

Sendo o Ativo Circulante o provedor de recursos necessários para fazer os pagamentos, dia a dia, dos compromissos da empresa, será evidentemente melhor a situação financeira quanto maior for seu montante, em relação ao Passivo Circulante.

Para dizer a mesma coisa em outras palavras, quanto maior for o grau de liquidez corrente, maior será o montante do capital de giro líquido, maior será a folga financeira da empresa, e menor o sufoco do diretor financeiro para pagar os boletos que vão chegando a todo momento.

Regra geral, o dinheiro gerado no decorrer das operações da empresa é, em grande parte, aplicado no pagamento de contas. Demonstra a dura realidade da vida empresarial que são necessárias certas proporções entre o Ativo e o Passivo Circulante, para que o fluxo de dinheiro, aliado à quantidade que já está guardada no cofre, seja suficiente para liquidar com pontualidade e precisão todas as dívidas.

Aqueles caras que sabem para caramba de análise de balanço julgam que, em princípio, 2:1 — dois reais de ativos para cada real de passivo — seja a proporção mínima recomendável. Porém, como estou careca de enfatizar, existem diferentes ramos de atividade que requerem proporções igualmente diferentes.

A rede de supermercados que tem loja aí em seu bairro e que o mercado considera ser uma empresa bem administrada, com estoque que se renova com grande rapidez, sobrevive tranquilamente com grau de liquidez corrente inferior ao de uma fábrica de locomotivas para o Metrô de São Paulo, cujas unidades em estoque, pelas transformações a que devem ser submetidas antes de se tornarem vendáveis, permanecem na empresa durante períodos de tempo relativamente longos.

No caso do supermercado, a mercadoria, pela rapidez com que é vendida, quase representa dinheiro em caixa. Para a fábrica de locomotivas, a transformação em dinheiro do montante investido em matérias-primas é relativamente demorada.

Outros fatores também influenciam para que se possa avaliar se o índice de liquidez apurado é desejável. Como se sabe, na formação do preço de venda entram: custos diretos, custos indiretos, impostos e margem de lucro. Desses componentes do preço de venda somente o valor atribuído à margem de lucro é que poderá ser usado para pagamento de dívidas. Assim, quanto menor for a margem de lucro, maior deverá ser o grau de liquidez corrente.

O prazo médio para pagamento das compras, em comparação com o prazo médio de recebimentos das vendas, influi no grau de liquidez necessário da seguinte forma:

» prazo médio de compras inferior ao prazo médio de vendas requer grau de liquidez corrente mais elevado;

» prazo médio de compras superior ao prazo médio de vendas requer grau de liquidez corrente mais baixo.

Um pouco mais à frente, vou explicar direitinho esse negócio de prazos médios.

CUIDADO

Empresas em rápido crescimento vão requerer um grau de liquidez mais elevado. A existência concomitante de baixo grau de liquidez e escassez de capital de giro constitui-se em um fator limitante ao progresso dos negócios.

A conclusão que se tira é óbvia: começar um negócio com pouco dinheiro é um risco enorme de insucesso, mesmo quando se está diante de uma tremenda oportunidade ou sacada.

Em síntese, creio que o seguinte método de estimativa funcionaria bem. Partindo-se do valor-base 2, aumentá-lo até o máximo de 3 ou 4, nos casos em que se verifiquem os seguintes fatores agravantes:

» longa permanência de mercadorias em estoque, por que motivo for;

» despesas gerais, salários, impostos e outras despesas, representando uma grande parte do preço de venda;

» previsão de próxima expansão dos negócios, que requeira mais investimentos;

» concessão de créditos a clientes em prazos muito dilatados;

» obtenção de crédito de curto prazo com fornecedores para compras.

Nos casos inversos, isto é, em que esses fatores não estão presentes ou se apresentarem de forma discreta, poderão ser considerados aceitáveis índices inferiores a dois, até um mínimo de 1,4 ou 1,3, em casos muito extremos.

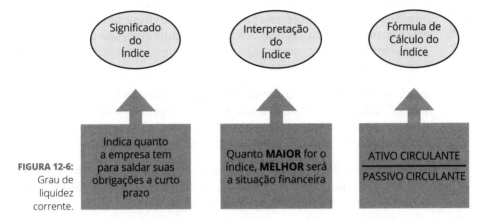

FIGURA 12-6: Grau de liquidez corrente.

Para saber na prática como o grau de liquidez corrente, também conhecido como grau de liquidez a curto prazo funciona, vou pegar os dados do balanço patrimonial da *Companhia Xaropeta S.A.* que estão lá no Capítulo 13:

» Ativo Circulante: R$42.290

» Passivo Circulante: R$19.560

Exemplo de cálculo:

$$\text{Liquidez Corrente:} \quad \frac{42.290}{19.560} = 2,16$$

A pouca influência de recursos de terceiros com vencimento de longo prazo em nossa *Companhia Xaropeta S.A.* fez com que o grau de liquidez corrente fosse idêntico ao grau de liquidez geral, permanecendo, assim, o mesmo diagnóstico, ou seja, a situação financeira aparentemente é tranquila.

Liquidez Seca: A Super Rigorosa

Esse índice é um teste de força aplicado à empresa. Visa medir o grau de excelência de sua situação financeira. De um lado, abaixo de certos limites obtidos segundo os padrões do ramo de atividade, pode indicar alguma dificuldade de liquidez, mas raramente tal conclusão será mantida quando o índice de liquidez corrente for satisfatório.

Por outro lado, o índice de liquidez seca conjugado com o índice de liquidez corrente é um reforço à conclusão de que a empresa é uma autêntica campeã na olimpíada da liquidez.

CUIDADO

O índice de liquidez seca, assim como o índice de liquidez corrente, não leva em consideração o prazo necessário para encaixar as contas a receber nem o prazo para pagamento das dívidas. Um descasamento entre esses dois prazos — prazo de recebimento *versus* prazo de pagamento — pode trazer enormes dificuldades à gestão financeira do negócio.

Este índice foi durante muito tempo denominado "*the acid test*", ou seja, "a prova amarga", por analistas ingleses e americanos, e ele põe em destaque a importância das disponibilidades (caixa e equivalente de caixa) e contas a receber para fins de pagamento de dívidas, relegando a um segundo plano os estoques.

E é natural que assim o seja, porquanto os estoques, para se transformarem em dinheiro, têm primeiro que ser vendidos, convertendo-se, muitas das vezes, em valores a receber, os quais têm ainda de ser cobrados.

Para piorar ainda mais as coisas, e por favor não me chamem de terrorista, é preciso considerar que os estoques não representam um direito líquido e certo de receber dinheiro, como ocorre com as contas a receber de clientes.

De forma genérica, considera-se aceitável um índice superior à unidade. Ressalta-se, entretanto, que sob certas condições podem ser admissíveis patamares inferiores.

Pode ser que o índice de liquidez seca seja aceitável quando inferior à unidade, desde que:

» o ramo da atividade implique em grandes investimentos em estoques;

» o giro dos estoques seja rápido, preferencialmente menor que o prazo médio para pagamento das compras.

FIGURA 12-7: Grau de liquidez seca.

Hora de praticar como o grau de liquidez seca, também conhecido como "*the acid test*", funciona. Para isso vou pegar os dados do balanço patrimonial da *Companhia Xaropeta S.A.* lá no final do Capítulo 13:

» Ativo Circulante: R$42.290
» Estoques: R$14.808
» Passivo Circulante: R$19.560

Exemplo de cálculo:

Liquidez Seca: $\dfrac{42.290 - 14.808}{19.560} = 1,41$

A *Companhia Xaropeta S.A.* continua desfrutando de boa situação financeira, uma vez que dispõe de recursos suficientes — pelo menos em tese — para pagar todas as suas obrigações de curto prazo, mesmo que não venda seu estoque.

> **NESTE CAPÍTULO**
>
> Prazos médios
>
> Duração do ciclo operacional e ciclo financeiro
>
> Lucratividade e rentabilidade
>
> Índices para avaliação de ações

Capítulo 13

Analisando Prazos Médios: O Capital de Giro Agradece

Os indicadores de liquidez proporcionam conhecer razoavelmente a capacidade financeira da empresa, a curto e a longo prazo, com ou sem a inclusão dos estoques entre os recursos alocáveis e acredito que, a esta altura, isto já esteja bem sedimentado na cabeça do leitor.

Tenho certeza que todos estão prontos para uma incursão mais avançada neste terreno e então estudar de que forma o fator tempo exerce sua implacável influência sobre os indicadores de liquidez. Aliás, analisar os índices de liquidez sem dar uma boa olhada nos prazos médios é perda de tempo.

Prazos Médios

Os principais componentes do Ativo Circulante são as contas a receber de clientes e os estoques, enquanto a dívida normalmente mais expressiva é aquela representada por fornecedores de mercadorias ou matérias-primas.

Nos casos citados, existe um certo lapso de tempo que deve ser observado a fim de que:

> » as contas sejam recebidas dos clientes,
> » os estoques sejam comercializados,
> » as dívidas com fornecedores sejam quitadas.

O segredo da difícil arte de gerenciar recursos escassos consiste, justamente, em administrar habilmente estes diferentes prazos.

DICA

O segredo é bem singelo: venda o estoque o mais rapidamente possível, receba dos clientes os boletos e só então pague aos fornecedores. Assim, todo o capital de giro necessário ao financiamento do ciclo operacional será provido pelos fornecedores praticamente de graça!

Sabia que este é o pulo do gato das empresas do varejo de massa?

Muito poucas empresas conseguem aplicar, na prática, esta fórmula aparentemente simples, faltando apenas combinar com os russos. Sua simplicidade reside somente em seu enunciado, ou seja:

> » vendas estão na dependência de compradores interessados,
> » clientes pressionam por prazos maiores para suas compras,
> » fornecedores forçam prazos menores para suas vendas.

A empresa que se descuidar com esses prazos certamente está se preparando para dias sombrios em sua tranquilidade financeira.

Para um analista externo, que vê as demonstrações contábeis de fora, sem ter participado de sua elaboração, há uma natural dificuldade para determinar, com precisão cirúrgica, os prazos de que estamos tratando.

Para ajudar aquela galera composta por incansáveis analistas que estão do outro lado do balcão, vou criar uma alternativa válida que lhes permita ter acesso a essa informação, mesmo que em valores aproximados.

Uma maneira bem razoável de determinar os prazos médios é combinar dados do Balanço Patrimonial com outros dados que estão limpinhos na Demonstração do Resultado do Período, obtendo-se aqueles prazos médios os quais permitem conhecer a política financeira adotada pela administração da empresa, na condução do dia a dia de seus negócios.

Prazo Médio de Recebimentos de Vendas

É importante ressaltar que o prazo médio de recebimentos não deve ser confundido com o prazo habitualmente concedido aos clientes para as vendas a prazo. O prazo para pagamento que a empresa dá para seus clientes é uma decisão gerencial. O prazo médio de recebimentos é o tempo médio em que efetivamente as contas a receber foram transformadas em dinheiro.

FIGURA 13-1: Prazo Médio de Recebimentos de Vendas — PMRV.

Hora de praticar o cálculo do prazo médio de recebimentos das vendas da *Companhia Xaropeta S.A.* com base em suas demonstrações contábeis que estão no final deste capítulo.

» Contas a receber de clientes: R$22.284

» Vendas: R$105.584

Exemplo de cálculo:

Prazo Médio de Recebimentos de Vendas: $\dfrac{22.284}{105.584} \times 360 = 76$ dias

A empresa *Companhia Xaropeta S.A.* vende a prazo para seus clientes e recebe após decorridos, em média, 76 dias a partir da emissão dos boletos de cobrança.

Prazo Médio de Pagamentos de Compras

O volume de compras em um período não está imediatamente disponível no conjunto de demonstrações contábeis. É preciso determiná-lo por meio de um artifício de cálculo envolvendo o valor dos estoques no início e no encerramento do período e o custo das mercadorias vendidas.

Naturalmente, quando não se dispuser do Balanço Patrimonial do ano anterior, a determinação do montante de compras no período será impraticável, a menos que, é claro, a empresa forneça esse dado.

DICA

O artifício de cálculo referido é o seguinte: somar o valor do estoque final do ano com o custo das mercadorias vendidas neste mesmo ano; dessa soma, subtrair o valor do estoque com que a empresa iniciou o ano (é o valor do estoque do final do ano anterior). O valor então encontrado representa o montante das compras de mercadorias durante o ano.

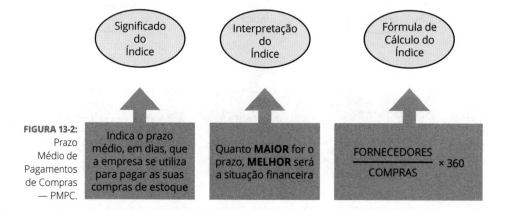

FIGURA 13-2: Prazo Médio de Pagamentos de Compras — PMPC.

É bem legal a gente praticar como o prazo médio de pagamentos das compras da *Companhia Xaropeta S.A.* ajuda a identificar sua política financeira com base nas demonstrações contábeis que estão no final deste capítulo.

» Fornecedores: R$9.858

» Compras: R$66.816

Exemplo de cálculo:

Prazo Médio de Pagamentos das Compras: $\dfrac{9.858}{66.816} \times 360 = 53$ dias

Depois de obtida a informação de que necessitamos, descobrimos que nossa *Companhia Xaropeta S.A.* paga as compras no prazo médio de 53 dias.

Combinando os dois dados obtidos: Prazo Médio de Recebimentos de Vendas e o Prazo Médio de Pagamentos de Compras, já é possível conhecer a política financeira adotada pela *Companhia Xaropeta S.A.*

A ambiciosa *Xaropeta* financia suas vendas aos clientes em prazo superior ao que compra as mercadorias dos fornecedores, necessitando, por consequência, de maior volume de capital de giro para adquirir estoques e pagar as outras despesas inerentes a seu ciclo operacional.

Embora esta não seja a melhor política comercial e financeira a seguir, condições de mercado podem exigir tal comportamento. De qualquer forma, a administração da empresa que tenha essas características deve prestar muita atenção na margem de lucro e na eficiência de seu departamento de cobrança.

Nesse caso, é recomendável atentar para dois aspectos muito importantes:

» a margem de lucro deve ser suficiente para cobrir o custo financeiro do capital de giro requerido para o financiamento aos clientes;

» a cobrança das contas de clientes deve ser muito ativa, pois eventuais inadimplências podem trazer importante desequilíbrio no fluxo de caixa.

Prazo Médio de Renovação de Estoques

Empresas que atuam no grande varejo — Magazine Luiza, Ponto Frio, Casas Bahia, Supermercado Extra — diariamente ficam de olho nos relatórios das vendas ocorridas no dia anterior em sua rede de lojas para acompanhar atentamente o giro dos estoques.

Quando os executivos dessas empresas detectam que certas mercadorias não estão rodando legal, a adrenalina sobe a níveis impensáveis e a ordem é fazer promoções, queima de estoques e feirões.

CUIDADO

Mercadoria parada nas prateleiras e gôndolas é grana que deixa de entrar. O diretor financeiro vai puxar a orelha dos diretores comerciais e do marketing.

Já sabemos que, para se ter um julgamento definitivo e consistente, só é possível comparando o Prazo Médio de Renovação dos Estoques, comumente chamado de giro dos estoques, com aquele obtido em relação às demais empresas integrantes do mesmo segmento econômico. Portanto, embora bem útil, o prazo médio de renovação dos estoques precisa de informação adicional para ser eficaz.

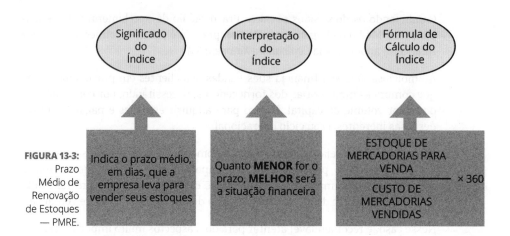

FIGURA 13-3: Prazo Médio de Renovação de Estoques — PMRE.

É bem legal a gente praticar como o prazo médio de renovação de estoques da *Companhia Xaropeta S.A.* ajuda a completar a identificação de sua política financeira, com base nas demonstrações contábeis que estão no final deste capítulo.

» Estoque de Mercadorias para Venda: R$14.808

» Custo das Mercadorias Vendidas: R$56.102

Exemplo de cálculo:

Prazo Médio de Renovação dos Estoques: $\dfrac{14.808}{56.102} \times 360 = 95$ dias

A cada três meses, a *Companhia Xaropeta S.A.* renova integralmente seus estoques.

Isto é bom ou ruim? É a pergunta que não quer se calar!

Conhecidos os três prazos médio — PMRV, PMPC e PMRE — estamos em condição de os analisar conjuntamente.

Vamos todos juntos, de mãos dadas, conhecer o que realmente é importante no dia a dia do gerenciamento financeiro de todas as empresas, inclusive a *Companhia Xaropeta S.A.*!

Duração do Ciclo Operacional e Duração do Ciclo Financeiro

Recapitulando para colocar todo mundo na mesma página:

» Prazo Médio de Renovação de Estoques representa, na empresa comercial, o tempo médio de estocagem das mercadorias para revenda, e na empresa industrial, o tempo médio de produção e estocagem.

» Prazo Médio de Recebimentos de Vendas deixa mais ou menos claro o tempo médio decorrido entre a venda para os clientes e o respectivo recebimento.

Ciclo Operacional

A soma do Prazo Médio de Renovação de Estoques com o Prazo Médio de Recebimentos de Vendas representa a duração do Ciclo Operacional, ou seja, o tempo decorrido entre a compra de mercadorias e o recebimento pela venda dessas mercadorias.

Que tal uma figurinha para melhorar nosso humor nesta manhã cinza de um dia chuvoso e frio?

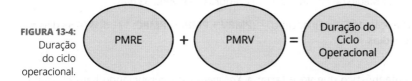

FIGURA 13-4: Duração do ciclo operacional.

O ciclo operacional mostra o prazo de investimento. Concomitantemente ao ciclo operacional, ocorre o financiamento concedido pelos fornecedores, a partir do momento da compra dos estoques.

Até que se verifique o pagamento aos fornecedores, a empresa não precisa se preocupar com o financiamento, já que este é automático. Se o Prazo Médio de Pagamentos de Compras for superior ao Prazo Médio de Renovação de Estoques, isto significa, inapelavelmente, que os fornecedores também estão financiando uma parte das vendas da empresa. Essa é a situação ideal e muito comum nas grandes redes de supermercados.

Se o Prazo Médio de Pagamento de Compras for inferior ao Prazo Médio de Renovação de Estoques, a conclusão óbvia é que a empresa está financiando suas vendas a prazo com seu próprio capital, o que não é exatamente o ideal.

Ciclo Financeiro

O tempo decorrido entre o momento em que a empresa paga aos fornecedores e o momento em que recebe de seus clientes é chamado de Ciclo Financeiro. A duração do ciclo financeiro é determinada mediante a subtração do Prazo Médio de Pagamentos de Compras do prazo de duração do Ciclo Operacional.

Vou mandar uma figurinha básica para demonstrar graficamente o conceito de Ciclo Financeiro.

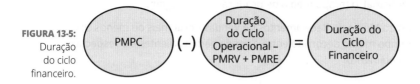

FIGURA 13-5: Duração do ciclo financeiro.

Vamos praticar?

Tenho certeza que vocês já fizeram as seguintes contas para a famosa *Companhia Xaropeta S.A.*:

>> Prazos Médio de Recebimentos de Vendas — **PMRV:** 76 dias

>> Prazo Médio de Renovação de Estoques — **PMRE:** 95 dias

>> Duração do Ciclo Operacional — **PMRV + PMRE:** 76 dias + 95 dias = 171 dias

>> Prazo Médio de Pagamentos de Compras — **PMPC:** 53 dias

>> Duração do Ciclo Financeiro — **(PMRV + PMRE) - PMPC:** 171 dias (-) 53 dias = **118 dias**

Qual o diagnóstico que você faria: a *Xaropeta* está gerenciando bem ou mal o capital de giro? Pelos cálculos acima, ela está usando seus recursos para financiar o Ciclo Operacional. Se for uma empresa de varejo, isso não é bom.

Foi essa sua conclusão? Caso afirmativo, parabéns, todo mundo vai ganhar estrelinha na caderneta! Vou mandar mais uma figurinha de presente para vocês. É a figurinha carimbada que estava faltando para fechar o álbum!

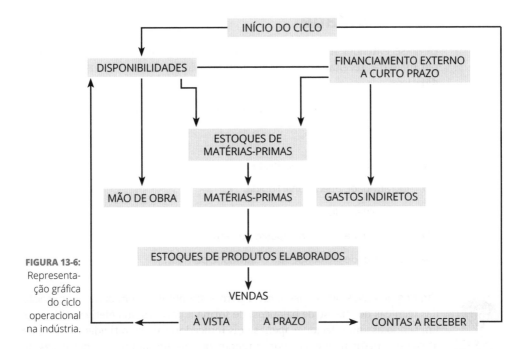

FIGURA 13-6: Representação gráfica do ciclo operacional na indústria.

Analisando a Lucratividade e a Rentabilidade do Negócio

A galera está interessada em descobrir quanto a empresa está ganhando e se vale a pena investir na compra de uma participação societária. A análise da lucratividade e da rentabilidade vão ajudar para caramba neste quesito. Lucratividade, risco e retorno caminham juntos.

O produto da lucratividade das vendas e do giro dos ativos resulta em rentabilidade, que é aquela grana que os proprietários podem receber de volta em função de sua participação societária.

Valores expressivos de margem de lucro e giro conduzem a elevadas taxas de rentabilidade. Para que tudo funcionasse bem só ficaria faltando mesmo analisar os riscos inerentes ao negócio.

Os economistas — gente muita esperta e competente — já nos ensinaram que o retorno dos investimentos é o reembolso pelos riscos assumidos, de forma que quanto maior o risco maior deveria ser o retorno. Só falta combinar com os russos, pois a realidade nem sempre é essa!

Lucratividade

Deve-se entender lucratividade como sendo o rendimento econômico obtido por meio das receitas operacionais líquidas, simplesmente "vendas" para fins didáticos.

A rigor, podem-se calcular taxas de lucratividade sob a forma de vários arranjos. Por exemplo:

- » lucratividade operacional bruta,
- » lucratividade operacional líquida,
- » lucratividade do período,
- » lucratividade antes do imposto de renda,
- » lucratividade até aonde sua criatividade permitir!

PAPO DE ESPECIALISTA

Um dos objetivos desse insuperável livro é simplificar ao máximo a aplicação das técnicas de análise de balanços, de forma a permitir sua efetiva utilização. Em sendo assim, selecionei apenas dois indicadores de lucratividade: o giro de ativos e a margem líquida, por entender que representam os indicadores de maior utilidade nas situações mais frequentes.

Aplausos para o autor!

Giro do Ativo

Este indicador é importante dado à sua influência na formação do lucro da empresa. De modo geral, quanto maior for o giro do ativo, maior deverá ser o lucro gerado pelo negócio.

FIGURA 13-7: Giro do Ativo.

O valor do ativo médio é determinado da seguinte forma: valor do ativo ao início do período mais o valor do ativo ao final deste mesmo período, dividido por dois.

Para experimentar como o giro do ativo funciona, vou pegar os dados do balanço patrimonial da *Companhia Xaropeta S.A.* que estão lá no final deste despretensioso Capítulo 13:

» Vendas: R$105.584

» Ativo Médio: R$39.816

Exemplo de cálculo:

Giro do Ativo: $\dfrac{105.584}{39.816} = 2,65$

O resultado obtido indica que a *Companhia Xaropeta S.A.* precisou de 135 dias (360/2,65) para transformar todo seu ativo em vendas.

Desnecessário lembrar que, para saber se este indicador é bom ou ruim, deve-se compará-lo com os padrões típicos do segmento econômico em que a empresa atua. Por favor, não fique aborrecido por eu repetir toda hora, mas é que essa comparação é fundamental.

Margem Líquida

É crença geral que a máxima "ganhar pouco para vender muito" é válida sob quaisquer aspectos. Demonstra a experiência, porém, que, em muitos ramos de atividade e em determinadas condições de mercado, uma diminuição de preços em nada ou quase nada faz aumentar o volume de vendas, não compensando o pequeno crescimento de vendas com a perda de lucro resultante da redução de preços.

CUIDADO

Quer saber? Diminuir o preço para vender mais nem sempre é saudável para os negócios, portanto, é preciso muita análise, estudo e ponderação para tomar uma decisão como esta!

Uma margem líquida excessivamente pequena torna a empresa muito vulnerável a fatores econômicos que provoquem alterações de mercado. Por outro lado é verdade que, dentro de um mesmo nível de preços, um certo aumento de vendas produzirá lucros líquidos mais do que proporcionais em relação a estes, até se atingir a capacidade máxima de vendas que a empresa pode realizar.

Devem, então, em princípio, ser preocupação constante da gerência de qualquer negócio as variáveis: margem de lucro e volume de vendas, no sentido de se obter um máximo de lucro líquido final.

Falando assim, despreocupadamente, parece moleza. Só que na real, quando você bota a bola para rolar, vão aparecer uma série de variáveis fora de seu controle e aí a vaca pode ir para o brejo!

FIGURA 13-8: Margem líquida.

Para degustar saborosamente como a margem líquida afeta os negócios, vou pegar os dados da demonstração do resultado da *Companhia Xaropeta S.A.* que estão lá no final deste capítulo bem legal:

» Lucro Líquido do Período: R$3.256
» Vendas Líquidas (Receitas Operacionais Líquidas): R$105.584

Exemplo de cálculo:

$$\text{Margem Líquida:} \left| \frac{3.256 \times 100}{105.584} \right. = 3,08\%$$

Aparentemente, o negócio em que a *Xaropeta* está metida produz uma margem líquida muito pequena. Antes de se julgar o resultado obtido e mandar toda a diretoria para rua, é bom ter à mão o desempenho das empresas concorrentes.

Rentabilidade

Para bom entendedor, rentabilidade é considerada como sendo a remuneração obtida pela aplicação de capital por determinado período de tempo.

Rentabilidade do Ativo

Este índice mostra quanto a empresa obteve de lucro líquido em relação ao volume de seu ativo. É uma medida do potencial de geração de lucro por parte da empresa para poder se capitalizar com tranquilidade.

LEMBRE-SE

O valor do ativo médio é determinado da seguinte forma: valor do ativo ao início do período mais o valor do ativo ao final deste mesmo período, dividido por dois.

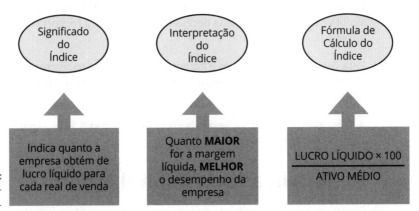

FIGURA 13-9: Rentabilidade do Ativo.

Hora de praticar como a rentabilidade do ativo funciona. Para isso, vou pegar os dados do balanço patrimonial e da demonstração do resultado do período da *Companhia Xaropeta S.A.* lá no final do Capítulo 13:

» Lucro Líquido: R$3.256

» Ativo Médio: R$39.816

Exemplo de cálculo:

Rentabilidade do Ativo: $\dfrac{3.256 \times 100}{39.816} = 8{,}18\%$

A taxa obtida, neste caso, é consequência direta do giro do ativo e da margem líquida. Assim, estabelecendo a direção da empresa uma meta a atingir no que concerne à rentabilidade do ativo aplicado nos negócios, o esforço deverá ser concentrado na combinação ideal entre aqueles dois indicadores. Uma queda na margem líquida poderá ser compensada com um giro maior do ativo e vice-versa.

Portanto, a fórmula mais completa para determinação da rentabilidade do ativo é expressa da seguinte maneira: giro dos ativos x margem líquida.

No caso da *Companhia Xaropeta S.A.* a coisa funcionaria assim:

» Giro do ativo: 2,65

» Margem líquida: 3,08%

CAPÍTULO 13 **Analisando Prazos Médios: O Capital de Giro Agradece**

Rentabilidade do Ativo: 3,65 × 3,08% = 8,18%

Como uma vantagem complementar importante, este indicador também possibilita calcular a quantidade necessária de anos para recuperar o investimento em ativos.

Para descobrir quantos anos a *Xaropeta* vai levar para recuperar o valor que seus diretores investiram na compra de ativos basta dividir 100 pela taxa de rentabilidade do ativo.

A *Companhia Xaropeta S.A.* levará bons 12 anos — 100/8,18% — para recuperar o valor de seu investimento na compra de ativos.

Rentabilidade do Capital Próprio

Quase sempre o objetivo que se tem em mente quando se investe dinheiro em um negócio é obter o máximo de lucro no menor tempo possível. Não basta, porém, que as operações sejam lucrativas, é necessário que o sejam a ponto de o lucro auferido remunerar o dinheiro aplicado no volume esperado e desejado pelos proprietários.

A taxa de rentabilidade recebida poderá ser confrontada com as taxas de outras alternativas de investimento, permitindo ao proprietário um julgamento acerca da conveniência ou não de manter sua posição no empreendimento.

LEMBRE-SE

Este indicador fornece, ainda, a quantidade de anos necessários para que os proprietários recuperem todo o dinheiro investido na empresa. Neste caso, divide-se 100 pela taxa de rentabilidade do capital próprio.

FIGURA 13-10: Rentabilidade do capital próprio.

A fórmula apresentada não contempla um fator fundamental no cálculo da rentabilidade que é o tempo em que o capital esteve à disposição dos administradores.

Do ponto de vista da matemática financeira, é mais correto ponderar o volume de capital e o tempo em que o dinheiro ficou aplicado. Para tanto, são necessárias informações que normalmente não estão disponíveis no momento da análise, daí a razão para optarmos por uma fórmula mais simplificada.

LEMBRE-SE

Para contornar a dificuldade de se descobrir por quanto tempo o dinheiro ficou aplicado, a gente pode usar o patrimônio líquido médio calculado da seguinte forma: pegar o valor do patrimônio líquido ao início do período, somá-lo ao valor do patrimônio líquido ao final desse mesmo período, dividindo o montante por dois. Para examinar como a rentabilidade do capital próprio funciona na *Companhia Xaropeta S.A.*, vou pegar os dados de seu balanço patrimonial e de sua demonstração do resultado do período lá do final deste capítulo:

» Lucro líquido: R$3.256
» Patrimônio líquido: R$41.482

Exemplo de cálculo:

Rentabilidade do Capital Próprio: $\dfrac{3.256 \times 100}{41.482} = 7{,}85\%$

Os proprietários da *Companhia Xaropeta S.A.* terão que esperar 13 anos — 100/7,85% — para terem de volta tudo que nela investiram. É tempo "para dedéu"!

Vale a pena esperar tanto tempo? Antes de se julgar o resultado obtido, é bom ter à mão o desempenho das empresas concorrentes. Você decide!

Índice para Avaliação de Ações

Os indicadores apresentados até agora destinavam-se à avaliação da situação econômico-financeira das empresas. Daqui para frente vou falar sobre um outro grupo de índices que é usado pelos analistas do mercado de ações. Os índices para avaliação de ações objetivam, exclusivamente, a viabilidade econômica de investimento em ações de determinada empresa.

Trata-se, aqui, de uma avaliação exclusivamente técnica, não contemplando, naturalmente, aspectos psicológicos ou conjunturais, sempre presentes quando se trata desse tipo de aplicação de capital.

Valor Patrimonial da Ação

Do ponto de vista técnico, a cotação de cada ação deveria ser bem próxima de seu valor patrimonial, o que raramente acontece. Dizem aqueles caras espertos do mercado financeiro que, quando o valor da cotação da ação está bem abaixo de seu valor patrimonial, pode ser uma boa hora de comprar e esperar que no futuro a ação provavelmente subirá de cotação.

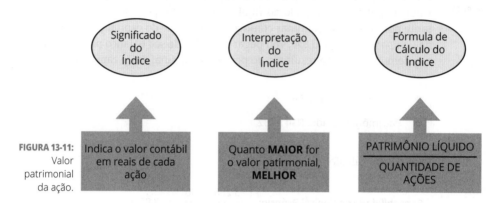

FIGURA 13-11: Valor patrimonial da ação.

Como sou um cara muito honesto, confesso que não testei essa teoria da galera que está mandando ver no mercado financeiro e, portanto, continuo pobre. Você não gostaria de arriscar uma graninha especulando na bolsa? A fórmula mágica é esse índice.

Lucro por Ação

Este indicador proporciona conhecer a perspectiva de rendimento para cada ação. A lei societária brasileira determina que as sociedades de capital aberto, isto é, aquelas que têm ações cotadas no mercado, devem distribuir aos acionistas, pelo menos, 25% do lucro líquido do período.

FIGURA 13-12: Lucro por ação de capital.

Esse indicador já aparece calculadinho na Demonstração do Resultado do Período na linha que vem logo após o lucro líquido.

Rentabilidade por Ação

Agora só vai a figurinha...

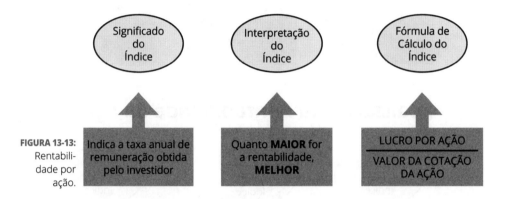

FIGURA 13-13: Rentabilidade por ação.

Dividendo por Ação

FIGURA 13-14: Dividendo por ação.

Retorno de Caixa

A diferença deste indicador em relação à Rentabilidade por Ação, é que, neste caso, a taxa de retorno é calculada com base no dividendo efetivamente recebido pelo investidor, enquanto naquele outro indicador, correlaciona-se o lucro potencial ainda não distribuído.

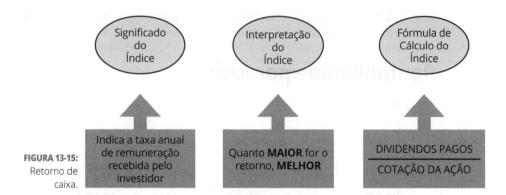

FIGURA 13-15: Retorno de caixa.

Realização da Rentabilidade da Ação

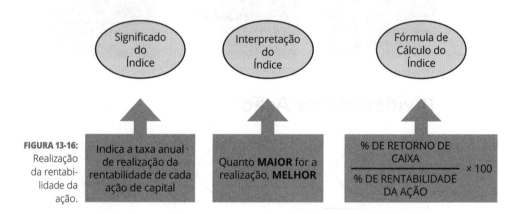

FIGURA 13-16: Realização da rentabilidade da ação.

Aplicando-se este indicador, obtém-se o percentual de realização financeira da rentabilidade potencial da ação.

CUIDADO

Não confunda alhos com bugalhos, já dizia meu saudoso avô. *Lucratividade* e *Rentabilidade* não são farinhas do mesmo saco. *Lucratividade*, para deixar bem claro, é o ganho proporcionado pelas vendas, portanto, não leva em consideração o montante de dinheiro aplicado pelos proprietários no negócio e nem o tempo que esse dinheiro ficou aplicado. É um indicador potencial de lucro e serve para avaliar a qualidade e a efetividade da política de vendas da empresa. *Rentabilidade* é o ganho obtido pelo dinheiro posto no negócio pelos proprietários. Os dois indicadores — *Lucratividade* e *Rentabilidade* — devem ser analisados em conjunto.

Vai um EBITDA aí?

Pensaram que eu esqueceria do indicador mais admirado por nove entre dez estrelas do mercado financeiro?

O *EBITDA* — **E**arnings **B**efore **I**nterest, **T**axes, **D**epreciation and **A**mortization — ou LAJIDA — **L**ucro **A**ntes de **J**uros, **I**mpostos, **D**epreciações e **A**mortizações —, em português, é uma medida de desempenho financeiro e representa a quantidade de recursos gerados pela atividade operacional que podem ser utilizados para as seguintes finalidades:

» financiar a compra de ativos imobilizados,
» financiar o capital de giro,
» pagar os encargos da dívida,
» pagar impostos,
» pagar dividendos aos proprietários.

É um indicador muito utilizado pelo mercado, sobretudo por gestores de fundos de *Private Equities* para analisar o desempenho das empresas e também para avaliação de executivos, com vistas ao pagamento de seus polpudos bônus anuais.

A CVM meteu sua colher de pau no assunto, no exercício legítimo de seu papel de xerife do mercado, por meio da Instrução 527, de 4 de outubro de 2012, regulando de forma precisa como as empresas de capital aberto devem calcular o *EBITDA* que normalmente informam ao mercado.

PAPO DE ESPECIALISTA

Eu considero o *EBITDA* como uma forma simplificada de calcular a geração de caixa da empresa, e não se deve confundir esse valor com o volume de caixa livre, já que o *EBITDA* não leva em conta vários itens importantes, como, por exemplo, os investimentos necessários para o exercício da atividade a que a empresa se propõe.

Os analistas externos têm dificuldades em calcular o real montante do caixa livre das empresas que lhes interessam, então eles se valem do *EBITDA* para medir a capacidade de pagamento das empresas. É comum se fazer uso do múltiplo "dívida líquida sobre *EBITDA*" para tal finalidade.

Nas transações de compra e venda de empresas, o *EBITDA* tem sido utilizado para determinar o valor do negócio — múltiplos do valor do *EBITDA*. É uma questão de critério e gosto. Prefiro considerar outras variáveis para avaliar um determinado negócio, como, entre outros, o fluxo de caixa descontado para um período de cinco anos. Cabe às partes envolvidas — comprador e vendedor — escolher o critério de avaliação que melhor atenda a seus interesses.

EBITDA, NOPAT e EVA

Quando se está fazendo uma análise financeira crítica e se descobre que o *EBITDA* de determinado período é negativo, é claro que se vai considerar que estamos diante de uma péssima notícia. E se o *EBITDA* tiver sido positivo?

Pois é, embora seja uma notícia boa, o *EBITDA* positivo não é suficientemente convincente para você tomar qualquer decisão em relação à empresa, tanto para a compra de uma participação societária ou até mesmo para concessão de um empréstimo, porque o que o *EBITDA* lhe dá de informação é muito pouco para uma avaliação tão importante como essa. Você tem de buscar mais informações.

NOPAT — Net Operating Profit After Taxes

O *NOPAT* é um conceito mais abrangente do que o conceito de *EBITDA*, por considerar a diminuição progressiva da capacidade do ativo imobilizado para produzir receita — leva em consideração para o cálculo o valor da depreciação. Considera, também, os impostos e contribuições que incidem sobre o lucro líquido.

O *NOPAT* é muito utilizado pelos analistas internacionais pela qualidade das informações que proporciona, em que se incluem uma estimativa razoável da capacidade que a empresa demonstra para repor seus ativos imobilizados os quais certamente ficarão desgastados pelo tempo de uso.

EVA — Economic Value Added

O conceito de *EVA*, valor econômico adicionado, foi desenvolvido e patenteado pela empresa de consultoria norte-americana Stern Stewart & Company. A principal contribuição para a análise financeira é considerar o custo de oportunidade do capital próprio na determinação do lucro que vai para os acionistas.

Segundo o conceito de *EVA*, a empresa só vai gerar valor para seus acionistas se seus lucros forem superiores ao custo do capital utilizado em suas operações.

A principal dificuldade de aplicação deste método é calcular o custo do capital próprio. É claro que existem várias formas de calcular o custo de capital próprio, mas sempre vai existir uma certa dose de subjetividade. Atualmente não tenho encontrado muitas empresas que se utilizam deste critério para analisar o desempenho dos gestores. Fica aí para você como uma curiosidade. Vai que alguém lhe pergunte o que é *EVA* e você não sabe!

E, para Finalizar, como Avaliar os Índices Obtidos

Existem três formas básicas para avaliação de um índice:

- » por seu significado intrínseco,
- » pela comparação entre dois ou mais períodos de tempo,
- » pela comparação com índices de outras empresas do mesmo ramo de atividade.

Avaliação do Índice por Seu Significado Intrínseco

A avaliação intrínseca é pouco consistente, dado à multiplicidade de fatores inerentes ao tipo de atividade praticada pela empresa e que exercem influência em sua determinação.

Para exemplificar, se o grau de liquidez corrente for quatro, então a empresa está bonita na foto, não importando outros fatores. Isso se deve ao fato de que, com esse grau de liquidez, a empresa tem R$4 de ativos para pagar cada real de passivo.

A qualidade da informação que se obtém com essa forma de avaliação é muito básica. Por conseguinte, este tipo de avaliação somente deve ser usado quando não restar outra alternativa.

Avaliação do Índice pela Comparação entre Dois ou Mais Períodos de Tempo

A comparação dos índices entre dois ou mais períodos é bastante útil para a visualização de tendências. As informações obtidas desta forma permitem identificar as diversas políticas seguidas pela empresa ao longo dos períodos confrontados. É fundamental, neste caso, que os índices sejam analisados conjuntamente.

Avaliação do Índice pela Comparação com Outras Empresas do Mesmo Ramo

A avaliação de um índice e sua conceituação como ótimo, bom, satisfatório, razoável ou deficiente somente pode ser feita por meio da comparação com índices obtidos por outras empresas do mesmo ramo de atividade.

Para fazer a comparação entre empresas, é necessário definir-se um conjunto e, em seguida, comparar cada elemento com os demais elementos do conjunto, atribuindo-se determinada qualificação. O uso de índices padrão é de importância vital para a análise de balanços.

DICA

No Brasil, não é muito fácil se obter índices padrão por tipo de atividade. Somente empresas especializadas em análise de cadastro é que possuem tão preciosa mercadoria. Como alternativa, revistas como *Exame*, *ISTOÉ Dinheiro* e jornal *Valor Econômico* publicam anualmente edição especial contendo um conjunto de índices das maiores empresas no Brasil, por ramo de atividade. Embora tais publicações não classifiquem as empresas segundo seu porte econômico para fins de cálculo dos indicadores de análise, as informações ali consignadas são bastante úteis, e devem ser consultadas por todos aqueles interessados em proceder a um julgamento acerca da situação econômico-financeira da empresa em que estão de olho. Nem que seja por curiosidade!

Demonstrações Contábeis Fictícias Usadas para Praticar

TABELA 13-1 Balanço Patrimonial da *Companhia Xaropeta S.A.*

Companhia Xaropeta S.A.   Balanço Patrimonial em 31/12/2014

ATIVO		PASSIVO	
Circulante		**Circulante**	
Caixa e Equivalente de Caixa	3.619	Fornecedores	9.858
Clientes	22.284	Empréstimos	789
Estoques	14.808	Contas a Pagar	6.821
Outros Créditos	1.579	Impostos	2.092
	42.290		19.560
Não Circulante		**Não Circulante**	
Realizável a Longo Prazo		Empréstimos	78
Contas a Receber a Longo Prazo	151	**Patrimônio líquido**	

(continua)

Companhia Xaropeta S.A. Balanço Patrimonial em 31/12/2014			
ATIVO		PASSIVO	
Investimentos	1.653	Capital Social	12.500
Imobilizado	17.026	Reservas de Capital	27.421
	18.830	Lucros Retidos	1.561
			41.482
Total do Ativo	**61.120**	**Total do Passivo**	**61.120**

TABELA 13-2 Demonstração do resultado do período da *Companhia Xaropeta S.A.*

Demonstração do Resultado do Período de 2014		
Receita Operacional Líquida		105.584
Custos das Mercadorias Vendidas		(56.102)
Lucro Operacional Bruto		**49.482**
Custos Complementares:		
Despesas com Vendas	23.516	
Encargos Financeiros Líquidos	4.277	
Despesas Administrativas	5.517	(33.310)
Lucro Operacional Líquido		**16.172**
Resultado Não Operacional		(12.506)
Lucro Líquido Antes do Imposto de Renda e Contribuição Social		3.666
Provisão para Imposto de Renda e Contribuição Social		(410)
Lucro Líquido do Período		**3.256**

> **NESTE CAPÍTULO**
>
> Para que serve a contabilidade
>
> Novas perspectivas para uma profissão antiga

Capítulo 14
O Papel do Contador na Sociedade Moderna

Qual a profissão mais antiga? Seria a engenharia, ou a economia, ou ainda aquela que me recuso a mencionar? Escavações arqueológicas comprovam que a contabilidade seria provavelmente uma das profissões mais antigas de que se tem notícia. Contar o rebanho, controlar a quantidade de cereais estocados, contar a população, organizar o estoque de armas, cobrar tributos, listar os dez mandamentos, enfim, tudo que precisa ser organizado e demonstrado para que todo mundo entenda é trabalho para a contabilidade.

A humanidade progride, o mundo dos negócios se transforma, a economia apresenta novas e atraentes oportunidades e a tecnologia torna nossa vida mais complexa, mais emocionante e, acredite se quiser, mais feliz. A contabilidade não fica insensível nem imune ao progresso humano. Ao contrário. Está sempre se adaptando às novas circunstâncias para continuar contribuindo com seu objetivo básico que é organizar e disponibilizar informações úteis que as pessoas precisam para suas atividades.

Para que Serve a Contabilidade?

Era para ser um voo tranquilo naquela noite de verão. A bordo de um moderno e confortável jato transcontinental em direção à Nova York para mais uma tediosa reunião de negócio, me vi absorto bebericando excepcional *Bordeaux Premier Grand Cru Classé* de ótima safra, quando a simpática aeromoça gringa me perguntou:

— Mister Cardozo, o que gostaria para o jantar desta noite?

Fiz a minha escolha e voltei aos prazeres do vinho. Foi nesse momento que o passageiro do lado puxou conversa. Ele se apresentou como médico pesquisador que estava indo a um congresso científico internacional para falar sobre células-tronco.

— O senhor já deve saber que as células-tronco são a esperança da humanidade — disse-me ele, superentusiasmado.

— Células-tronco vão curar todas as doenças.

E desandou a falar. Parecia não parar mais e até pensei que ao final do voo de nove horas eu me tornaria um "expert" em células-tronco.

Quando foi servido o jantar, o médico, que para referência vou chamar de Dr. TroncoCel, parou de falar por uns instantes e perguntou minha profissão.

— Contador — respondi de bate pronto.

— Contador? Caramba, só me lembro do que meu contador faz quando ele me manda um montão de guias de impostos para eu pagar!

— Ah, é? — respondi espantado. — Pois deixe-me dizer que Contador e Contabilidade são tão importantes quanto as células-tronco. Sem contabilidade e sem contadores não haveria vida organizada, não estaríamos voando nesta aeronave, não haveria congresso científico e nem pesquisa médica!

E passei, orgulhosamente, a falar do papel do contador na sociedade moderna para um embasbacado Dr. TroncoCel!

Novas Perspectivas para uma Profissão Antiga

Uma forma de dar mais utilidade ao papel que os contadores desempenham, além de mandar um montão de guias de impostos para pagar, é reexaminar como eles pensam a respeito de seu trabalho. A maioria está tão obcecada pela exatidão que perde o foco no que seria o real objetivo da contabilidade: *produzir tempestivamente informações relevantes, concisas e precisas para robustecer o processo de tomada de decisões.*

O Dr. TroncoCel demonstrava vivo interesse na conversa e, aí, comecei a explicar didaticamente cada um destes elementos essenciais e como nós contadores lidamos com eles:

» Tempestividade,
» Precisão,
» Concisão,
» Relevância.

Tempestividade

Algumas empresas se orgulham do fato de que seus balancetes mensais ficam prontos no curto espaço de três dias após o final do mês anterior. Como essas informações se referem às transações ocorridas há mais de trinta dias, muitas das decisões que poderiam ser baseadas nesses balancetes já foram tomadas.

Os contadores conscientes do problema tentam superar a falta de oportunidade da informação contábil tradicional, criando um conjunto de relatórios que satisfazem a maioria das necessidades gerenciais, reconhecendo que os balancetes mensais não estão formatados para agilizar a tomada diária de decisão.

Os dados que alimentam os balancetes contábeis — horas trabalhadas, retrabalho, material desperdiçado durante o processo de produção, faturas emitidas, cobranças, estoque recebido e ordens de produção em progresso — são exatamente aqueles dados que o corpo gerencial da empresa precisa, embora esses detalhes importantes do dia a dia dos negócios não sejam destacados nos relatórios que a administração recebe ordinariamente do departamento de contabilidade.

LEMBRE-SE

As decisões empresariais diárias são suportadas por um sistema que relata, tempestivamente, as informações, à medida que elas ocorrem diariamente, resumidas em bases semanais e, então, consolidadas mensalmente para fins de elaboração de balancetes contábeis.

Precisão

Dos quatro elementos, este parece ser aquele que os contadores dão mais ênfase. Contudo, independentemente de quão diligente seja o contador no que respeita à precisão, os administradores, de modo geral, percebem o produto final da contabilidade como sendo uma boa conjectura (isto porque a informação contábil retrata fatos econômicos passados).

Em verdade, os administradores tradicionalmente veem mais validade em conjecturas do que em números precisos, pois estão sempre com os olhos lá na frente, na tentativa de antecipar o futuro. Por exemplo, uma empresa espera até o vigésimo dia do mês para concluir o balancete do mês anterior — e, assim, destruindo qualquer chance de a informação ter utilidade — a fim de identificar todas as contas a receber em aberto e, ao mesmo tempo, utilizar um percentual estimado para calcular o custo das mercadorias vendidas.

Caramba! Deve-se ter em mente que a variação de uma fração correspondente a um ponto percentual sobre o custo das mercadorias vendidas pode produzir, de longe, maior distorção na projeção de lucros do que a eventual não contabilização de uma liquidação de contas a receber.

Mesmo que todas as transações tenham sido registradas com precisão, muitos contadores têm como procedimento habitual o emprego de certa técnica de suavização que interfere na exatidão. Essa técnica, usada universalmente por diretores financeiros e controladores, consiste na apropriação de provisões, para reduzir o lucro quando este está acima do orçado em determinado mês e estorná-las meses mais tarde.

Embora questionável, é a forma de criar um padrão de ganhos mais consistente ao longo do exercício, evitando o efeito gangorra, que provoca infindáveis reuniões para discutir as razões. Claro que, ao final do exercício, o lucro é apurado direitinho sem essas provisões.

— Isso lhe parece familiar, Dr. TroncoCel?

Concisão

Com o advento da informática, o volume de informações disponíveis cresceu astronomicamente. A princípio, isto não foi tão ruim, principalmente pelo fato que, no início da década de 1980, a maioria das grandes empresas tinha de ser seletiva quanto ao nível de detalhes das transações armazenadas, dado que a capacidade de armazenamento dos discos era limitada e cara.

Hoje, como a capacidade de armazenagem é abundante e barata, empresas guardam mais detalhes das transações e produzem um montão de relatórios com um volume impressionante de informações que excedem à capacidade humana de as absorver.

É o caso dos contadores, se perguntarem: afinal, qual é o volume de informação de que os administradores realmente precisam? Não estariam os contadores sobrecarregando os administradores com uma avalanche de dados e informações?

O que se verificou, no final da década de 1990, foi a tendência conhecida como "menos é melhor", com ênfase em técnica de exceção, resumo e mensuração, caminhando para o conceito mais atual de sistema de informações executivas.

O melhor sumário executivo de informações fornece apenas a informação desejada, no formato ao gosto do tomador da decisão. Aqui, a máxima verdadeira é: não é o volume de informações que conta, mas, sim, o quanto de relevante e útil pode ser produzido com a informação, para que ela seja utilizada no processo de decisão.

Relevância

Os contadores elaboram as demonstrações contábeis baseando-se nos Princípios de Contabilidade. A questão que se impõe é: qual a relevância dessas demonstrações contábeis para os administradores?

Não se pode esquecer que as demonstrações contábeis representam o método mais confiável e amplamente aceitável para a comunicação com usuários externos, não com o grupo gerencial que necessita de algo mais específico.

Esse grupo gerencial é composto pelos leitores mais importantes dessas demonstrações, aqueles que precisam de informações para fundamentar as decisões necessárias à continuidade próspera dos negócios.

Aqui há uma oportunidade profissional excepcional: o que faz mais sentido, gerenciar e reportar informações consideradas essenciais para o dia a dia dos negócios ou preparar informações para distribuição a usuários externos?

Se a função principal do departamento de contabilidade for tão somente a de zelar pela conformidade dos registros com os Princípios de Contabilidade, então é fácil predizer o futuro desse departamento: corte de pessoal e redução de investimentos, volume de trabalho sempre crescente e, talvez, a terceirização. Pode ser que, nessas circunstâncias, o emprego do pessoal da contabilidade esteja em risco.

Para que a informação contábil seja relevante, é necessário ser apresentada de uma maneira processável, entendível e digerível. Para encontrar esta maneira, os contadores, primeiramente, precisam identificar quem são os tomadores de decisão, quando decidem, baseados em quais informações, onde está essa informação, por que é necessária e como é usada.

Significa dizer que o papel do diretor financeiro e do controlador deve mudar do gerenciamento financeiro para o de gerenciamento da informação. Novas habilidades serão requeridas para produzir informações oportunas, relevantes, concisas e substancialmente precisas.

CUIDADO

Os contadores, para se manterem relevantes e com elevada empregabilidade, deverão representar papéis que possivelmente serão novidade para eles, como promotores, educadores e visionários. Estou me referindo ao papel que a sociedade espera do contador no século XXI.

— Vamos juntos examinar cada um desses novos papéis de per si? — perguntei ao Dr. TroncoCel, que concordou prontamente após sorver mais um gole daquele vinho dos deuses!

O Contador como Promotor do Debate

Identificar oportunidades e áreas de preocupação é parte do papel desempenhado pelo contador e, assim, alertar à alta direção, a fim de promover uma ampla discussão. Cabe ao contador extrair o significado substantivo que está por trás dos dados, simplificar e realçar os aspectos mais relevantes e, então, apresentá-los de forma clara. Este é o papel do promotor: interpretar, não simplesmente relatar. Preparando-se para o exercício desse papel, o contador deve determinar o formato ideal da mensagem a ser passada à gerência, primeiro analisando as demonstrações contábeis, calculando índices para análise, revisando estatísticas operacionais consideradas chaves, bem como estudando os fatores críticos de sucesso do negócio.

Índices de análise de balanço permitem identificar os pontos fortes e fracos de um determinado negócio, apresentando múltiplas perspectivas, por exemplo, comparando o desempenho atual com o passado ou, ainda, comparando com outras empresas do mesmo porte e do mesmo segmento econômico.

Calcular uma bateria de dez, 15 índices não é o que se deseja para o contador no papel de promotor do debate. O promotor empresta criatividade à tarefa, examinando as possíveis interações entre os dez, 15 diferentes índices, identificando questões ou trazendo à luz conclusões a partir da análise conjunta dos índices.

LEMBRE-SE

Índices não são a única ferramenta que o contador no papel de promotor poderia usar. Considere estatísticas operacionais chaves e fatores críticos de sucesso. Cada gerente operacional tem diferente necessidade de informação: um poderá estar mais preocupado com a quantidade de horas trabalhadas, horas extras, retrabalho ou sobras para sucata, enquanto outro estará mais interessado no volume de ordens de produção por dia, entregas, recebimentos e faturamento. Para o contador, isto é informação contábil básica, mas, para o gerente operacional, isto é informação imprescindível para a sobrevivência do negócio.

Quando o contador tiver completado a análise, as informações devem ser passadas à alta administração em um formato que permita rápida percepção da mensagem. Para tanto, existem vários programas de computador que facilitam enormemente a tarefa do contador, dispondo dados em forma gráfica — sempre preferível ao formato texto —, criando inúmeras possibilidades de apresentação.

A apresentação de informações de natureza econômica, via de consequência, devem responder às seguintes questões:

» Para aonde a empresa está indo?
» Ela está otimizando seu potencial de lucros?
» Está suficientemente capitalizada para fazer face à atual tendência do mercado?
» Quais são os problemas mais prementes?
» Que oportunidades a empresa estaria capacitada a usufruir?
» Quais áreas necessitam de melhorias com alto retorno?
» Existem áreas que expõem a empresa a risco excessivo?
» Há informações suficientes e confiáveis para avaliar o desempenho individual e servir de suporte para uma política de recompensa?
» O sistema de informações fornece um aceitável nível de detalhes e tempestividade para todos os níveis gerenciais?
» A empresa exagera no gerenciamento de custos e negligencia no gerenciamento das vendas ou vice-versa?

O Contador como Educador

Com frequência, os contadores ficam tão ocupados preparando e disseminando informações que acabam se esquecendo que elas são inúteis, a menos que alguém as use. É neste ponto que o papel de educador entra em cena.

CUIDADO

Antes que os contadores possam desenvolver habilidades de educador, é necessário que entendam que nunca devem colocar os administradores em uma posição constrangedora de reconhecer que não estão entendendo o material o qual lhes está sendo apresentado pelos contadores.

Não é verdadeira a premissa comumente usada pelos contadores de que se eles soubessem, ou se alguém os tivesse avisado, eles teriam o cuidado de explicar o conteúdo, o significado e a utilidade da informação.

A questão fundamental é a seguinte: para ser eficaz, o contador necessita educar sua audiência, no caso presente, os gerentes e administradores — aqueles genuínos consumidores da informação contábil — para entenderem a linguagem dos negócios. Linguagem dos negócios é a contabilidade.

O processo de educação dos usuários inclui, pelo menos, as seguintes medidas:

» treinamento individual do executivo usuário da informação, quando o contador apresentaria o formato que pretende utilizar e interpretaria o conteúdo passo a passo, recolhendo sugestões para melhor apresentação das informações contábeis, do ponto de vista do usuário;

» participação como instrutor em cursos e seminários frequentados por executivos, sobre a utilização da informação contábil no processo decisório;

» preparando artigos para publicação na mídia preferida por executivos;

» criação de site na internet para divulgar, por meio de blogs, podcasts e vídeos, conceitos, estudo de casos, perguntas e respostas, fóruns interativos, sobre o uso da contabilidade no dia a dia dos negócios.

No plano interno das empresas, o contador no papel de educador deve procurar incrementar a qualidade da comunicação e estabelecer uma ponte permanente entre o departamento de contabilidade e os demais departamentos.

Os benefícios resultantes incluiriam:

» aceleração da interação interdepartamental,

» promoção de maior respeito pelo trabalho alheio,

» demonstração de que a função e a utilidade da contabilidade vão muito mais além do registro puro e simples das transações.

Considere-se a variedade de relatórios que o departamento de contabilidade distribui. Pelo menos duas vezes ao ano, o contador deveria enviar esses relatórios acompanhados de um questionário perguntando se os destinatários veem utilidade neles, com que frequência tomam decisões baseadas nas informações ali contidas, e se esses relatórios alimentam outro banco de dados exclusivo daquele departamento.

Se for perguntado ao destinatário simplesmente se o relatório é usado, ele responderá afirmativamente e relatórios desnecessários continuarão a ser preparados e distribuídos. Perda inútil de tempo e de material.

Com as respostas ao questionário, o contador pode moldar os relatórios às necessidades dos usuários. E mais, se o destinatário disser que um determinado relatório alimenta um outro banco de dados, o departamento de contabilidade poderá prepará-lo de forma a otimizar esta interação, caso contrário, sistemas redundantes continuarão a proliferar.

Outra técnica de disseminação da informação contábil que os administradores acharão útil é variar o método de comunicação. Sempre que possível, o contador deveria fazer apresentações orais, usando dados concisos abordando sua visão acerca das condições da empresa, bem como sua visão quanto a decisões estratégicas.

Para alguns contadores, essas apresentações podem representar um problema, na medida em que eles terão de revelar o que pensam a respeito da empresa. Todo mundo sabe que os contadores se sentem mais confortáveis falando às pessoas sobre eventos de natureza econômica que ocorreram e seus reflexos nas finanças da empresa, não sobre suas opiniões sobre a condução dos negócios.

A razão para o desconforto é simples: os contadores sabem que, quando se determina de que forma os eventos presentes poderiam influenciar o futuro, está se fazendo um exercício de adivinhação, e quando se tenta adivinhar, pode-se cometer erros, e os contadores não gostam de errar.

LEMBRE-SE

Deve-se ter em mente que o mais importante executivo da empresa não espera precisão absoluta quando o contador prediz o futuro. O cara que manda para caramba busca antecipar perspectivas futuras, cenários e tendências.

PREVISÃO PARA OS PRÓXIMOS 50 ANOS SÃO INÚTEIS!

Eu gosto muito de ler a coluna *Banda Executiva* escrita pela ótima jornalista Lucy Kellaway. Ela é colunista do *Financial Times* e sua coluna é publicada às segundas-feiras, na editoria de Carreira do jornal *Valor Econômico*.

Na coluna do dia 22 de setembro de 2014, Lucy fala da inutilidade de se fazer previsões para um horizonte muito longo, quando ela comentou um estudo feito por uma famosa consultoria de estratégia.

Capturei um parágrafo bem bacana, que mostra o que as pessoas normalmente pensam dos contadores. Ela escreveu literalmente:

"Contadores, que como um todo são bem mais sensíveis que os consultores de gestão, geralmente não olham para além de um ano quando estabelecem se uma empresa é uma preocupação. Faço parte de um conselho em que as vezes fazemos planejamento para os próximos cinco anos — o que é um exercício bem prazeroso, além de ser útil jogar com as várias coisas que podem acontecer —, mas todos sempre tomam isso com cautela. Conforme observou meu colega Tim Hartford, um dos motivos de as previsões serem tão inúteis, é que elas não são, na verdade, previsões, são exercícios de marketing."

— E nessa parada, Dr. TroncoCel, a contabilidade e os contadores são imbatíveis!

O Contador como Visionário

O departamento de contabilidade necessita implementar sistemas que ajudem os gerentes a ver e reagir às mudanças na medida em que ocorrem. O contador necessita dedicar tempo para a realização de tarefas de alta indagação, como pensar e analisar, não apenas executar.

O tempo é uma variável inelástica, desperdiçou um minuto, ferrou. O contador deve delegar o trabalho repetitivo para os auxiliares. Quando o contador, no exercício da função de registro, procede corretamente, isento de erro, o feijão com arroz, ele não está agregando muito valor à empresa para que trabalha. Quando, baseando-se em informações produzidas pela contabilidade, prediz tendências, aponta alternativas, o contador está dando inestimável contribuição para o progresso da empresa.

O mundo corporativo é dinâmico, tendências mudam com frequência, novas formas de conduzir os negócios precisam ser constantemente reinventadas. As mais importantes mudanças para os cinco, dez anos já estão diante de nós, e conduzir um negócio para ser bem-sucedido em uma era que está por vir necessitará de visionários para antecipar o futuro e, então, planejar a reestruturação gerencial requerida para o mundo novo que está chegando.

LEMBRE-SE

A chave para desvendar o futuro que nos espera é a informação — como é coletada, processada, analisada e disseminada. Esta área é talhada para o contador e representa enorme oportunidade profissional que não pode ser desperdiçada.

— Viva, viva! — Mandei ver com todo meu insuperável entusiasmo pela contabilidade, deixando o Dr. TroncoCel de boca aberta!

O contador pode atuar como um agente de mudanças, motivando e encorajando a alta administração a exercitar a construção de cenários futuros. Para isto, o contador deve se perguntar em que áreas ocorrerão mudanças nos próximos anos e certamente haverá uma lista prioritária.

Pelo menos duas áreas constarão na lista de prioridades: tecnologia e técnicas de administração.

Tecnologia

Como o intercâmbio de dados e transferência eletrônica de fundos afetará a empresa? Com o custo de manuseio de papéis crescendo e a tendência de desregulamentação dos bancos, negócios realizados eletronicamente deverão crescer exponencialmente.

Sistemas de imagens usados para armazenar e recuperar documentos mudarão a forma como a informação é acessada. Não se está sugerindo que o contador se transforme necessariamente em um gerente de tecnologia da informação. Mas, o desempenho do papel de visionário requer um conhecimento estratégico da tecnologia emergente.

Técnicas de Administração

Gerenciamento financeiro sofisticado, aqueles usados por corporações mundiais, estão se tornando acessíveis a empresas dos mais variados portes. É preciso ficar atento às diversas modalidades de estruturação de dívidas e a pacotes de acesso a incentivos fiscais que estão aí e aqueles que ainda vão rolar no mercado. Nunca é demais lembrar que o mercado financeiro é muito dinâmico e criativo.

É sempre bom destacar que a tarefa do visionário é planejar, ou seja, determinar para aonde o mercado da empresa está se movendo e descobrir, no presente, maneiras para satisfazer essas necessidades futuras previamente identificadas.

O Desafio

O contador tem muitos papéis novos a desempenhar, no presente e, sobretudo, no futuro. Alguns deles são muito difíceis e vão requerer a ampliação do horizonte intelectual e emocional.

O amanhã do contador claramente indica que ele deverá olhar muito além do simples registro contábil das transações e preparação de relatórios. O contador deverá se tornar o parceiro da alta administração, assumindo papel relevante, focalizando nos aspectos decisivos do negócio.

O produto final do trabalho do contador não é o relatório. O produto final do trabalho do contador é transformar dados contábeis em conhecimento. É um trabalho desafiador e excitante, cheio de recompensas pessoais.

— O contador é "o cara". Como também são os médicos pesquisadores.

Nesse ponto, o Dr. TroncoCel se levantou da confortável poltrona e bradou em tom de desafio:

— Os contadores estão preparados para o desafio que se apresenta?

Respondi:

— Preparadíssimos, meu caro doutor!

E finalmente chegamos à Nova York. Eu convencido de que células-tronco são o futuro e o Dr. TroncoCel convencido de que a contabilidade é o presente e o futuro das organizações de sucesso.

— Tripulação, portas em manual.

5 A Parte dos Dez

NESTA PARTE...

Vou aproveitar esta parte do livro para chamar a atenção sobre aspectos interessantes da contabilidade que às vezes escapam do olhar atento dos leitores, quando eles estão lendo os balanços publicados nos jornais. É o caso, por exemplo, das fraudes corporativas com o uso de malandragens, maracutaias e esquisitices contábeis para tentar esconder falcatruas e malfeitorias de gente desonesta com carinha de anjo. Refrescar a memória com alguns conceitos importantes também é saudável, nesta altura do campeonato.

> **NESTE CAPÍTULO**
>
> Conceito de fraude
>
> Casos típicos de fraudes na contabilidade
>
> Medidas eficientes para combater fraudes

Capítulo 15
Dez Questões Elementares para Descobrir Fraudes nos Balanços

A responsabilidade pela elaboração e divulgação de demonstrações contábeis contendo informações úteis, honestas e fidedignas cabe, exclusivamente, aos dirigentes das empresas e das entidades. É de fato inconcebível, no curso normal das atividades, que os próprios dirigentes pratiquem fraudes contra terceiros adulterando balanços. Até mesmo as mais ingênuas pessoas não vão acreditar que as fraudes que ocorrem nas empresas e nas entidades não eram do conhecimento ou até mesmo do consentimento dos caras que estão no topo da cadeia alimentar.

De maneira ampla, fraudes podem ser praticadas por qualquer pessoa dentro da empresa ou da entidade que tenha a oportunidade, motivos ou razões para assim o fazer. E quem normalmente são as vítimas das fraudes? Podem ser os dirigentes, os proprietários, os credores, o fisco, enfim, alguém que foi prejudicado com a perda de dinheiro ou com a perda de prestígio ou ambos. Pior de tudo, cara, é que a quantidade de fraudes nas empresas só tende a crescer.

Afinal, o que É Fraude?

No mundo civilizado há fraude para todos os gostos. Fraudes cambiais — remessa de divisas para fora do país sem o consentimento das autoridades e sem pagamento de tributos — e de dinheiro sem origem legalmente comprovável. Há também fraudes em loterias, em resultado de jogos de futebol, em concursos de misses siliconadas, em lutas de boxe, em eleições sem urna eletrônica, tudo, claro fora do Brasil!

O que interessa mesmo a meus leitores é a tal da fraude contábil, essa, sim, acontece aqui em nossa terra da promissão, linda por natureza. Praticamente, todos os meses aparecem casos escabrosos desse tipo de fraude em que se usa a contabilidade para propósitos nada republicanos, e que fazem com que o Luca Pacioli — gênio do bem que inventou o método das partidas dobradas — se revire na cova.

Juridicamente, fraude é o ato intencional, de má-fé, praticado por uma ou mais pessoas com o objetivo de obtenção de vantagem financeira indevida, causando prejuízo a terceiros. Portanto, fraude é um ato criminoso deliberado.

Para os contadores que, aliás, estão de acordo com a definição jurídica, fraude é caracterizada pela existência de quatro elementos básicos:

» a existência de afirmação e/ou demonstração falsa. Pode ser lançamento contábil isolado ou o conjunto de demonstrações contábeis elaboradas e apresentadas deliberadamente em desacordo com os Princípios de Contabilidade;

» o pleno conhecimento do fraudador de que o lançamento contábil e/ou a demonstração contábil são deliberadamente falsos;

» a vítima da fraude confiava na demonstração contábil e, obviamente, não sabia que ela era falsa;

» a existência de prejuízo financeiro quantificável sofrido pela vítima da fraude.

Para deixar bem claro como os contadores interpretam o que é fraude, os quatro elementos listados acima podem ainda ser subdivididos em dois tipos característicos: causa e efeito da fraude.

260 PARTE 5 **A Parte dos Dez**

Os elementos que caracterizam as fraudes pertencem a dois tipos distintos:

- » causa que deu origem à fraude,
- » efeito danoso da fraude.

Causa que Deu Origem à Fraude

São consideradas causas que deram origem à fraude a existência de afirmação e/ou demonstração contábil falsas e o pleno conhecimento do fraudador de que ele estava fazendo algo para enganar alguém, qualquer que seja a manobra contábil que ele — esse elemento pernicioso e mau caráter — tenha feito.

Efeito Danoso da Fraude

O efeito da fraude é o prejuízo intencionalmente causado a terceiros — gente inocente e do bem — vítima de espertalhões mal-intencionados. É a combinação de dois elementos básicos da fraude: a crença da vítima de que a demonstração contábil era fidedigna e a existência de comprovado prejuízo financeiro.

Balanços Fraudulentos

A literatura técnica define balanços fraudulentos como sendo a tentativa deliberada dos dirigentes da empresa ou da entidade de enganar investidores e credores por meio de demonstrações contábeis contendo dados e informações significativamente falsos, conduzindo-os — investidores e credores — a conclusões equivocadas.

Por que se Fraudam Balanços?

São tantos os motivos para se fraudar balanços que eu deveria escrever um outro livro sobre o assunto. Acho que seria um sucesso editorial sem precedentes e bem que poderia ter o título: "*Fraudes Para Leigos: Os Onze Tons de Cinza da Safadeza Corporativa*". Excitante e útil, concorda?

Se você prestar atenção no cotidiano, vai ficar espantado com a abundância de casos de fraudes que estão rolando por esse mundo injusto afora e os noveleiros já descobriram o filão, de forma que novelas de grande audiência já abordam fraudes em suas tramas. Você já tinha sacado isso ou é preciso que eu refresque sua memória sobre aquela novela ambientada em um hospital, em que os protagonistas tinham amor à vida?

Basicamente, existem duas razões objetivas para a fraude, nenhuma delas eticamente justificável sob qualquer aspecto.

Razões nada éticas para se cometer fraudes:

> » fraude cometida para embolsar grana pura e simplesmente,
>
> » fraude cometida para fazer com que os incautos, ingênuos e inocentes acreditem que a empresa é maior e melhor no papel do que de fato é na realidade.

Com um pouco mais de detalhes, listo agora algumas das razões mais comuns para se cometer fraudes nas demonstrações contábeis. Fique esperto!

> » Para falsamente demonstrar que a empresa atingiu objetivos e metas prometidas aos investidores e ao mercado.
>
> » Para que os executivos recebam indevida e injustamente seus polpudos bônus anuais por terem atingido, falsamente, as metas que lhes foram impostas.
>
> » Para encorajar a compra de ações da empresa falsamente valorizada.
>
> » Para esconder desempenho ruim que levaria a uma avaliação negativa por parte do mercado.
>
> » Para obter financiamento ou condições financeiras mais favoráveis.
>
> » Para alavancar o preço do negócio em eventual fusão ou venda do controle acionário.

PAPO DE ESPECIALISTA

Por essa pequena lista a gente já conclui que nem sempre a motivação para se cometer fraude implica na obtenção imediata de ganho para o fraudador. O que se constata é que as justificavas são amplas, que vão desde a subvalorização de despesas, a supervalorização de receitas para encorajar gente desavisada a investir na empresa, até mesmo a obtenção de vantagens pessoais simulando o atingimento de metas e objetivos, para que o fraudador mantenha sua posição hierárquica ou faça jus a bônus baseado em desempenho.

FIGURA 15-1: Triângulo da fraude.

Pressão sobre as pessoas

• Objetivos financeiros corporativos e pessoais pouco realistas

Oportunidades identificadas pelo fraudador

• Controles ineficientes ou funcionários incompetentes em cargos de confiança

Racionalização ou justificativa para a fraude

• Pensamento do tipo: *"isso não é ilegal"*, *"todos fazem"*, *"meu salário é baixo"*...

Casos Típicos de Fraude

A criatividade humana não conhece limites tanto para as coisas boas quanto para as coisas ruins. Não se pode dizer que os fraudadores não sejam pessoas dotadas de inteligência. O fraudador tem inteligência. O que o fraudador não tem é caráter!

Com o uso de computadores e softwares especializados para o registro contábil das transações, duas coisas aconteceram:

» ficou imensamente mais fácil e rápido fechar o balanço,
» as fraudes ficaram mais sofisticadas e difíceis de se detectar.

CUIDADO

Já ouvi alguém muito bem posicionado na gerência de um dos maiores bancos brasileiros afirmar categoricamente que eles, os caras que trabalham na prevenção e detecção de fraudes bancárias, estão dois ou três passos atrás dos larápios cibernéticos. A coisa está feia, mano!

Esquemas Safadinhos

Os casos de fraudes que vou relatar sem identificação dos autores, das vítimas e das empresas em que ocorreram servem para dar uma pequena, mas valiosa, dimensão do que está rolando por aí bem pertinho de você.

Casos mais comuns de fraudes nos balanços:

» reconhecimento de receitas em períodos incorretos;

» postergação do reconhecimento contábil de custos associados às receitas;

» receitas fictícias;

» outros esquemas indecorosos, deploráveis e criminosos.

Reconhecimento de Receitas em Períodos Incorretos

O reconhecimento de receitas das vendas de produtos, da revenda de mercadorias e da prestação serviços fora do período de competência envolve uma ou duas diferentes manobras:

» Reconhecimento da receita de vendas antes de completar o ciclo, isto é, reconhecimento precoce da receita antes da consumação da venda. Geralmente, contabiliza-se a venda quando o vendedor emite o pedido, desrespeitando o princípio contábil de competência e os critérios de reconhecimento de receitas, conforme eu expliquei nos Capítulos 4 e 5.

» O custo das vendas é contabilizado em data posterior à consumação da venda, isto é, a contabilização fica capenga ou perneta: a receita é contabilizada no período correto, mas se joga a contabilização do custo dessa venda para outro período, lá na frente. Bacana, é a venda sem custo! Os Capítulos 4 e 5 indicam o caminho correto para o reconhecimento contábil de custos e despesas.

Inventando Receitas

As vendas estão fracas e pelo visto os diretores não conseguirão bater as metas e vão ficar a ver navios no final do ano. Os bônus foram para o beleléu! E é aí que entra a criatividade para o mal. Já que não há compradores para os produtos, o negócio é inventar receita.

A invenção de receitas pode ocorrer de várias formas: vendas fictícias, vendas majoradas e até mesmo contabilizar empréstimo bancário como receita. As vendas fictícias envolvem clientes fantasmas ou inflar o valor de uma venda verdadeira. O que o fraudador faz nesses casos é registrar a venda fictícia em data próxima ao fechamento do balanço, de modo a dar a impressão de que as coisas estão bem. Logo no primeiro mês seguinte ao balanço essas vendas fictícias são canceladas.

Outros Esquemas Deploráveis

Uma listinha esperta de outros casos de manipulação para enganar investidores e credores.

- » Percentual de conclusão de projetos de longo prazo. Antecipação de lucro em projetos que a diretoria já sabe que estão atrasados ou simplesmente para melhorar o resultado de um determinado exercício.

- » Evidenciação incorreta de transações com partes relacionadas para esconder conflitos de interesse ou mascarar o resultado dessas transações.

- » Valorização incorreta de ativos para melhorar a situação financeira da empresa para fins de balanço.

- » Diferimento incorreto de custos e despesas para transferir ou antecipar resultado de um ano para outro.

- » Informações incorretas ou falsas no Relatório da Administração e nas notas explicativas para esconder problemas ou para criar uma falsa percepção de que os negócios estão indo bem.

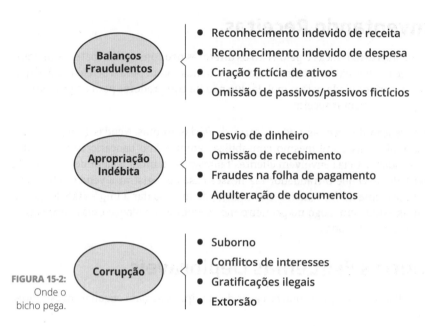

FIGURA 15-2: Onde o bicho pega.

Principais Fraudes Cometidas

Para dizer que não chamei sua atenção, vou mandar agora um cardápio das coisas mais absurdas que estão acontecendo nas empresas, apesar da sofisticação dos controles, do uso intensivo de computadores de última geração e dos softwares de gestão caríssimos.

Principais fraudes em áreas específicas dos balanços:

- » em caixa e equivalentes de caixa,
- » em contas a receber, principalmente, de clientes,
- » em estoques.

Em Caixas e Equivalentes de Caixa

Basicamente, os desfalques se caracterizam pelo desvio de dinheiro por intermédio de uma série de artifícios que vou listar. Quer ver?

- » Omissão de recebimentos.
- » Adulteração de comprovantes de desembolsos.

- » Somas incorretas, a menos, de recebimentos compensados por soma a maior de descontos ou abatimentos.
- » Falsificação das conciliações bancárias.
- » Cheques emitidos e não lançados ou lançados por valor inferior.
- » Pagamentos de natureza estranha ao objetivo inicial.
- » Pagamento de despesas falsas com comprovação forjada.
- » Pagamentos de faturas falsas ou repetidas.
- » Pagamento de salários não reclamados a falsos empregados.
- » Majoração indevida de totais das folhas de pagamentos de salários.
- » Concessões fictícias de adiantamentos de salários.

Em Contas a Receber

As fraudes em contas a receber são muito comuns naquelas empresas em que os controles são frágeis. Geralmente, essas fraudes são cometidas por funcionários que descolam uma graninha embolsando recebimentos dos clientes. Em hipótese alguma estou dizendo que não existam casos em que o chefão foi o cara do mal. Nesses casos, aliás não tão raros, os caras que estão no topo da cadeia elementar praticam fraude no balanço por meio da inclusão de contas a receber fictícias e/ou pela falta de baixa de contas sabidamente incobráveis.

Vamos ver os casos de fraudes mais comuns?

- » Ocultação de recebimentos.
- » Omissão de fatura no registro de contas a receber.
- » Adulteração da soma do registro de contas a receber.
- » Lançamentos de notas de crédito fictícias.
- » Superavaliação de contas a receber com receitas inexistentes.
- » Antecipação de faturamento.
- » Inclusão de vendas consignadas como contas a receber.
- » Não contabilização de perdas por inadimplência.
- » Ocultação da vinculação de contas a receber com operações passivas de financiamentos.

Em Estoques

A coisa aqui é mais óbvia, podendo variar do furto puro e simples de componentes que estão estocados até casos sofisticados de manipulação do valor de avaliação do inventário para fins de balanço.

Uma listinha dos casos mais comuns sempre cai bem, certo?

» Furto de componentes.

» Inclusão nos inventários de estoque fictício.

» Erros de cálculo na valorização dos inventários.

» Antecipação fictícia de compras.

» Manipulação do custo dos produtos vendidos.

» Questões relacionadas à valorização dos estoques — custo *versus* mercado *versus* valor justo.

Definindo o Papel de Cada Um

Responsabilidades dos Auditores Independentes	Responsabilidades dos Administradores
• Não é responsabilidade do auditor independente a prevenção e detecção de erros e fraudes • É responsabilidade do auditor independente avaliar os controles internos e propor melhorias, se necessário • É responsabilidade do auditor independente opinar sobre a fidedignidade das demonstrações contábeis	• É responsabilidade da administração prevenir e detectar erros e fraudes • É responsabilidade da administração a implantação e monitoramento do sistema de controles internos • É responsabilidade da administração elaborar demonstrações contábeis fidedignas

FIGURA 15-3: Definição de responsabilidades.

> **CONVIVENDO COM O INIMIGO**
>
> Materiais de escritório mais furtados nas empresas:
>
> - lápis ou caneta: 81%
> - post-its e cadernos: 31%
> - clips de papel: 28%
> - grampeador: 22%
> - fita adesiva: 14%
> - cartucho de impressão: 9%
>
> Fonte: Pesquisa da Office Max de maio/2010 publicada na revista *Mundo Estranho* — 09/2010

Medidas Eficientes para Combater Fraudes

A forma mais eficiente de prevenir e detectar fraudes ainda é o velho e bom sistema de controles internos. Quando se fala em controles está se tratando de duas questões muito importantes:

» o controle propriamente dito das operações por meio de rotinas e processos,

» contratação e treinamento de gente competente e honesta.

Procurando na internet dados estatísticos sobre a ocorrência de fraudes, encontramos várias pesquisas interessantes que não vou pensar duas vezes para compartilhar os resultados com você.

» Fraudes podem resultar em perdas significativas.

Pesquisa da *Association of Certified Fraud Examiners* indica que, em média, as perdas estimadas por fraude custam anualmente perto de 6% do total das receitas das empresas, no mercado americano.

Pesquisa internacional da Ernst & Young sobre fraudes indica que pelo menos 50% das perdas das empresas por fraudes não são recuperáveis.

» A ênfase no combate à fraude deve se concentrar no monitoramento interno.

Ainda de acordo com a pesquisa da Ernst & Young, mais de 85% das ocorrências de fraudes nas empresas estão ligadas aos profissionais que ali trabalham — funcionários e membros da administração.

» Prevenir é melhor que remediar, segundo pesquisa da EY.

As empresas que não aprimoram seus controles internos de forma a prevenir e detectar fraudes provavelmente terão a recorrência do problema, isto é, houve a fraude e não melhorou os controles internos, vai ter fraude novamente, com certeza.

Apenas cerca de 50% das empresas pesquisadas mantêm controles para prevenir e detectar fraudes.

TABELA 15-1 **Pesquisa da EY sobre fraude**

Identificação de Fraude	Prevenção	Detecção
Controles internos	1	1
Análise da administração	2	4
Auditoria interna	3	3
Auditoria independente	4	6
Denunciantes	5	2
Acidente	6	5

Legenda: 1 = Mais eficaz; 6 = Menos eficaz

Como o Controle Interno Deve Ser Estruturado

Ao se estabelecer procedimentos de controle interno para prevenir e detectar fraudes, é necessário que se faça uma avaliação prévia dos riscos que existem dentro da empresa com relação à ocorrência de fraudes. Os riscos devem ser avaliados em três categorias:

» risco alto de ocorrência de fraudes,
» risco moderado de ocorrência de fraudes,
» risco baixo de ocorrência de fraudes.

Quanto mais alto o risco de ocorrência de fraude, mais rigoroso e intenso serão os procedimentos de controle interno especificamente criados para prevenir e detectar fraudes. Por outro lado, em ambientes em que exista um baixo risco de ocorrência de fraude, os controles internos não precisarão ser tão específicos e rigorosos.

Combate Intenso e sem Piedade às Fraudes

As empresas podem combater as fraudes se apoiando em três pilares:

» Prevenção: controles que previnem a ocorrência de fraudes.

Normas e procedimentos de controle interno, específicos para prevenir a ocorrência de fraudes.

Auditoria interna para verificar o cumprimento das normas e procedimentos específicos de controle interno estabelecidos para prevenir a ocorrência de fraudes.

» Detecção: controles que detectam a ocorrência de fraudes.

Auditoria investigativa.

Canal de denúncias.

» Ação: atitude positiva quando detectar fraudes.

Punição exemplar.

Aprender com as ocorrências e aperfeiçoar os controles.

Prevenir significa ter controles para não deixar acontecerem fraudes. Detectar significa ter controles para identificar imediatamente a fraude. Ação significa uma atitude positiva por parte da gerência em que a tolerância com fraude precisa ser zero, para desestimular a recorrência.

O controle interno deve ser capaz de responder as quatro perguntas fundamentais para que a empresa possa juridicamente recuperar os prejuízos e fazer com que as autoridades punam os fraudadores.

» Quem foi que fraudou?

» Como foi feita a fraude?

» Quando a fraude foi praticada?

» Quanto foi a perda?

Investigação de Fraude

A figura abaixo ilustra como as empresas podem minimizar os danos causados pela ocorrência de fraudes em seus domínios.

Entendimento de Eventos de Fraude	Evidências Confiáveis	Análise de Evidências	Entrevista de Suspeitos e Testemunhas	Avaliação de Descobertas, Relatório, Medidas
O que aconteceu?	Onde podemos encontrá-las?	Existem ferramentas disponíveis?	Temos a competência necessária?	Como a fraude ocorreu?
Qual foi o dano?	Podem ser utilizadas para fins de medidas legais?	O que estamos procurando?	É possível conseguir uma confissão?	As perdas podem ser recuperadas?
Quem está envolvido?				

FIGURA 15-4: Investigação de fraudes.

FRAUDES

Ato intencional, de má-fé, visando obtenção de vantagem financeira

- Manipulação, falsificação ou alteração de registro e documentos
- Desvio de ativos
- Supressão ou omissão de transações
- Registro de transações sem suporte
- Desvio de diretriz contábil dominante

ERRO

Ato não intencional

- Erros aritméticos, de registro, de interpretação, descuido, desídia
- Aplicação equivocada de diretriz contábil

LAVAGEM DE DINHEIRO

Tentativa de legalização de dinheiro obtido em atividades ilícitas

- Tráfico de drogas, propinas, corrupção, sequestros, roubos...

FIGURA 15-5: Definições importantes.

A PARMALAT ESCONDIA O LEITE!

A EMPRESA

A Parmalat foi fundada por Calisto Tanzi em 1961, na cidade italiana de Parma, e tinha negócios no setor alimentício em 25 países. A Parmalat opera no Brasil desde os idos de 1977.

Empresa aparentemente próspera e sólida, em 2003 deixou de pagar debêntures (*bonds*) no valor de 185 milhões de dólares e virou um escândalo quando se descobriu um rombo de mais de cinco bilhões de dólares em suas contas. Em consequência do não pagamento das debêntures e do descobrimento do rombo, a Parmalat teve sua falência decretada na Itália e sofreu intervenção do governo local.

O GOLPE NOS INVESTIDORES, NO FISCO E NAS AUTORIDADES ENCARREGADAS DA FISCALIZAÇÃO DO MERCADO DE CAPITAIS

Buscando demonstrar uma aparência saudável, de empresa sólida, a Parmalat apresentava balanços que não condiziam com a realidade da empresa. Ela era mais bonitinha no papel do que na realidade dos fatos.

Os diretores da Parmalat inventaram ativos para compensar um passivo oculto de 13 bilhões de euros. Supervalorizaram bens da empresa para aparentar lucro muito maior do que tinha. Como pode? E o pior: a falsificação não foi feita de uma taca só não, a fraude no balanço foi praticada por um período ininterrupto de 15 anos!

Caso para lá de comum e ninguém desconfiava!

OS RESPONSÁVEIS PELA FRAUDE — *TUTTI BUONA GENTE!*

À frente da fraude estava o presidente e fundador da Parmalat, o condestável Calisto Tanzi, auxiliado por uma equipe imbatível: Fausto Tonna — vice-presidente financeiro; Gian Paolo Zini — advogado da empresa; Luciano Del Soldato — ex-diretor financeiro; Stefano Tanzi — filho do homem; Giovanni Tanzi — irmão do homem; e, finalmente, Luciano Silingardi, um ex-executivo da Parmalat.

Todos foram considerados culpados em diferentes graus por agiotagem ou especulação abusiva, obstáculo à autoridade encarregada da fiscalização do mercado financeiro italiano, falsidade de documentação contábil, falência fraudulenta e desvio de, pelo menos, um bilhão de euros de várias empresas do Grupo Parmalat.

Foram condenados a penas que variaram de dez anos a 11 meses de prisão e sem direito ao macarrão da *mama* aos domingos!

LEMBRE-SE Controle é a combinação de atitude, pessoas e processos. Gente e dinheiro são quimicamente incompatíveis. O preço do combate à fraude é a eterna vigilância. Disque denúncia funciona!

CUIDADO A verdade nua e crua: o advento da tecnologia da informação, da informática, da tecnologia de forma geral, em vez da prometida redução ou até mesmo da eliminação de erros e fraudes propiciou, em verdade, o crescimento assustador dessas ocorrências.

> **NESTE CAPÍTULO**
>
> Como extrair informações das demonstrações contábeis
>
> Liquidez, lucratividade, rentabilidade e capital de giro não são a mesma coisa
>
> Cada usuário tem um olhar distinto do que rola nos negócios

Capítulo 16
Dez Dicas para Extrair o Máximo dos Balanços

Nós juntos já descobrimos que a contabilidade presta um serviço bem bacana para todos aqueles que estão querendo saber o que está acontecendo justamente naquela empresa que se está de olho. A contabilidade revela muito, mas não revela tudo. E apesar de certas limitações importantes — que também foram objeto de bons comentários neste livro — a contabilidade é insubstituível para se avaliar se uma empresa vai bem ou está indo para o buraco, se tem capacidade para pagar suas dívidas ou se vai quebrar a qualquer momento.

Neste capítulo, é meu firme propósito dar algumas dicas legais para que você, leitor, faça uma leitura apropriada das demonstrações e encontre as respostas para as dúvidas e indagações que estão lhe assaltando. Até mesmo por curiosidade é preciso saber onde buscar aquilo que se está procurando. Demonstração contábil, infelizmente, foi feita para ser lida e entendida com um certo grau de conhecimento técnico, coisa que você, acredito, está capacitado a esta altura. Como diz o poeta, recordar é viver, então, vamos recordar juntinhos, certo?

Como Extrair Informações das Demonstrações Contábeis

Verdade, tudo de que você precisa para entender o que aconteceu na empresa naquele ano que passou está bem ali à mão, guardadinho a espera de olhos curiosos. É apenas uma questão de saber onde procurar e, pimba, extrair a informação de que se precisa.

Há um ritual para a extração e coleta de dados e informações que estão embutidas nas demonstrações contábeis. O ritual começa com a definição dos objetivos que se tem em mente, respondendo a mais das prosaicas perguntas: o que estou buscando? Definidos o mais amplamente possível os objetivos, o próximo passo é ir direto ao ponto, quero dizer, localizar nas estranhas do balanço a informação necessária.

O conjunto de demonstrações contábeis publicado periodicamente nos jornais de grande circulação contém uma montoeira de números e as pessoas podem se sentir perdidas e até mesmo desestimuladas a buscar aquilo de que estão atrás. Nada de desanimar. Vou facilitar sua vida lhe dando dicas bacanas.

Começando a Jornada

A maioria das pessoas interessadas na leitura de balanços corre logo para a demonstração do resultado do exercício, para saber se a empresa deu lucro ou prejuízo. Nada mais natural, afinal o lucro é o oxigênio vital de todo negócio. Eu tenho uma proposta diferente. Comece lendo o **Relatório dos Auditores Independentes** que aparece logo após as notas explicativas.

O papel dos auditores independentes é revisar as demonstrações contábeis para determinar e nos informar se o pessoal da contabilidade seguiu direitinho os Princípios de Contabilidade no registro das transações, na elaboração e na divulgação dessas demonstrações, de modo que se possa ter certeza que as informações são úteis, honestas, suficientes, portanto, fidedignas.

É um conforto extraordinário saber que os auditores são os mais capazes aliados dos usuários dos balanços para identificar se está tudo direitinho. Se houver alguma coisa fora do lugar, distorcida ou apresentada incorretamente, os auditores vão deixar isso bem claro e aí a gente pode seguir em frente com nossa análise sem preocupação ou, ao contrário, parar tudo, porque os auditores disseram que não está legal.

LEMBRE-SE

Como a redação dos relatórios dos auditores obedece a um padrão determinado pelo CFC escrito em "*contabilês*", às vezes fica um tanto difícil entender o que eles estão dizendo. Vou repetir o que está explicadinho no Capítulo 10.

Tipos de opinião expressa pelos auditores independentes em seus relatórios:

- opinião sem ressalva — O auditor está dizendo que as demonstrações contábeis estão belezinhas, são úteis, honestas, suficientes. Pode confiar e seguir em frente analisando as demais peças contábeis;

- opinião com ressalva ou opinião qualificada — Opa! O auditor está chamando nossa atenção para alguma coisa que não está legal. Pode ser que tenha havido um desvio relevante na aplicação dos Princípios de Contabilidade ou que ele, o auditor, tenha dúvidas sobre algum aspecto importante do balanço. Você pode seguir em frente com sua análise ajustando os valores que o auditor pontuou. Não é o fim do mundo!

- opinião adversa — Pode parar! Agora o bicho pegou mesmo. O auditor está nos alertando que descobriu desvios muito importantes na aplicação dos Princípios de Contabilidade e que o balanço apresenta distorções as quais praticamente invalidam as informações. Quer saber? É melhor não seguir em frente!

- abstenção de opinião — Pode parecer uma esquisitice mesmo, mas o que auditor está dizendo com esse tipo de opinião é que ele não tem uma opinião a dar. Os motivos não são nada prosaicos: dúvidas sobre algum aspecto muito importante do balanço, limitação ou impedimento para realizar certos procedimentos técnicos de auditoria ou até mesmo porque foi o auditor que fez o balanço e, assim, ele está impedido de auditar. Bem, você pode seguir analisando o balanço sabendo que, nesse caso, não pode contar com a segurança proporcionada por um auditor quanto à utilidade, honestidade e pertinência das informações.

DICA

O **Relatório dos Auditores Independentes** é a primeira coisa que o leitor deve olhar. Para mim, seria muito bom se as empresas colocassem o relatório do auditor logo no início do balanço. Pena que a lei não obrigue às empresas a fazer isso.

Comentários dos Administradores

Depois de tomar conhecimento do relatório dos auditores independentes, a segunda coisa a ler é o **Relatório da Administração**, que é o abre-alas do conjunto de demonstrações contábeis.

Essa segunda peça do conjunto geralmente é muito rica em detalhes a respeito das atividades da empresa durante o ano que passou. Quando bem elaborado, o relatório dos administradores descreve resumidamente os principais acontecimentos, fala do mercado, das dificuldades enfrentadas e o que a diretoria espera para o próximo ano.

Eu considero o relatório da administração o diário de bordo das empresas à disposição do público. Embora as empresas sejam justificadamente cautelosas quando escrevem o relatório anual, para não dar pistas aos concorrentes sobre suas estratégias, o que está relatado é praticamente suficiente para preparar o leitor para entender o balanço. Quero chamar sua atenção para o fato de que o relatório da administração não é escrito em linguagem contábil e não tem redação padronizada. A empresa escreve o que quiser e da forma que achar melhor.

LEMBRE-SE

Quer dar uma olhadinha novamente no conteúdo mínimo dos relatórios da administração?

» Mensagem do presidente (ou mensagem da administração).
» Breve histórico da empresa e sua estrutura societária.
» Principais realizações e fatos significativos ocorridos no ano.
» Comentários a respeito do desempenho operacional por unidade de negócio.
» Política de investimentos e estratégia de crescimento.
» Investimentos em coligadas e controladas.
» Fontes de financiamento da empresa e indicadores econômico-financeiros.
» Política de distribuição de dividendos.
» Análise dos riscos corporativos e de tesouraria inerentes ao negócio.
» Comentários a respeito de ações de sustentabilidade.
» Comentários sobre a conjuntura econômica e perspectivas para o futuro.
» Eventos subsequentes ao encerramento das demonstrações contábeis que possam ter efeito sobre a posição patrimonial e a situação financeira reportada pela empresa.

DICA

O **Relatório da Administração** é a segunda coisa que se deve olhar para analisar o balanço. Quando bem escrito é como se o leitor do balanço estivesse conversando ao vivo com os diretores da empresa. Imperdível!

Notas que Explicam

Você está analisando o balanço da Petrobras recentemente publicado e está cheio de curiosidades e dúvidas. Já leu o relatório dos auditores e o relatório da administração. Qual deve ser o próximo passo para saber o que aconteceu com essa gigantesca empresa brasileira de quem tanto nos orgulhamos?

O terceiro passo é correr os olhos e ler atentamente as **Notas Explicativas sobre as Demonstrações Contábeis** que tão dedicadamente expliquei no Capítulo 8.

As notas explicativas complementam as informações que estão nas demonstrações contábeis como forma de aprofundar o conhecimento do leitor sobre os valores. Itens, contas ou rubricas das demonstrações contábeis que necessitem de explicações as quais vão além dos números devem ter a indicação da nota explicativa, onde consta a informação adicional necessária para melhor compreensão do significado do valor monetário daquele item específico.

As notas explicativas são realmente o que o nome já indica: explicações sobre determinados aspectos das demonstrações contábeis que precisam de detalhes e comentários adicionais. Os números, é bom repetir, falam por si só e não mentem jamais, mas às vezes precisam ser complementados por explicações.

LEMBRE-SE

Quer um resuminho esperto sobre o que normalmente consta nas notas explicativas?

> » Contexto operacional.
>
> » Base de preparação das demonstrações contábeis.
>
> » Explicações detalhadas sobre as principais contas das demonstrações contábeis.
>
> » Comentários sobre riscos tributários, cíveis e trabalhistas.
>
> » Comentários sobre a cobertura de seguros contratada pela empresa.
>
> » Eventos subsequentes ao encerramento das demonstrações contábeis que possam ter efeito sobre a posição patrimonial e a situação financeira reportada pela empresa, repetindo, de certa forma, o que já consta do relatório da administração.

DICA

As **Notas Explicativas sobre as Demonstrações Contábeis** são a terceira coisa que se deve olhar para analisar o balanço. São notas extensas cheias de números, quadros e tabelas, de leitura difícil, mas muito necessárias para entender como as demonstrações contábeis foram elaboradas e estão divulgadas e, de quebra, explicar certas contas e saldos do balanço. Talvez você não precise ou não queira ler todas as notas. Você é o senhor dos anéis e decidirá o que é útil para sua análise e o que poderá ser deixado de lado.

É Bom Saber como Está a Capacidade para Pagar Dívidas

Chegou a vez de se analisar o **Balanço Patrimonial**, o quarto elemento do conjunto de demonstrações contábeis que as empresas disponibilizam para o mercado. E para que serve o balanço patrimonial?

O balanço patrimonial representa a situação financeira e a posição patrimonial da empresa em um determinado momento, e é composto por dois blocos distintos: do lado esquerdo, o ativo, e do lado direito, o passivo e o patrimônio líquido.

O ativo exibe, de forma resumida, onde a empresa aplicou os recursos dos proprietários e de terceiros. No lado do passivo, nós vamos encontrar de onde vieram os recursos de terceiros, representados pelas obrigações que a empresa contraiu. O patrimônio líquido é a parcela de recursos que pertence aos proprietários.

O balanço patrimonial permite uma série de investigações, como eu já expliquei detalhadamente no Capítulo 11. Analisando o balanço patrimonial é possível descobrir a estrutura de capital da empresa, sua capacidade financeira para pagar dívidas de curto e longo prazo, a forma como administra o capital de giro, além de outras pistas interessantes a respeito da solidez econômico-financeira que a empresa apresenta na data do balanço.

A leitura do balanço deve ser atenta e cuidadosa em função da quantidade e qualidade de informações que estão apresentadas. É muito importante que essa leitura seja feita em conjunto com as notas explicativas. Muitas das vezes, a simples indicação do valor monetário de uma rubrica do balanço patrimonial não é suficiente para entender todo o significado que essa rubrica tem. A nota explicativa funciona como um elemento esclarecedor, que vai muito além do simples valor monetário.

O valor do patrimônio líquido que está lá no lado direito do balanço patrimonial, logo após o Passivo Não Circulante, representa, tecnicamente, o valor contábil da empresa. Não é, entretanto, o valor que o mercado, que um eventual interessado, estaria disposto a pagar por essa empresa. Existem outras variáveis que são utilizadas para determinar qual é o valor de mercado de uma empresa. Em negociações de compra e venda de empresas, o valor contábil é meramente um ponto de partida para a negociação.

O **Balanço Patrimonial** é o quarto elemento que se deve olhar para analisar como estão as finanças da empresa. Por intermédio do balanço patrimonial, o analista fica sabendo qual a capacidade financeira que a empresa tem para enfrentar suas dívidas de curto e de longo prazo, como está sua estrutura de capital, e ainda qual o valor contábil da empresa na data do balanço. É semelhante àquele produto de limpeza: tem mil e uma utilidades!

Será que os Negócios Estão Indo Bem?

Quando se está interessado em analisar a lucratividade de uma determinada empresa, a melhor fonte de informação é a **Demonstração do Resultado do Exercício**. Graças a ela é possível saber:

- » a composição das receitas,
- » a composição dos custos operacionais,
- » a composição de todas as despesas,
- » o resultado — lucro ou prejuízo do exercício — antes dos impostos,
- » o tamanho da mordida do leão da Receita Federal,
- » o valor das participações no lucro garantidas pelo estatuto da empresa,
- » o resultado — lucro ou prejuízo — líquido do negócio no período.

Combinando o balanço patrimonial com a demonstração do resultado do exercício é possível investigar qual o retorno que os proprietários investidores estão conseguindo obter com suas aplicações. Essa combinação esperta também serve para avaliar o desempenho dos executivos.

A **Demonstração do Resultado do Exercício** é o quinto elemento na ordem mais correta para ler um balanço. Essa joia preciosa permite saber qual o resultado obtido pela empresa no ano, se a empresa deu lucro ou se deu prejuízo e como esse resultado foi formado. Permite uma variedade interessante de informações para se entender como a empresa opera. É a figurinha carimbada do conjunto de demonstrações contábeis.

Mutações que Ocorreram no Patrimônio Líquido

A **Demonstração das Mutações do Patrimônio Líquido** ajuda a identificar em detalhes a movimentação das contas que compõem o Patrimônio Líquido ocorrida durante o período.

É uma espécie de elo entre o Balanço Patrimonial e a Demonstração do Resultado do Período.

A **Demonstração das Mutações do Patrimônio Líquido** é o sexto elemento que se utiliza para analisar a empresa. Você fica sabendo qual a destinação do lucro do negócio, se os proprietários fizeram algum aporte adicional e como o patrimônio líquido é composto.

Descobrindo como a Empresa Gerencia a Grana

O gerenciamento do fluxo de caixa de qualquer negócio é chave para determinar o sucesso ou fracasso do empreendimento. Todo mundo já sabe muito bem que dinheiro é mercadoria escassa, e saber lidar com ele faz toda a diferença.

A **Demonstração dos Fluxo de Caixa** desempenha um relevante serviço ao possibilitar saber como a empresa administra suas disponibilidades. É possível se descobrir nessa demonstração contábil informações simplificadas referentes aos pagamentos e recebimentos em dinheiro que ocorreram durante o ano. Ela deve ser lida em conjunto com o balanço patrimonial e a demonstração do resultado do período, formando a trinca mágica que vai enriquecer a análise do desempenho do negócio.

A **Demonstração dos Fluxos de Caixa** é o sétimo elemento do conjunto de demonstrações contábeis anualmente disponibilizada aos interessados, na ordem mais apropriada para analisar a empresa.

Contribuição da Empresa para o PIB Nacional

No curso das atividades normais da empresa ocorre a criação de valor para a economia. Tecnicamente, o valor que a empresa adiciona anualmente à economia é a receita líquida que ela obtém com a venda de produtos, revenda de mercadorias e com os serviços prestados, subtraída a parcela que se refere aos insumos adquiridos de terceiros.

Caso se tenha interesse em saber como a empresa gerou riquezas e como essa riqueza é distribuída, o caminho mais curto é dar uma boa olhada na **Demonstração do Valor Adicionado**, o oitavo elemento da ordem a qual recomendo para se ler o conjunto de demonstrações contábeis que generosamente a empresa coloca à nossa disposição.

FIGURA 16-1: Ordem hierárquica de leitura dos balanços.

1. Relatório dos auditores independentes
2. Relatório da administração
3. Notas explicativas sobre o contexto operacional
4. Balanço patrimonial em conjunto com notas específicas
5. Demonstração do resultado do exercício com notas específicas
6. Demonstração das mutações patrimoniais com respectivas notas
7. Demonstração dos fluxos de caixa
8. Demonstração do valor adicionado

Considere que Pode Haver Erros ou Irregularidades Ocultas nos Balanços

O capítulo anterior foi pródigo em alertas no que concerne às fraudes que os malfeitores insistem em praticar, a fim de obter vantagem financeira indevida. Ao examinar as demonstrações contábeis, deve-se ter sempre em mente que existe a possibilidade de haver erros e fraudes escondidos.

CUIDADO

Por mais cuidadosos que sejam os auditores independentes no exame que fazem das demonstrações contábeis, eles podem ser vítimas de gente inescrupulosa que deliberadamente adulterou a demonstração contábil de forma hábil. Com os conselhos e dicas que eu dei no capítulo anterior, arrogantemente creio que ficou um pouco menos difícil detectar eventuais malfeitorias.

> **NESTE CAPÍTULO**
> Conceitos importantes
> Componentes patrimoniais
> Método das partidas dobradas
> Estrutura conceitual da contabilidade e IFRS

Capítulo 17

Dez Coisas que Não Podem Ser Esquecidas

Contabilidade se nutre de conceitos técnicos históricos, de normas profissionais emitidas pelo Conselho Federal de Contabilidade — CFC —, de instruções e regulamentos ditados pelas autoridades reguladoras — CVM, Banco Central, Susep e Agências Reguladoras. Conhecer, mesmo que superficialmente, os conceitos contábeis mais importantes ajuda bastante a se extrair o que a contabilidade tem a oferecer.

A contabilidade funciona aparentemente de uma maneira muito simples, pois é baseada em uma equação do primeiro grau: ativo menos passivo é igual ao patrimônio líquido. Ocorre que essa aparente simplicidade esconde complexidades que, embora não sejam difíceis de entender, requerem um olhar mais atento em certos aspectos técnicos.

Conceito, Objeto, Finalidade e Campo de Aplicação da Contabilidade

Contabilidade registra as transações ocorridas. Analisa as consequências dessas transações na dinâmica financeira do negócio, trata e organiza sua divulgação por intermédio de balanços, nome mais popular das demonstrações contábeis.

LEMBRE-SE

A melhor maneira de se definir contabilidade é considerá-la como a linguagem dos negócios, a ciência da informação, tendo em vista sua verdadeira utilidade, que nada mais é do que fornecer informações confiáveis e de fácil entendimento a respeito das atividades exercidas pelas empresas ou pelas entidades que não têm fins lucrativos.

O objeto da contabilidade é o patrimônio econômico, seja ele público ou privado. A contabilidade funciona por intermédio de princípios, práticas e técnicas contábeis, procurando controlar os diversos componentes desse patrimônio econômico e suas mutações ocorridas em determinado período de tempo.

A contabilidade pode ser utilizada para medir qualquer atividade econômica, seja uma empresa, seja uma entidade ou até mesmo um órgão governamental. Independentemente da complexidade das atividades e do volume econômico envolvido, a contabilidade está presente e apta para que todos aqueles que dela façam uso possam avaliar o que ocorreu com o negócio.

Contabilidade e Suas Técnicas

Para atingir as finalidades de registro e controle do patrimônio, a contabilidade se vale de técnicas próprias, cada uma delas para um objetivo determinado. São quatro as técnicas que a contabilidade usa para disponibilizar informações úteis: escrituração contábil, demonstração contábil, auditoria contábil e análise de balanço.

Por intermédio da escrituração contábil é que a contabilidade registra as atividades, de maneira que seja possível refletir as consequências dessas atividades no patrimônio ou riqueza das empresas e entidades.

As demonstrações contábeis refletem o estado do patrimônio econômico em uma determinada data. Sua elaboração deve ser cuidadosa e atender aos Princípios e Práticas de Contabilidade que são criados pelos órgãos de fiscalização profissional e reguladores: CFC, Bacen, CVM, Susep, Agências Reguladoras. A auditoria contábil é muito importante para assegurar que as demonstrações contábeis de fato contêm informações úteis, honestas e completas a respeito da empresa.

A análise de balanços é, de certa maneira, a técnica contábil mais sofisticada e eu não teria receio em dizer que é a mais útil de todas elas sob a ótica dos usuários das informações contábeis. Essa técnica contábil permite, de modo rápido e confiável, conhecer e avaliar a situação econômica e financeira da empresa, suas condições atuais e perspectivas futuras.

PAPO DE ESPECIALISTA

Patrimônio Econômico das Entidades

Do ponto de vista jurídico, patrimônio é um universo de direitos vinculados a uma pessoa jurídica ou a uma pessoa física. Os economistas consideram patrimônio como sendo um fundo monetário estudado e analisado, tendo em vista suas origens e suas aplicações. Para a contabilidade, patrimônio é o conjunto de bens, direitos e obrigações de propriedade de pessoas ou de entidades, com a finalidade de se obter lucro ou de se realizar uma atividade em que o lucro não é o objetivo.

Para se entender bem o conceito contábil de patrimônio, deve-se esclarecer que se consideram bens tudo aquilo que possa ser avaliado em dinheiro, tenha alguma utilidade objetiva e, ainda, se destine a satisfazer uma necessidade humana.

Direitos são todos os créditos que se espera receber de terceiros e obrigações são compromissos que deverão ser pagos a terceiros.

Para facilitar o entendimento do que os contadores chamam de estrutura patrimonial, nada melhor do que uma figura emblemática.

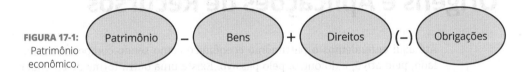

FIGURA 17-1: Patrimônio econômico.

Situação Líquida e Patrimônio Líquido São a Mesma Coisa

O conjunto de bens e direitos que compõe o patrimônio econômico é chamado de *Ativo*. Por sua vez, o conjunto de obrigações assumidas pela entidade econômica é denominado de *Passivo*. À diferença algébrica (mais com menos) entre o *Ativo* e o *Passivo* dá-se o nome de *Situação Líquida*, mais popularmente conhecida pela galera como *Patrimônio Líquido*.

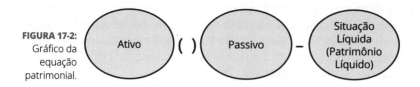

FIGURA 17-2: Gráfico da equação patrimonial.

Existem três tipos de Situação Líquida:

» **Situação Líquida Positiva** — Quando o ativo é maior que o passivo.

Interpretação: o conjunto de bens e direitos é superior ao conjunto de obrigações, revelando a existência de riqueza própria. É uma coisa boa!

Situação Líquida Negativa — Quando o ativo é menor que o passivo.

Interpretação: o conjunto de obrigações supera o conjunto de bens, revelando a existência de "passivo a descoberto" ou insuficiência de ativos para pagar os passivos. É uma coisa ruim!

» **Situação Líquida Nula** — Quando o conjunto de bens e direitos é igual ao conjunto de obrigações.

Interpretação: todos os bens e direitos da entidade são suficientes para pagamento de todas as obrigações e não sobra mais nada. É uma coisa insossa!

Origens e Aplicações de Recursos

Até aqui entendemos o patrimônio econômico como sendo composto, de um lado, pelo ativo, e do outro, pelo passivo. Existe uma outra forma de entender o patrimônio econômico considerando o fluxo de recursos, isto é, a origem do dinheiro que entra e como é gasto. O valor do patrimônio vai se modificando à medida que as transações vão sendo realizadas.

DICA

As entidades contam normalmente com dois tipos de recursos, de acordo com a origem: recursos próprios (ou capital próprio) e recursos de terceiros (ou capital de terceiros).

Os recursos próprios são as aplicações que os proprietários fazem na entidade e correspondem à grana que eles põem no negócio, formando o capital social inicial e inversões posteriores a título de aumento desse capital inicial mais os lucros retidos gerados pela própria entidade como fruto de suas atividades e que são reinvestidos no negócio.

Os recursos de terceiros estão representados pelas obrigações contraídas pela entidade com terceiros.

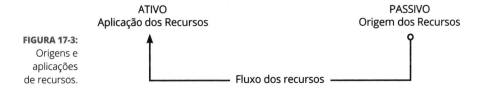

FIGURA 17-3: Origens e aplicações de recursos.

A Contabilidade Não Sobrevive sem Contas

Conta é um instrumento básico utilizado pela contabilidade para registrar as transações que normalmente ocorrem durante o ano. Simplificadamente, conta é a forma de representação gráfica dos eventos ocorridos que possam modificar, para mais ou para menos, o valor do patrimônio líquido da empresa ou da entidade sem fins lucrativos. Toda a conta deve ter um título apropriado que possa reproduzir com fidelidade e clareza o evento ocorrido.

Exemplos de contas:

- » Contas a receber de clientes — Conta que se destina a registrar os valores que a empresa tem a receber de seus clientes, normalmente decorrentes de vendas a prazo.

- » Estoques — Conta que se destina a registrar o valor dos componentes que estão estocados nos armazéns, depósitos e centros de distribuição da empresa, com a finalidade de venda, fabricação e consumo próprio.

- » Fornecedores — Conta para registrar o valor devido a terceiros por fornecimento a prazo de bens e serviços.

- » Lucros retidos — Conta para registrar os lucros gerados pelos negócios cuja destinação ainda não foi decidida pelos acionistas.

- » Rendimentos de aplicações financeiras — Conta que se destina a registrar os jurinhos que a empresa conseguiu pelas aplicações de dinheiro que ela fez nos bancos.

O funcionamento das contas é muito simples, basta saber como as contas são debitadas, como são creditadas e o significado de seu saldo. Para sabermos se devemos debitar ou creditar uma conta, para registrar contabilmente uma operação realizada pela entidade, é preciso lembrar que:

» todas as contas do ativo são de natureza devedora. Qualquer operação realizada pela entidade que represente aumento do ativo, significa que a conta respectiva será debitada. Quando a operação realizada pela entidade representar diminuição do ativo, a conta respectiva será creditada;

» todas as contas de despesas são de natureza devedora. O funcionamento é idêntico às contas do ativo;

» todas as contas do passivo e do patrimônio líquido são de natureza credora. Sempre que houver um crédito em conta do passivo ou em conta do patrimônio líquido, o saldo aumenta. Por conseguinte, sempre que houver um débito em conta do passivo ou do patrimônio líquido, o saldo diminui;

» todas as contas de receita são de natureza credora, funcionando exatamente como as contas do passivo: débito resulta em diminuição do saldo e o crédito resulta em aumento do saldo.

TABELA 17-1 Funcionamento das contas

Se a conta for	Aumenta por	Diminui por
Do Ativo	Débito	Crédito
Do Passivo e Patrimônio Líquido	Crédito	Débito
De Despesa	Débito	Crédito
De Receita	Crédito	Débito

Método das Partidas Dobradas

O método das partidas dobradas é a base técnica em que a contabilidade se apoia para registrar todas as transações ocorridas e controlar o efeito destas transações no patrimônio líquido.

Por esse método de registro, toda vez que se faz um lançamento a débito de uma conta é obrigatório que haja um lançamento a crédito em outra conta de igual valor, o que leva automaticamente à conclusão de que não pode existir um lançamento de débito sem um outro lançamento de crédito no mesmo valor, e é por esta razão que o ativo é sempre igual à soma do passivo com o patrimônio líquido.

PAPO DE ESPECIALISTA

Reside justamente aí o ponto forte da contabilidade como instrumento de controle. Ao debitar e creditar duas contas distintas se estabelece o equilíbrio entre duas forças. Não é uma garantia a prova de bala de que não ocorrerão erros ou irregularidades, mas por certo esse equilíbrio vai dificultar a vida dos malandros que querem fraudar a entidade. Mexer em uma conta implica necessariamente em mexer com outra conta.

Estrutura Conceitual da Contabilidade

A estrutura conceitual aprovada pelo Conselho Federal de Contabilidade contém o conjunto básico de princípios fundamentais para a elaboração e apresentação das demonstrações contábeis destinadas tanto ao público interno quanto ao público externo.

Com a harmonização das Normas Brasileiras de Contabilidade aos preceitos e mandamentos do IFRS, a estrutura conceitual da contabilidade está dividida em três grandes grupos:

>> *Pressupostos Básicos,*

>> *Características Qualitativas das Demonstrações Contábeis,*

>> *Limitações na Relevância e na Confiabilidade da Informação.*

LEMBRE-SE

Os pressupostos básicos dão sustentação teórica quanto à estrutura conceitual da contabilidade. São dois os pressupostos básicos: pressuposto básico do regime de competência e pressuposto básico da continuidade.

As características qualitativas dizem respeito à utilidade que a informação contábil tem para os usuários no momento em que esses usam tais informações em seu processo de tomada de decisões. Resumidamente, temos quatro características qualitativas: compreensibilidade; relevância; confiabilidade e comparabilidade.

As limitações na relevância e na confiabilidade da informação contábil estão concentradas em três aspectos fundamentais: a tempestividade — considerando que a contabilidade deva atender aos usuários com a máxima rapidez no que concerne à divulgação de fatos administrativos considerados relevantes —, o equilíbrio entre custos e benefícios — relação entre o custo de se obter a informação e o benefício de sua divulgação —, e equilíbrio entre características qualitativas — não valorizar uma característica qualitativa das demonstrações contábeis em excesso.

Regime Contábil

É a forma como a empresa apura seus resultados. É ele que definirá quais as receitas e quais as despesas que deverão ser consideradas para apurar se houve lucro ou prejuízo em um determinado período.

Existem dois regimes contábeis distintos para fins de apuração do resultado do negócio: regime de caixa e regime de competência.

No regime de caixa, a apuração do resultado do exercício se dá comparando o total das receitas recebidas com o total das despesas pagas, não importando a data em que tanto as receitas quanto as despesas se referem. O que vai importar é a data em que foram pagas as despesas e a data em que foram recebidas as receitas. As receitas geradas e as despesas incorridas em um determinado exercício, mas que ainda não passaram pelo caixa na data da apuração do resultado, ficarão para o próximo período ou exercício.

O regime de competência é considerado o mais fiel regime para a apuração do resultado de um negócio justamente porque ele contempla todas as receitas geradas e todas as despesas incorridas em determinado período de tempo, independentemente de ter havido recebimento ou pagamento. O que importa mesmo para a apuração do resultado é o total das receitas geradas e o total das despesas incorridas.

IFRS — *International Financial Reporting Standards*

O IFRS é chamado popularmente de normas internacionais de contabilidade, pois o objetivo de sua criação foi universalizar os Princípios de Contabilidade de forma que o balanço elaborado em um país pudesse ser comparado com balanços elaborados em outros países.

Com a harmonização das normas brasileiras com os padrões do IFRS, foi necessária a criação de um comitê de pronunciamentos técnicos para promover o estudo, o preparo e a emissão de pronunciamentos a respeito de procedimentos de contabilidade e normas para a divulgação de demonstrações contábeis. Foi, então, criado o Comitê de Pronunciamentos Contábeis — CPC.

O IFRS está implantado em mais de cem países e o Brasil orgulhosamente faz parte desse grupo seleto, de forma que as demonstrações contábeis elaboradas e divulgadas em nosso país estão em linha com as melhores práticas contábeis do globo.

Índice

A

Abstenção de opinião, 177, 185
Ajuste a valor presente de obrigações, 92
Ajustes de períodos anteriores, 118
Análise da capacidade de pagamento das empresas, 212
Análise da estrutura de capital da empresa, 280
Análise da lucratividade e rentabilidade do negócio, 221, 229, 230, 238
Análise e interpretação das demonstrações contábeis, 11, 13
Análise por diferenças absolutas, 194, 195
Análise por índices ou indicadores, 195
Análise por percentagens horizontais, 198, 199
Análise por percentagens verticais, 194, 196, 197
Ativo biológico, 81
Ativo circulante — critérios de avaliação, 76
Atualização monetária, 66
Auditoria contábil, 13, 159, 169, 286
Auditoria externa ou independente, 165
Auditoria interna, 144, 149, 152, 165, 166, 167
Auditoria operacional, 167
Avaliação de estoques, 79

B

Balanço patrimonial, 12, 48, 54, 71-75, 79, 85-87, 90, 92, 96, 118, 142, 174, 179, 196, 198, 201, 207-208, 210, 212, 214
Bens de renda, 84, 86
Bens de uso, 14, 15, 83
Bens de venda, 14, 15
Bens, direitos e obrigações, 13, 287
Bens intangíveis ou incorpóreos, 14
Bens tangíveis ou corpóreos, 14

C

Campo de aplicação da contabilidade, 9, 11
Características qualitativas das demonstrações contábeis, 56, 59, 61, 138, 291
Ciências contábeis, 71, 141
Classificação das contas, 76
Classificação e composição do ativo não circulante, 82
Clientes e outros recebíveis, , 32, ii, 76
Comitê de auditoria, 136, 138, 143, 144, 145, 146, 147, 148, 149, 150, 151, 165
Como funciona a análise de balanço, 192
Comparabilidade, 59, 79, 195, 199, 291
Composição do balanço patrimonial, 90
Compreensibilidade, 59, 291
Conceito de caixa e equivalente de caixa, 121
Conceito de contabilidade, 10
Conceito e objetivos da auditoria independente, 159
Confiabilidade, 56, 60, 61, 62, 291
Conselho Federal de Contabilidade, 10, 49, 55, 63, 64, 65, 67, 141, 162, 285, 291
Conselho fiscal, 45, 136, 138, 149, 150, 151
Contas, 24
Contas diferenciais ou de resultado, 27
Contas integrais ou patrimoniais, 26, 27
Contas mistas, 27
Conta T, 47
Conteúdo do relatório dos auditores independentes, 173

Correção de erros de escrituração, 39
Critérios para classificação e avaliação de ativos, 76
Critérios técnicos para reconhecimento das despesas, 99
Critérios técnicos para reconhecimento das receitas, 98
Custo corrente, 65
Custos das mercadorias revendidas, 102
Custos dos produtos fabricados, 100, 101
Custos dos serviços vendidos, 102

D

Definição de despesa, 99
Definição de receita, 97
Demonstração das mutações do patrimônio líquido do período, 12, 72
Demonstração do resultado abrangente do período, 12, 72, 109
Demonstração do resultado do período, 12, 48, 54, 72, 95, 96, 99, 100, 101, 118, 123, 128, 193, 196, 198, 201, 233, 235, 282
Demonstração dos fluxos de caixa do período, 12, 72
Demonstração do valor adicionado, 12, 73, 128, 129, 143
Demonstrações contábeis, 10, 12-13, 31, 41, 54-56, 60-65, 67, 69-73, 76, 78-79, 91, 93, 96, 106, 108, 111, 114-115, 120, 130, 133
Despesas administrativas, 100, 103, 200, 243
Despesas comerciais, 24, 100, 103, 200
Despesas do exercício seguinte, , ii
Disponibilidades, 76, 118, 168, 218, 282
Duração do ciclo financeiro, 227, 228
Duração do ciclo operacional, 227, 228

E

EBITDA, 239, 240
EFD Escrituração Fiscal Digital, 49
Elementos essenciais dos lançamentos contábeis, 41
Equação patrimonial, 19, 288
Escola Materialista, 26, 27

Escola Personalística, 26
Escrituração contábil, 11, 39
Estoques, 14, 36, 37, 76, 78, 89, 126, 195, 203, 219, 225, 226, 227, 228, 242, 289
Estrutura conceitual da contabilidade, 54, 55, 56, 62, 69, 82, 291
Estrutura da demonstração do resultado do período, 100, 101
EVA, 240
Eventos administrativos, 10, 30, 35, 36
Eventos mistos, 35
Eventos modificativos, 36
Eventos permutativos, 35, 36

F

Finalidade das demonstrações contábeis, 133
Formalidades dos livros de escrituração, 45
Fórmula complexa de lançamentos contábeis, 42
Fórmula composta de lançamentos contábeis, 43
Fórmulas de lançamentos contábeis, 42
Fórmula simples de lançamentos contábeis, 42
Função dos lançamentos contábeis, 40
Funcionamento das contas, 27, 28, 290

G

Ganhos ou perdas da equivalência patrimonial, 100, 103
Giro do ativo, 230, 231
Grau de endividamento, 206, 207, 208, 209, 212
Grau de imobilização do capital próprio, 210, 212
Grau de liquidez, 75, 213, 214, 215, 216, 217, 219, 241

I

IFRS — International Financial Reporting Standards, 292
Imobilizado, , 33, ii
Impairment, 87

Imposto de renda e contribuição social, 100, 104, 126, 127, 243
Índices para análises de balanço, 201
Informações complementares às demonstrações contábeis, 136
Intangíveis, 14, 15, 71, 88, 209, 211
Investimentos, 71, 78, 85, 86, 89, 103, 120, 121, 137, 150, 152, 166, 184, 209, 210, 211, 216, 218, 229, 239, 249, 278

L

LAJIDA, 239
Lançamentos contábeis, 39, 40, 48
Lei das Sociedades por Ações, 31, 32, 44, 74, 85, 89, 96, 97, 118, 141, 143, 149, 150
Limitações na relevância e na confiabilidade da informação, 56, 62, 291
Livro razão, 46
Livros de escrituração, 44, 45
Livros facultativos de escrituração, 45
Livros obrigatórios de escrituração, 44
Lucratividade, 104, 194, 229, 230, 275, 281
Lucro/prejuízo líquido das operações, 104

M

Margem líquida, 203, 230, 231, 232, 233
Método das partidas dobradas, 25, 40, 290
Método direto, 122
Método e processo de escrituração, 40
Método indireto, 122, 123
Mutação nas contas do patrimônio líquido, 116

N

Neutralidade, 60
NOPAT, 240
Notas explicativas, 12, 73, 78, 91, 107, 109, 111, 119, 120, 127, 138, 139, 142, 174, 179, 181, 183, 265, 276, 279, 280

O

Obrigações em moedas estrangeiras, 65, 76, 90, 92
O contador como educador, 251
O contador como promotor de debate, 250
Opinião adversa, 177, 185
Opinião limpa ou sem ressalva, 178
Opinião qualificada ou com ressalva, 178
Origens e aplicações de recursos, 18, 288

P

Papel do contador na sociedade moderna, 245-256
Parágrafo de ênfase, 185
Parecer do conselho fiscal, 136, 149
Participações permanentes em outras empresas, 33, 84, 85
Patrimônio econômico das entidades, 9, 18, 23
Perícia contábil, 168
Plano de contas, 30, 105
Prazo médio de compras, 224
Prazo médio de recebimento de vendas, 223
Prazo médio de renovação de estoques, 225
Prazos médios, 203, 221, 222
Pressuposto da continuidade, 57
Pressuposto do regime de competência, 57
Pressupostos básicos da contabilidade, 56
Princípio contábil da entidade, 64
Princípio contábil da oportunidade, 64
Princípio contábil do registro pelo valor original, 65
Princípios de contabilidade, 12, 55, 63, 64, 66, 79, 87, 93, 105, 141, 144, 160, 162, 175, 178, 180, 185, 249, 260, 276, 277, 292
Privilégio da essência sobre a forma, 60
Provisão para passivos contingentes, 91
Prudência, 60, 62

R

Realizável a longo prazo, 214
Receitas e despesas financeiras, 100, 103
Regime contábil, 58, 97, 292
Regime de caixa, 58, 59, 292
Regime de competência, 58, 59, 82, 291, 292

Relatório da administração, 136
Relatório do comitê de auditoria, 136, 143, 145, 151
Relatório dos auditores independentes, 141, 142, 171, 172, 173, 179, 183
Relevância, 55, 59, 62, 64, 153, 172, 182, 184, 194, 249, 291, 292
Rentabilidade do ativo, 203, 232, 233, 234
Rentabilidade do capital próprio, 203, 234, 235
Representação gráfica do patrimônio, 16
Requisitos operacionais para a demonstração dos fluxos de caixa, 120
Responsabilidade dos auditores independentes, 142, 162, 175, 179, 181, 184
Resultado abrangente, 108, 109, 110
Resultado operacional bruto, 102

S

Sistema Público de Escrituração Digital, 48
Situação líquida, 16, 17, 19, 287, 288
SPED Contábil, 48
SPED Fiscal, 48, 49

T

Técnicas de contabilidade, 11
Tipos de opinião de auditoria, 177

U

Utilidade prática da demonstração do valor adicionado, 128

V

Valor justo, 65, 68, 69, 70, 78, 79, 85, 86, 89, 182, 268
Valor patrimonial da ação, 236
Valor presente, 65
Valor realizável, 65
Variações na situação líquida, 19

CONHEÇA OUTROS LIVROS DA PARA LEIGOS!

Negócios - Nacionais - Comunicação - Guias de Viagem - Interesse Geral - Informática - Idiomas

Todas as imagens são meramente ilustrativas.

SEJA AUTOR DA ALTA BOOKS!

Envie a sua proposta para: autoria@altabooks.com.br

Visite também nosso site e nossas redes sociais para conhecer lançamentos e futuras publicações!
www.altabooks.com.br

/altabooks ▪ /altabooks ▪ /alta_books

ALTA BOOKS
E D I T O R A

ROTAPLAN
GRÁFICA E EDITORA LTDA

Rua Álvaro Seixas, 165
Engenho Novo - Rio de Janeiro
Tels.: (21) 2201-2089 / 8898
E-mail: rotaplanrio@gmail.com